Das Buch

»Irgendetwas geht da draußen vor sich. Ich fühle mich unbehaglich. Jetzt wünsche ich mir nur eines: eine hohe Mauer, die uns alle schützt. Unser Schicksal verurteilt uns zu einem Leben hinter hohen Mauern wie in Vaters Harem. Alles andere war ein schöner Traum, der mit der Wirklichkeit nichts zu tun hatte.«

Zusammen mit einigen Gefährtinnen aus dem Harem ihres Vaters und ihrer deutschen Halbschwester lebt Choga Regina Egbeme auf einer alten Farm in der Nähe des Jos-Plateaus in Nigeria. Mit aller Kraft haben sie das Land wieder fruchtbar gemacht und gewähren auch anderen Hilfe suchenden Frauen Schutz in ihrer starken Gemeinschaft. Doch ihr abgeschiedenes Paradies wird von mehreren Seiten bedroht. Täglich kämpft Choga mit den Mitteln einer Heilerin gegen Krankheit und Tod an, denn fast alle ihre Gefährtinnen verbindet ein Schicksal: Sie sind HIV-positiv. Zugleich stößt die Frauengemeinschaft auf große Ablehnung in der radikal islamischen Nachbarschaft – es kommt zu brutalen Überfällen und Angriffen. Die Frauen jedoch geben nicht auf ...

Die Autorin

Choga Regina Egbeme wurde 1976 in Lagos, Nigeria, geboren. Sie verbrachte zusammen mit ihrer deutschen Mutter Lisa ihre Kindheit und Jugend in einem Harem. Nach ihrer Flucht lebte sie zunächst versteckt in einer Frauengemeinschaft afrikanischer Heilerinnen. Dort ließ sie sich in traditionelle Riten einweihen. Durch den überwältigenden Erfolg ihres Lebensberichtes *Hinter goldenen Gittern* ermutigt, setzt Choga ihren neuen Weg tapfer fort. Gemeinsam mit ihrem aidskranken Sohn Joshua und ihrer deutschen Halbschwester Magdalena lebt die heute 27-Jährige auf einer festungsähnlichen Farm in Zentralnigeria.

Von Choga Regina Egbeme ist in unserem Hause bereits erschienen:

Hinter goldenen Gittern

Choga Regina Egbeme

Die verbotene Oase

Mein neues Leben im Harem der Frauen

Ullstein

Besuchen Sie uns im Internet:
www.ullstein-taschenbuch.de

Umwelthinweis:
Dieses Buch wurde auf chlor- und säurefreiem Papier gedruckt.

Ullstein Verlag
Ullstein ist ein Verlag des Verlagshauses Ullstein Heyne List GmbH & Co. KG.
Originalausgabe
1. Auflage Januar 2003
© 2003 by Ullstein Heyne List GmbH & Co. KG
Lektorat: Angela Troni, München
Umschlaggestaltung: Thomas Jarzina, Köln
Titelabbildung: Picture Press, Hamburg und Mauritius, Mittenwald
Gesetzt aus der Sabon
Satz: hanseatenSatz-bremen, Bremen
Druck und Bindearbeiten: Ebner & Spiegel, Ulm
Printed in Germany
ISBN 3-548-36380-6

Inhalt

Gruß an einen neuen Tag	7
Besuch zu Weihnachten	8
Der Tod eines Kindes	15
Efes Geheimnis	19
Kleine Schritte	27
Hoffnung	36
Das Heilhaus	45
Zwischenfall auf dem Markt	51
Schatten der Vergangenheit	56
Die Mutter des Hasses	61
Blutiger Regen	67
Eine Warnung	76
Der Mauerbau	83
Magdalenas Ankunft	92
Das Lebensrad	100
Schulsorgen	108
Tanishas Baby	113
Das Ritual	124
Die Weigerung	132
Die Zerreißprobe	140
Seite an Seite	150
Nachtwanderung	160
Der Angriff	168
Trauer und Hoffnung	178
Die kluge Schildkröte	188
Schicksalsfragen	195
Eine Liebe in Kaduna	204
Die Entscheidung	210
Ein Brief von Magdalena	218
Die wichtigsten im Buch erwähnten Personen	220
Ein Dank und eine Bitte	223

Gruß an einen neuen Tag

Die Sonne schickt die ersten Strahlen über den Horizont. Ich wende ihr das Gesicht zu, atme tief ein und nehme ihre Wärme auf. Unter den nackten Füßen spüre ich die kühle, leicht feuchte Erde. Ein sanfter Morgenwind streichelt meine Haut und meine Haare. Ich genieße diesen Augenblick. Einem Schmuckstein gleich füge ich ihn der Kette all meiner Tage hinzu. Danach gehe ich zum Brunnen, schöpfe etwas Wasser und wasche mein Gesicht.

»Suche die Verbindung mit den Elementen, aus denen du geformt bist, bevor du das Werk eines Tages beginnst«, hat mir meine Lehrerin Ezira geraten, als sie mich zur Heilerin ausbildete. »Sie geben dir die Stärke, die du brauchst.«

Die Zeit vom Dezember 2000 bis November 2001 hat mein Leben verändert. Mein Sohn Josh ist dem Tode knapp entronnen. Ich selbst weiß jetzt, dass ich an Aids erkrankt bin. Viele meiner Gefährtinnen sind HIV-positiv. Sie alle fragen sich: Warum gerade ich? Es gibt darauf keine Antwort, die ein Mensch geben könnte. Wir haben nur eine Möglichkeit, damit umzugehen: dankbar zu sein für jeden neuen Tag.

Jeba, im September 2002   *Choga Regina Egbeme*

Besuch zu Weihnachten

Eine Gruppe von Frauen und Kindern, die nach eigenen Regeln lebt, verkörpert nicht eben das Idealbild einer nigerianischen Familie. Erst recht nicht auf dem Dorf, wo Patriarchen das uneingeschränkte Sagen haben: Völlig ohne Mann gilt eine Frau praktisch nichts.

Dass die Mehrzahl von uns HIV-positiv war, hüteten wir daher als unser Geheimnis und mieden auch weitgehend den Kontakt zu unseren Nachbarn, die ohnehin knapp eine halbe Stunde Fußmarsch entfernt wohnten.

Die Eingangshalle unseres Farmhauses, das sich ursprünglich ein Engländer vor Jahrzehnten hatte erbauen lassen, war weihnachtlich geschmückt. Aus grünen Zweigen hatten wir Girlanden gemacht, auf den Tischen standen Kerzen. Alle Kinder erwarteten selbst gebastelte Geschenke. Die Speisen hingegen unterschieden sich nicht besonders von der alltäglichen Kost. Mama Ngozi, nach Bisi die Zweitälteste, hatte jedoch drei unserer liebevoll großgepäppelten Hühner geschlachtet. Das Haus war voller Lachen und Fröhlichkeit. Unsere gelöste Weihnachtsstimmung zeigte, dass wir aus dem Gröbsten raus waren.

Die vergangenen acht Monate waren hart gewesen. Ostern 2000 waren wir auf der Farm in Jeba angekommen, auf der ich als Kind schon einmal gelebt hatte. Meine deutsche Mutter Lisa Hofmayer hatte sie mir kurz vor ihrem Tod überschrieben. Das zu ihren Zeiten liebevoll gepflegte Juwel auf der Hochebene des Jos-Plateaus in Zentralnigeria fanden wir völlig verwahrlost vor – die Felder verwildert, das Haus verfallen. Jahrelang hatte niemand hier gelebt. Mama Ngozi und ihre

Schwester Mama Funke hatten sich nur gelegentlich darum kümmern können, während sie bei ihren Töchtern in der Nachbarschaft gewohnt hatten. Entsprechend hart hatten wir um unsere neue Existenz kämpfen müssen. Das Land war hier zwar sehr fruchtbar, aber kaum eine meiner Gefährtinnen war an schwere Feldarbeit gewöhnt.

Bis auf vier sind wir alle aus der Millionenstadt Lagos gekommen. Außer mir hatte niemand eine Ausbildung; meine Gefährtinnen hätten das Leben von Bettlerinnen führen müssen. Ngozi und Funke hatten nie im Harem meines Vaters in Lagos gelebt. Erst unsere Rückkehr auf die Farm nach Jeba hatte uns wieder zusammengeführt. Dabei brachten sie ihre Ziehtöchter Florence und Elisabeth mit. Wir waren zwölf Frauen und sieben Kinder. Uns jüngere eint dasselbe Schicksal: In unseren Körpern lauert unser größter Feind, der HI-Virus. Nur die vier Ältesten hat die Seuche verschont – meine Patentanten Mama Ada und Mama Bisi sowie Mama Ngozi und Mama Funke.

Wir genossen den Anblick der festlich gedeckten Tafel, als wir ein zaghaftes Klopfen an der Eingangstür hörten. Mama Bisi und ich wechselten einen überraschten Blick. Wir erwarteten keinen Besuch. Mein Sohn Josh sprang als Erster vom Stuhl und riss die Tür schwungvoll auf. Wie um diese Jahreszeit üblich, blies der Harmattan den rötlichen Saharastaub über das Land. Mit dem Öffnen der Tür wehte eine feine Wolke herein. Im matten Licht der Nachmittagssonne zeichneten sich die Umrisse einer Gestalt ab. Sie trug ein Bündel auf dem Kopf und ein Kind auf dem Rücken. Ihre Kleidung bestand wie unsere aus einer schlichten weißen Bluse und einem weißen Wickelrock.

»Wer bist du?«, fragte Josh mit der Unvoreingenommenheit eines fünfjährigen Kindes. Die Einsamkeit der Frau, die ausgerechnet an Weihnachten gekommen war, machte ihn keineswegs beklommen.

Neben mir erhob sich Mama Bisi ganz langsam. »Efe?«,

flüsterte sie. Meine kleine rundliche Ziehmutter eilte um die Tische herum, die Arme zur Begrüßung ausgestreckt. »Efe! O Gott, mein Kind, wo kommst du denn her?«, rief sie.

Durch unsere Reihen lief ein Raunen. Die wenigsten von uns kannten Efe. Als Zehnjährige war meine Halbschwester gemeinsam mit mir aus dem Harem unseres Vaters Papa David auf die Farm gezogen, hatte sie jedoch wenige Monate nach ihrem 15. Geburtstag wieder verlassen, weil sie verheiratet wurde. In unseren gemeinsamen fünf Jahren war so viel geschehen, dass uns Entfernung und Zeit niemals wirklich hatten trennen können.

Efe war heimgekehrt.

Das Herz schlug mir bis zum Hals. Gebeugt und beladen wirkte sie wie jemand, den niemand mehr haben wollte. Sie tat mir unendlich Leid. Zuletzt hatte ich Efe vor neun Jahren gesehen. Auf meiner eigenen Hochzeit in Lagos. Damals war sie so glücklich gewesen, hatte ihren Erstgeborenen dabeigehabt, einen süßen Anderthalbjährigen mit Puppengesicht. Der Sohn, den sie nun mitbrachte, war etwa vier Jahre alt. Wo aber waren der Ältere und ihr Mann, Papa Sunday?

Doch jetzt war nicht der Moment zu fragen, sondern zu helfen. Niemand ahnte, was diese beiden zu uns geführt hatte. Die weit über 60-jährige Bisi schloss ihre jüngste Tochter weinend in die Arme. Efes Sohn sah sehr krank aus. Seinen traurigen Augen fehlte jeder Glanz. Stark unterernährt konnte er sich kaum auf den Beinen halten. Efes schmaler Körper zitterte. Meine zwei Jahre ältere Halbschwester war am Ende ihrer Kräfte.

Dennoch fragte sie: »Sind wir willkommen?«

So etwas in diesem Augenblick zu fragen – das konnte nur Efe. Sie nahm sich selbst stets weniger wichtig als alle anderen. Schon früher hatte sie sich immer ihrer zwei Jahre älteren Schwester Jem untergeordnet. Da Jem sich der Ehe mit dem 40 Jahre älteren Papa Sunday widersetzt hatte, ordnete unser gemeinsamer Vater Papa David an, dass stattdessen Efe ihn hei-

raten musste. Ich werde den Augenblick nie vergessen, als Efe
es erfuhr – sie spielte gerade im Hof mit Steinen ... Als halbes
Kind folgte sie ihrem Mann nach Kaduna. Papa Sunday leitete
eine der *Familien,* die Keimzellen der *Kirche des Schwarzen Jesus,* die mein Vater in den fünfziger Jahren gegründet hatte.

Efe blickte sich scheu um. Unser Familienfest zählte jetzt
nicht; wir alle hatten eine neue Aufgabe: einer Schutzlosen
und ihrem kranken Kind ein Zuhause zu schaffen. Bisi und
ich geleiteten die beiden in die alte Bibliothek, die mein Zimmer geworden war. Es kam nicht in Frage, den Kranken im
Salon einzuquartieren, unserem Kinderzimmer. Wir entrollten
Matten am Boden, wo sie sich erschöpft ausstreckten. Früher
hatte es hier einmal Betten gegeben. Sie waren in jenen Jahren
abhanden gekommen, in denen die Farm unbewohnt gewesen
war.

Mama Bisi deckte ihre Tochter und ihren Enkel liebevoll zu
und gab ihnen frischen Tee und etwas zu essen. Der Junge
trank durstig, wollte aber nichts essen. Wenigstens Efe nahm
die angebotenen Speisen dankend an.

Mama Ada empfing uns vor der Tür. »Kommen die beiden
etwa aus Ibadan?«, fragte meine Patentante entsetzt.

Soweit wir wussten, hatte Efe zuletzt im fernen Südwesten
Nigerias gewohnt. Sollte sie mit ihrem kranken Jungen tatsächlich diesen weiten Weg zu uns zurückgelegt haben – rund
1000 Kilometer? Was hatte sie zu einer solch strapaziösen
Flucht veranlasst?

Ich konnte unsere Weihnachtsfeier, über die mein Sohn sich
so freute, mit einem Mal kaum noch genießen. Meine Gedanken waren bei Efe und ihrem Jungen, dessen Namen ich nicht
einmal kannte. Später schlich ich mich leise in mein Zimmer,
wo die beiden schliefen. Vorsichtig ließ ich mich neben dem
Jungen nieder.

Meine Lehrerin Ezira hat mich während meiner Ausbildung
zur Heilerin gelehrt, wie man einen Schlafenden untersucht,
ohne ihn zu wecken: Jeden Menschen umgibt ein unsichtbares

Energiefeld, in das man eintauchen kann. Bei Erwachsenen ist das schwerer als bei Kindern.

Als ich danach das Zimmer verließ, blickte ich in Mama Bisis besorgte Augen. Sie las in meinem Blick Kummer und Hilflosigkeit, denn sie kennt mich wie kein anderer Mensch. »Es steht nicht gut um den Jungen, nicht wahr?«, fragte sie.

Ich schüttelte stumm den Kopf.

»Bitte, meine Kleine, sag mir, was los ist.«

»Auch, wenn es schrecklich ist?« Sie nickte. »Wir können nur sein Leiden lindern, Mama Bisi. Mehr nicht.« Wie es aussah, mussten wir glücklich sein, dass die beiden es überhaupt bis zu uns geschafft hatten.

Ich bat Bisi, kühlende Wadenwickel vorzubereiten, und besorgte einige Knospen des Blutbaums, der direkt neben unserem Brunnen wuchs.

Das ist eine süße Medizin, die die Natur kostenlos für uns bereithält. Man kann damit Fieber senken und Schmerzen lindern.

Efes Sohn reagierte auf die Behandlung mit leisem Schluchzen. Ich stand vor einem kaum zu lösenden Konflikt. Mein Josh war etwa gleichaltrig, wenn auch wesentlich kräftiger. Sollte ich mich über das klagende Weinen von Efes Sohn einfach hinwegsetzen? Obwohl ich spürte, dass ich ihm eigentlich nicht helfen konnte?

Erschöpft beobachtete Efe unsere Bemühungen. »Ich glaube, Gott holt Jo zu sich«, flüsterte sie.

»Er stirbt nicht, Efe. Es ist eine Krise, eine Prüfung vielleicht«, beruhigte ich sie.

Das Kind, um dessen Leben wir bangten, hieß also Jo. Nachdem ich das erfahren hatte, konnte ich mich kaum noch konzentrieren. Efe hatte ihren Sohn nach ihrem verstorbenen Bruder benannt. Mein Vater, Papa David, hatte 48 Ehefrauen, wovon meine Mutter die 33. gewesen war. 76 Halbgeschwister hatte ich kennen gelernt. Doch Jo war der einzige Bruder, der mir alles bedeutet hatte.

»Es ist Weihnachten, Choga, geh zu Joshua. Er braucht dich jetzt auch.« Die warme Stimme Mama Bisis zerriss die Nebel meiner Erinnerung. Zerstreut ging ich hinaus. In der Eingangshalle wurde gelacht und gesungen. Keine der Frauen ahnte, wie ernst es nebenan um den kleinen Jo stand. Sie sollten es auch nicht wissen.

Wir leben mit dem Tod; er wohnt in uns. Doch nichts ist schlimmer als die Erkenntnis, dass wir schwächer sind als er. Dies ausgerechnet an einem solchen Festtag vor Augen geführt zu bekommen ist mehr, als man ertragen kann. Ich liebe meinen Sohn, und der Gedanke, ihn so früh verlieren zu können, wie es anscheinend Jos Schicksal vorsah, ließ mich Weihnachten unter einer Glocke aus Angst und Schmerz verbringen.

Ich bin Heilerin geworden, um anderen zu helfen. Ja, in erster Linie wegen Josh. Das war der wahre Grund, weshalb ich knapp zwei Jahre nach seiner Geburt gemeinsam mit ihm zu der weisen Ezira gegangen bin. Dank der Vermittlung von Mutters Freundin, der weisen Amara, war das damals reibungslos möglich. Meine Lehrerin hatte mir in jener Lehrzeit etwas gesagt, das mir während des Weihnachtsfests nicht mehr aus dem Kopf ging: »Wir werden immer nur Menschen bleiben, die versuchen zu helfen. Selbst wenn du dein Bestes gibst, kannst du das Schicksal nicht beeinflussen. Es wurde geschrieben, bevor du eingreifen kannst. Deshalb geh an deine Arbeit mit der Demut einer Dienerin, die sich mit den Kräften des Schicksals arrangiert.«

Mein Sohn hatte bereits die erste Lungenentzündung, als er ein Jahr alt war. Ich gebe nichts auf die Statistiken der westlichen Medizin, denen zufolge er schon nicht mehr leben würde. Wir haben unseren eigenen Weg gefunden, mit der Krankheit zu leben. Ein Tee stärkt unsere Abwehrkräfte. Jene meiner Gefährtinnen, die ihrer Kinder und meine. Wir führen, abgesehen von der regelmäßigen Einnahme des Tees, ein fast normales Leben. Ich vermutete, dass der kleine Jo ebenfalls Aids hatte. Doch was war mit Efe? War sie auch infiziert?

In den von meinem Vater gegründeten *Familien* herrschte Polygamie, die der Krankheit einen verhängnisvollen Nährboden geliefert hatte. Die von Papa David ins Leben gerufene Kirche war letztendlich daran zerbrochen. Das war auch einer der Gründe, weshalb wir acht Monate zuvor aus dem Harem in Lagos fortgegangen waren.

Dieses Weihnachtsfest führte mir auf grausame Weise vor Augen, dass wir dem Schicksal nicht entkommen konnten. Jede von uns trug ihr Los stets mit sich. Immer wieder ertappte ich mich dabei, wie ich Josh unauffällig beobachtete. Ich sah seine Freude, doch mein Herz schmerzte vor Wehmut. Kaum etwas ist so schwer auszuhalten wie das Ineinanderfließen von Glück und Trauer. Beides scheint nicht in ein Herz hineinzupassen.

Der Tod eines Kindes

Der fünfjährige Jo überlebte noch die Woche nach Weihnachten. Die Naturheilmittel verliehen ihm die letzte Kraft, um sich in unsere Mitte setzen zu können. Er genoss die Stunden, die er mit uns erleben durfte. Sein Zustand hatte sich vor den anderen nicht verbergen lassen. Wir taten alles, um den Todgeweihten nicht fühlen zu lassen, wie sehr wir darunter litten.

Es war der Silvestermorgen des Jahres 2000, ein Sonntag. Jeden Sonntagmorgen richteten wir in unserer kleinen Kirche einen christlichen Gottesdienst aus und teilten danach mit den bedürftigen Kindern aus der Nachbarschaft unsere einfache Kost. Zwar kamen nicht viele Menschen, aber ihre Anwesenheit war eine willkommene Abwechslung für uns, die wir doch recht abgeschieden lebten. Niemals fragte jemand von ihnen uns über unsere selbst gewählte Isolation aus. Sie beteten mit uns, manche gingen gleich danach wieder, andere nahmen zusammen mit ihren Kindern unser Essen ein, dankten und verließen uns. Sie kannten diese Tradition aus den Zeiten, als die Farm noch zur Kirche meines Vaters gehört hatte. Obwohl wir selbst nicht viel hatten, führten wir diesen Brauch seit unserer Rückkehr nach Jeba fort.

Für den kleinen Jo war ausgerechnet an diesem Morgen die Stunde des Abschieds gekommen. Efe lag apathisch auf ihrer Matte. Die Angst, ihr Kind zu verlieren, raubte ihr jene Kraft, die ihr Sohn in diesen Minuten so dringend brauchte. Die Augen in Jos schmalem Gesicht waren eingefallen. Er hielt sie die ganze Zeit über geschlossen.

Ich sehe im Tod nicht den feigen Dieb, der das Leben stiehlt, sondern den Erlöser, der uns hilft, eine neue Erfahrung zu machen. Die Christen nennen es Auferstehung. Ähnlich dem Müden, der nach erquickendem Schlaf eine neue Tagesarbeit beginnt. Leider habe ich schon früh in meinem Leben Erfahrungen mit dem überraschend zugreifenden Tod gemacht und kenne die Leiden derjenigen, die zurückbleiben. Wir versuchen zu verstehen. Doch unser Denken kennt nur Anfang und Ende, keine Unendlichkeit. Meiner Überzeugung nach bedeutet Leben jedoch genau dies: Wir durchschreiten viele Phasen der Erkenntnis. Was am Ende steht, mag wohl mit Unendlichkeit zu tun haben.

Wer geht, hat es leichter, hatte meine Mutter einmal zu mir gesagt. Ich wollte mich jetzt an diese Einsicht halten, streichelte Efes Hände und setzte mich neben Jos Schlafmatte. Bisi hatte es gut gemeint mit dem fiebernden Jo, ihn mit kühlenden Tüchern bedeckt. Nun nahm ich sie alle fort, trocknete das Kind und streichelte sanft seine Arme von den Schultern bis zu den Fingerspitzen. Es war viel zu dunkel und stickig in dem Raum; ich bat Bisi die Fensterläden zu öffnen, um die Morgensonne hereinzulassen. Ihre milden Strahlen fielen auf Jo.

Der kleine Junge öffnete blinzelnd die Augen und lächelte so leicht, dass es kaum zu erkennen war.

»Die Sonne erwartet dich. Sie ist so groß, dass sie alle deine Schmerzen aufnimmt. Und sie ist so stark, dass sie alles verbrennt, was dir wehtut.« Ich sprach nicht leise, sondern mit kräftiger Stimme, in der alle Zuversicht lag, die ich aufbrachte. Auch nahm ich den Kleinen nicht in die Arme, um ihn an mich zu pressen. Er sollte frei sein, sich lösen für einen Weg, auf dem ihn niemand begleiten konnte. Nur seine Hand hielt ich. Sie war eiskalt.

»Ich sehe die Sonne«, sagte das Kind.

»Die Strahlen, die du fühlst, schickt sie nur dir. Sie befreit deinen Körper von allem, was wehtut. Merkst du, wie es weggeht? Du fühlst dich leichter. Es ist ein bisschen, als ob du zu schweben beginnst. Kannst du es spüren?«

Jo bewegte den Kopf ein klein wenig. Es sah aus, als ob er nickte.

»Ich hatte einmal einen Bruder«, begann ich, »er hieß wie du: Jo. Er war schon ein großer Mann, als ich ihn kennen lernte, und sehr stark. Jo hat mich beschützt. Er wusste, dass ich nicht gut laufen kann, weil ich ein kurzes Bein habe. Mein Bruder Jo hatte ein Motorrad. Damit nahm er mich mit auf den Markt, wo wir Sachen verkauften. Als sein Motorrad kaputtging, sagte er, ich soll auf unseren Handkarren steigen, damit er mich schieben kann. Das war Jo. Deine Mama hat dich nach ihm benannt, denn er war ihr Bruder. Sie hat ihn genauso geliebt wie ich. Und wir beide lieben dich so sehr wie unseren Bruder Jo.«

Die leicht geschwollene Halsschlagader des Jungen pochte, er schluckte und sammelte Kraft, um zu antworten. »Wenn ich wiederkomme, werde ich stark und beschütze dich, Mama Choga«, brachte er schließlich so leise hervor, dass ich mich anstrengen musste, um ihn zu verstehen.

»Das wirst du, Jo.« Ich wollte nicht weinen, denn meine Tränen sollten ihn weder betrüben noch enttäuschen. »Die Sonne wird dir die Kraft dazu geben. Wenn du bei ihr bist, nimm so viel mit, wie du tragen kannst. Öffne dein Herz ganz weit und lass die Sonne hinein.«

Vom Hof drangen die Stimmen der ersten Gottesdienstbesucher. Einer der Gäste benutzte ein Moped. Das Motorengeräusch erfüllte die Stille des Sterbezimmers. Ich hatte dieses Moped schon öfter gehört und mich nie gefragt, wem es eigentlich gehörte.

»Jo ist gekommen.«

»Ja«, entgegnete ich zerstreut. Motorräder und Mopeds sind in unserer Gegend verbreiteter als Autos; sie werden als Taxi und Lieferwagen benutzt. Jetzt wurde der Motor abgestellt. Das Gefährt schien nicht weit von unserem Zimmerfenster zu stehen. Nun wurde die Maschine wieder angeworfen, der kleine Motor heulte auf und das Geräusch entfernte sich allmählich. Anscheinend war nur jemand abgesetzt worden.

»Jo bringt mich zur Sonne.«

Erst jetzt verstand ich den Zusammenhang. Ich spürte, wie die Kraft in der Hand des Jungen schwächer wurde, und rührte mich nicht. Jo war ganz leise gegangen.

Wie viele Kinder und Enkel hatte Mama Bisi im Laufe ihres langen Lebens schon verloren! »So ist es nicht gemeint, meine Kleine, nicht wahr?«, sagte sie leise und kam auf Zehenspitzen herein. »Die Kinder sollten nicht vor den Alten gehen dürfen. Warum hat Gott diese Welt so gemacht?«

Ich habe diese Frage aus so vielen Mündern gehört. Sie hat mich älter werden lassen, als ich bin, während ich dies niederschreibe. Ich bin überzeugt, dass Gott nicht der Urheber des Unglücks ist, das unseren Alltag bestimmt. Es sind die Menschen selbst.

Den ganzen Vormittag hielten Efe, Bisi und ich uns an der Seite von Jos totem Körper auf. Meine Schwester, die im christlichen Glauben den stärksten Halt fand, betete gemeinsam mit ihrer Mutter und mir. Ich habe den christlichen Glauben meiner Eltern keineswegs abgelegt; doch seit den Jahren bei Ezira sehe ich in der Verbindung zwischen Mensch und Natur ein Zusammenspiel. Mit Gott als höchster Instanz. Daraus beziehe ich meine Kraft als Heilerin.

Am Silvesternachmittag beerdigten wir den kleinen Jo. Alle Mitglieder unserer Gemeinschaft fanden sich dazu bei den Bougainvilleabüschen ein, wo wir Ostern 2000 meine Mutter beigesetzt hatten. Ich spürte die Hand meines Sohnes in meiner.

Josh blickte auf die frische Erde des neuen Grabes. »Muss Jo lange da drin bleiben?«

Mir fielen die letzten Worte des kleinen Jungen ein und ich erklärte meinem Sohn: »Unser Körper ist so eine Art Moped, mit dem wir über die Erde fahren. So wie man das Moped stehen lassen kann, lässt man seinen Körper zurück, wenn man stirbt. Deine Seele geht fort und lebt an einem anderen Ort weiter.«

»Ich kann aber nicht Moped fahren«, sagte Joshua.

Efes Geheimnis

Trotz allem wollten wir die Kinder nicht um die versprochene Silvesterfeier bringen und so veranstalteten wir ein kleines Fest. Danach ging ich zu Efe in mein Zimmer. Vor vielen Jahren hatte sie gemeinsam mit mir Schnitzen gelernt. Ihr Bruder Jo hatte es uns beigebracht. Jetzt hielt sie ein weiches Stück Holz in den Händen. In unserer Jugend hatten wir Madonnen geschnitzt.

»Wir wollen für dich da sein. So wie früher, wir sind deine Familie«, begann ich sanft. »Magst du mir und den anderen erzählen, was geschehen ist, bevor du zu uns kamst?« Als sie schwieg, fügte ich hinzu: »Wir alle haben harte Zeiten hinter uns und wahrscheinlich noch vor uns. Unser Zusammenhalt macht uns zwar nicht gesund, dafür aber unser Los erträglicher. So ist niemand im Unglück allein.«

Efe ließ Messer und Holz sinken. In ihren Augen standen Tränen. »Ich habe ein Sammeltaxi genommen und bin nach Lagos gefahren. Zum Harem. Ich dachte, ihr wärt noch alle dort. Und könntet mir helfen.« Ein Schluchzen ließ ihre Worte verebben.

»Ist denn niemand mehr im Harem?«, fragte ich. In den vergangenen acht Monaten hatten wir nämlich keinen Kontakt mehr zu jenem Ort gehabt, an dem ich auf die Welt gekommen bin. Nachdem meine Gefährtinnen und ich fortgegangen waren, lebten dort nur noch die beiden ältesten Frauen meines Vaters und ein paar Schwerkranke, die nicht in der Lage waren, uns auf der weiten Reise nach Jeba zu begleiten.

Meine Schwester schüttelte den Kopf. »Mama Felicitas und

Mama Patty sagten, dass sie mir und Jo nicht helfen können. Sie haben nur noch ihre alten Häuser. Der Harem wurde aufgelöst, das übrige Grundstück verkauft.« Papa Davids Nachfolger hatten also ganze Arbeit geleistet, um das Werk unseres gemeinsamen Vaters vergessen zu machen. »Wenigstens etwas Geld gab Mama Patty mir, um die Fahrt bis zu euch zu bezahlen.« Sie hob die schmalen Schultern. »Ich wusste keinen anderen Ort.«

»Das hast du richtig gemacht, Efe«, beruhigte ich sie. »Wir gehören zusammen.« Nachdem wir uns in den Armen gehalten hatten, ging sie mit mir hinaus zu den anderen, die uns auf der Veranda erwarteten. Efe hielt sich an ihrer Schnitzarbeit fest, während sie mit fast tonloser Stimme erzählte.

Ihr Bericht drehte die Zeit um fast sieben Jahre zurück. »Es war der Tag von Chogas Flucht aus dem Harem«, begann meine Schwester Efe ihren Bericht.

Ich denke ungern an besagten Tag zurück, denn ich floh ausgerechnet während der Trauerfeier für Efes und meinen Vater David. Meine Mutter Lisa, Mama Bisi und Mama Ada hatten gemeinsam mit Mutters Freundin, der alten Heilerin Amara, dafür gesorgt, dass ich durch einen Seitenausgang in Amaras Wagen schlüpfen und mit ihr davonfahren konnte. Gleichzeitig bereitete der neue Führer des Harems die Gedenkfeier für Papa David vor. Er hieß Papa Felix. Und bis zu jenem Tag war ich seine sechste Ehefrau gewesen. Keine Stunde länger hätte ich seine Nähe ertragen können, obwohl ich damals seinen Sohn unter dem Herzen trug.

»Für den Gottesdienst setzte Papa Felix alle seine Frauen in die erste Reihe. Als Chogas Platz leer blieb, ließ Felix nach ihr suchen«, erzählte Efe. »In den Reihen wurde getuschelt.« Efe richtete ihre Worte jetzt an mich. »Sie haben die wildesten Vermutungen angestellt, warum ausgerechnet du nicht da warst, Choga. Von deinem heimlichen Verschwinden ahnte Felix noch nichts. Er dachte wohl, du wolltest mit deinem Ausbleiben zeigen, dass du seine neue Position missbilligst. Für ihn

20

war das natürlich eine schwere Beleidigung und Schwächung seiner Stellung. Denn alle wussten, dass du die Lieblingstochter unseres mächtigen Vaters warst.«

Nun meldete sich Mama Bisi zu Wort. »Lisa, Ada und ich kamen nach Chogas Flucht so schnell es ging zurück. Wir behaupteten, dass es ihr schlecht ging und sie sich hingelegt hatte.«

»Doch das hat Felix nicht beruhigt«, ergänzte Mama Ada. Sie lächelte hintergründig. »Schließlich war er nicht dumm. Er wusste, dass hinter seinem Rücken etwas vor sich ging.«

»Aber er konnte nichts unternehmen«, sagte Mama Bisi. »Amara war mit Choga auf und davon. Felix musste den Gottesdienst abhalten. Ohne unsere Kleine.« Bisi warf mir einen triumphierenden Blick zu.

Efe wollte jetzt nicht über meine Flucht sprechen, sondern über die Folgen. Jener Tag, an dem mein neues Leben begann, veränderte nämlich auch ihres.

»Felix führte sich auf wie ein wild gewordener Irrer«, setzte meine Halbschwester ihren Bericht mit leiser Stimme fort. »Ich verstand erst überhaupt nicht, um was es ging. Mit meinem Mann Papa Sunday, meinen Mitfrauen und meinen mittlerweile zwei Kindern war ich wie alle anderen *Familien* angereist, um meinem Vater die letzte Ehre zu erweisen. Ich war froh, wieder einmal in Lagos zu sein und die vertrauten Gesichter von früher zu sehen. Außerdem kümmerte ich mich um meine kleinen Kinder. So bekam ich als Letzte mit, was geschehen war. Es hatte sich herumgesprochen, dass Choga den Harem heimlich verlassen hatte. Und über die Gründe kursierten die wildesten Spekulationen. Keines der Gerüchte war schmeichelhaft für Felix, den neuen Führer unserer Gemeinschaft.«

»Lisa hatte ihm eine schwere Niederlage beigebracht«, resümierte Mama Ada in ihrer trockenen Art die Vorgänge.

»Ich gebe zu, dass ich damals nicht den Mund gehalten habe«, gestand nun Mama Bisi. »Choga hat uns nach ihrer Rückkehr von Jeba, wo sie nach ihrer Verheiratung mit Felix zwei Jahre lang durch die Hölle gegangen war, von den Taten dieses Menschen erzählt. Und vom Mord an meinem Sohn Jo, den Felix kaltblütig als Mitwisser seines Ehebruchs mit Papa Davids Ehefrau Idu aus dem Weg geräumt hatte.«

»Wem hast du das erzählt?«, mischte ich mich ein.

»Papa Davids ältester Frau, Mama Patty, weil sie uns allen vorstand. Ich wollte ihr begreiflich machen, warum wir dich in Sicherheit bringen mussten. Leider hatten die Häuser im Harem dünne Wände. Jemand hat wohl gelauscht.« Sie legte die Hand aufs Herz. »Mama Patty hat gewiss nicht geredet. Sie wusste, dass Felix trotz allem gebraucht wurde. Auch faule Wurzeln können einen alten Baum noch lange am Leben erhalten. Um etwas anderes ging es nicht.«

»Ich verstehe«, sagte Efe leise. »Das alles wird Felix zu Ohren gekommen sein. Deshalb auch seine unglaubliche Wut.«

Mama Ngozi, nach Bisi die Zweitälteste in unserer Gemeinschaft, legte begütigend eine Hand auf Efes Schulter. »Ich habe diesen Felix nie wirklich kennen gelernt; während er auf dieser Farm hier gelebt hat, war ich unerwünscht. Aber was ich von ihm gehört habe, reicht. Du musst nicht darüber sprechen, was geschehen ist, meine Tochter.« Sie gebrauchte die vertraute Anrede bewusst, denn die älteren Frauen fühlten sich für das Los der jüngeren stets verantwortlich, auch wenn sie nicht mit ihnen verwandt waren.

»Ich will aber sprechen«, beharrte Efe. »Felix verhörte jede von uns Frauen. Er fragte immer wieder, was wir von Chogas Verschwinden wussten. Dann ließ er jede Einzelne auf die Bibel schwören, dass wir ihn als Oberhaupt respektierten. Schließlich war ich an der Reihe. Draußen spielten meine Kinder, während ich in das Haus ging, das zuvor unser Vater bewohnt hatte.«

Efe hielt den Blick gesenkt. »›Du bist Chogas Schwester. Ihr beide wart früher sehr eng miteinander befreundet‹, sagte Felix. Seine Stimme war kaum zu verstehen. Plötzlich packte er mich. Ich sah den ungeheuren Hass in den Augen dieses Mannes. Er vergewaltigte mich. Ich verstand nicht, weshalb. Ich hatte ihn nie beleidigt. Oder seine Stellung bestritten. Genau genommen war er mir gleichgültig gewesen. Auch mit Choga hatte ich seit ihrer Hochzeit zwei Jahre zuvor nicht mehr gesprochen. Ich war glücklich verheiratet mit meinem Mann, Papa Sunday. Es gab nichts, was ich falsch gemacht hatte.«

Ich konnte Efes verzweifeltem Blick nicht standhalten. Von dieser Vergewaltigung hatte ich nichts gewusst. Nach meiner Flucht hatte ich jahrelang bei Mutters Freundin Amara gelebt und später meine eigene Ausbildung zur Heilerin im Busch durchlaufen. Über das Leben jener, die im Harem unter Felix' Einfluss zurückgeblieben waren, hatte ich kaum nachgedacht. Ich hatte ihr Schicksal sogar verdrängt, um die Kraft zum Weiterleben zu haben. Um meinem Sohn Joshua eine Stütze sein zu können. Doch Efes Bericht öffnete mir die Augen dafür, dass mein Glück ihr Unglück zur Folge gehabt hatte. Mir wurde klar, dass Felix meine Halbschwester ebenso mit HIV infiziert hatte wie mich. Ein eiskalter Schauer lief mir über den Rücken.

»Du weißt, Choga«, sagte Efe, »dass ich meinen Mann nicht gern geheiratet habe. Doch die Liebe kam im Lauf der Zeit. Papa Sunday ist immer gut zu mir gewesen. All die Jahre. Doch als ich beschmutzt aus diesem Raum zurückkam, in dem Felix mich erniedrigt hatte, war alles anders geworden. Ich konnte meinem Mann nicht mehr in die Augen sehen. Ich schämte mich zu sehr. Hatte ich Felix etwa ermutigt? Ihm ein Signal gegeben, das meine Bereitschaft anzeigte?« Efe schüttelte den Kopf. »Es gibt niemanden, der meine Worte bezeugen kann. Vor Gott schwöre ich, dass es sich genau so zugetragen hat. Und dennoch verstehe ich es nicht.«

Mama Bisi nahm ihre Tochter in die Arme. »Kind, dich trifft keine Schuld. Was geschehen ist, kann niemand begründen.«

Meine Lieblingsmama hatte Recht. Erklärungen für all die unbegreiflichen Ereignisse der Vergangenheit zu finden war unmöglich. Es waren Schicksalsschläge, die einfach geschahen. Nur ein einziges Mal begehrten meine Mamas auf, indem sie mir zur Flucht verhalfen.

Auch ich konnte Efe keinen Trost anbieten, blieb daher nur schweigend und niedergeschlagen auf meinem Platz auf der Veranda sitzen und lauschte, als sie fortfuhr: »Ich brachte einen Jungen zur Welt, ziemlich genau neun Monate nach der Vergewaltigung. Ich wusste, dass er der Sohn von Felix war. Deshalb nannte ich ihn Jo. So wie meinen Bruder, den der Vater meines Kindes nur wenige Tage vor dessen Zeugung ermordet hatte.«

Trotz der Dunkelheit sah ich ein flüchtiges Lächeln über Efes Züge huschen.

»Ihr haltet das für verrückt, nicht wahr?«, fragte Efe. »Doch ich habe in meinem kleinen Jo eine Wiedergutmachung des Schicksals gesehen. Der Mann, der mir den Bruder genommen hatte, gab ihn mir auf diese Weise wieder zurück.«

In meinem Land rückt ein Mörder die Leiche seines Opfers niemals wieder heraus. Denn damit würde er seine Schuld eingestehen.

In jener Nacht, in der Felix meinen Halbbruder Jo getötet hatte, hatte er sich geweigert, gemeinsam mit mir nach dem Leichnam zu suchen. In diesem Zusammenhang leuchteten Efes Worte mir durchaus ein: Felix hatte Jo wieder hergegeben. Allerdings in einem höheren Sinn, denn seine Leiche blieb unauffindbar. Mein Freund und Bruder Jo erhielt deshalb auch nie ein Grab. In unserer Kapelle existierte unterhalb des gekreuzigten Jesus, den Jo einst aus dunklem Holz gefertigt hatte, nur eine kleine geschnitzte Tafel, die Jo Umukoro ehrte.

Während ich meinen Erinnerungen nachgegangen hatte, hatte Efe geschwiegen. »Mein Junge war von Anfang an kränklich, allerdings war es nie lebensbedrohlich. Als er zum ersten Mal eine Lungenentzündung bekam, brachten wir ihn ins Krankenhaus. Da war er gerade mal drei Jahre alt. Die Ärzte fanden schnell heraus, dass er HIV-positiv war. Papa Sunday ist kein gebildeter Mann; er wusste nicht, dass der kleine Jo diese Infektion nur durch mich bekommen haben konnte. Das Krankenhaus ließ einen Test machen, der meinen Verdacht bestätigte. Ich selbst hatte zum Glück keine Symptome. Doch nachdem ich Bescheid wusste, konnte ich meine Ehe nicht mehr so fortsetzen, wie mein Mann es erwartete. Ein weiteres Jahr verging, bis ich ihm gestand, was geschehen war.«

Papa Sunday wies Efe aus dem Haus. Und das, obwohl sie an ihrem Schicksal schuldlos war. Es ging schlicht und ergreifend um seine Ehre.

Für Efe war jetzt wichtig, dass eine stabile Gemeinschaft sie schützte. Mama Bisi hatte ihr einziges Kind zurückbekommen, das ihr im Alter noch geblieben war. In unserer Gemeinschaft gab es feste Regeln. So wurden weitreichende Beschlüsse nur einstimmig gefasst. Das bedeutete, ein neues Mitglied musste von allen akzeptiert werden. Es war nicht an mir, den anderen diese Frage zu stellen. Bisi, unsere Älteste, musste es tun. Nicht zuletzt aus diesem Grund hatte Efe ihre Geschichte vortragen sollen.

Niemand verweigerte meiner Schwester den Beistand unserer Gemeinschaft.

Ich nahm Efes Hände. »Wir können dir deine Kinder nicht ersetzen«, sagte ich, »aber wir sind für dich da und froh, dich hier zu haben. Versuch nach vorn zu blicken, und vergifte dein Leben nicht mit Fragen, auf die es keine Antwort gibt.«

Unter Tränen fragte sie mich: »Woher nimmst du nur die Kraft, Choga? Du bist doch selber krank.«

»Für uns ist sie so stark«, sagte Mama Ada. »Ihr Vater hat sie ›Gott hat mich gemacht‹ genannt. Das ist eine Verantwortung. Von ihrer Mutter wurde sie Regina genannt, die Königin. Sie hat ihre Wurzeln in zwei Welten, in Deutschland und in Afrika. Aus diesen unterschiedlichen Quellen schöpft sie Kraft.«

Ich werde nicht gerne gelobt und mag es nicht, im Mittelpunkt zu stehen. Was ich tue, geschieht aus dem Wunsch heraus, eine Aufgabe zu haben. Ich muss meinem Sohn ein Zuhause geben, in dem er sich so behütet fühlen kann wie ich, als ich ein Kind war. Im Harem meines Vaters habe ich erfahren, wie wichtig Zusammenhalt ist. Daran richte ich mein Leben aus.

Efe betrachtete das Stückchen Holz in ihren Händen. »Früher haben Jo, du, ich und unsere Schwester Jem Madonnen geschnitzt, die du auf dem Markt verkauft hast. Weißt du noch, Choga?« Mehr als zehn Jahre lagen diese nahezu unbeschwerten Zeiten zurück! »Jetzt möchte ich Jos liebes kleines Gesicht unzählige Male schnitzen. Er hatte nicht die Gelegenheit, die Welt zu sehen. Aber es wäre schön, wenn andere von ihm wüssten. Was hältst du davon?«

Natürlich gefiel mit Efes Vorschlag. Vielleicht könnte sie auch meinem Sohn Joshua das Schnitzen beibringen. Im Moment traute ich mich nicht, ihr das vorzuschlagen. Efes Narben waren viel zu frisch.

Kleine Schritte

In den folgenden Monaten lebte sich Efe in unserer Gemeinschaft gut ein und bekam zunehmend mehr Aufgaben übertragen. Unser beschauliches Leben nahm seinen gewohnten Gang. Unter Mama Adas tatkräftiger Anleitung fuhren wir damit fort, das Farmhaus instand zu setzen, und brachten außerdem eine weitere Ernte ein. Mama Ngozi, die schon in Jeba gewohnt hatte, bevor meine Mutter die Farm übernommen hatte, sorgte für den Verkauf unserer Erzeugnisse. Sie war einer Kooperative von Händlerinnen beigetreten, die ihr auch einen Kredit eingeräumt hatte. Vor allem mit diesem Geld hatten wir unseren Neustart finanziert. Im Gegenzug hatten wir ein Viertel unserer Gewinne an die Kooperative abzuführen und mussten uns nicht um den Verkauf der Farmerzeugnisse kümmern. Das wiederum ermöglichte es uns, unser Leben auf die Farm zu beschränken. Von meinen Kenntnissen als Heilerin wusste deshalb außerhalb des *compound* kaum jemand. Das hatte ich mir bei unserem Neubeginn zwar anders vorgestellt, doch die Betreuung meiner Lieben hielt mich ausreichend auf Trab.

Es war kurz nach Ostern, dem ersten Todestag meiner Mutter, als ich wieder einmal frühmorgens in meinem Kräutergarten arbeitete. Hier wachsen hauptsächlich die Pflanzen, aus denen ich unseren Tee zubereite. Dreimal am Tag verabreicht, stärkt er die Widerstandskraft der kranken Mitglieder unserer Gemeinschaft.

Plötzlich hörte ich, wie mich eine Kinderstimme ansprach. »Was machst du da?«

Ein paar Schritte von mir entfernt stand ein kleines Mädchen. Da ich am Boden kniete, nahm ich zuerst seine nackten Füße wahr, dann die Beinchen und schließlich den mageren Körper, den ein buntes T-Shirt und ein farbenfrohes Wickeltuch umhüllten. Das dunkle zarte Gesicht der Kleinen wurde von einem Augenpaar beherrscht, welches von einer solchen Intensität war, dass ich die Wärme einer verwandten Seele in meinem Herzen zu spüren glaubte.

Was hätte ich dem fremden, ungefähr sechs bis sieben Jahre alten Kind antworten sollen? Dass ich mit meinen Kräutern redete? Kinder sind in ihrem Urteil über Erwachsene großzügiger als ihre Eltern. Also sagte ich genau das.

Die Kleine blickte mich nachdenklich an. »Warum redest du mit deinen Kräutern? Können sie dir antworten?« Sie sprach Haussa, die im Norden von Nigeria verbreitete Sprache, die ich als Kind von Mama Ada erlernt hatte.

Einen Moment lang dachte ich nach, was ich sagen sollte. »Ja«, meinte ich schließlich, »irgendwie schon. Weißt du, ihre Antworten sind nicht so wie die von Menschen. Wenn Pflanzen unglücklich sind, werden Teile von ihnen gelb, oder sie lassen die Köpfe hängen. Also komme ich jeden Morgen hierher, um die Erde zu befühlen und die Festigkeit der Blätter zu überprüfen. Es ist wichtig, dass diese Kräuter immer gesund sind, weil sie uns Menschen heilen sollen.«

»Meine Mutter hat mich geschickt«, sagte das Mädchen. »Sie ist krank und die alte Heilerin aus Jeba hat schon viel Geld gekostet. Aber Mutter wird nicht wieder gesund.« Die Kleine sprach flüssig, schien keineswegs scheu, sondern im Gegenteil sehr aufgeschlossen zu sein. Was in Anbetracht unseres ungewöhnlichen Kennenlernens ein gutes Zeichen war. Immerhin bot ich einen befremdlichen Anblick. Meine weiße Bluse und mein weißer Rock waren schmutzig und ich stützte mich auf meinen Feldstock, um leichter aufstehen zu können.

»Wie heißt du?«, fragte ich die Kleine.

»Fatima«, antwortete sie. »Soll ich dich zu meiner Mutter bringen?«

Unser eigenes Gehöft war 15 Gehminuten vom Kräutergarten entfernt, verdeckt durch ein paar Felsen. Obwohl dieser Ort angesichts meiner Gehprobleme recht abgelegen war, hatte ich ihn gewählt, weil der Boden an dieser Stelle am feuchtesten war. Eine kleine Wasserader verlief unweit der Oberfläche.

Fatima hatte meinen Blick verstanden. »Unser Haus liegt dort hinten. Über die Felder ist es nicht so weit.«

Ich sah in die gewiesene Richtung. Hügel und Felsen versprachen keine angenehme Wegstrecke. Bevor wir losgingen, erkundigte ich mich nach den Beschwerden von Fatimas Mutter. Ihrer Beschreibung nach litt die Frau an einer Art Hautausschlag oder Ekzem. Dafür kamen zwei, drei Kräuter infrage, von denen in meinem noch jungen Garten bereits einige wuchsen. Am besten wirkten sie frisch. In der sengenden Sonne länger transportiert, verloren sie jedoch rasch ihre Kraft. Mir blieb nichts anderes übrig, als genau das zu riskieren. Behutsam schnitt ich ein paar Blätter der schnell nachwachsenden Stauden ab.

Fatima sah mir dabei zu. »Du hast schon wieder mit ihnen gesprochen«, stellte sie fest.

»Ich habe ihnen wehgetan. Deshalb waren ein paar Worte des Trosts und der Dankbarkeit wichtig.«

Mit argwöhnischem Augenaufschlag musterte sie mich. »Das können Pflanzen doch nicht verstehen.«

»Nicht so wie du. Aber sie fühlen, dass meine Worte voller Verständnis sind und mein Handeln nicht voll Heimtücke ist«, gab ich zurück.

Fatimas Elternhaus befand sich am äußersten Rand von Jeba. Das recht große und aus Stein gebaute Gebäude war von einer hohen Steinmauer umgeben. Das zweite Stockwerk war noch nicht ganz fertig, das in der Sonne glänzende Blechdach verriet, dass die gesamte Konstruktion erst wenige Monate alt sein konnte. Ein Bagger, eine Planierraupe und ein Lastwagen standen auf überdachten Stellplätzen im Hof.

Ein Schild an der Grundstücksmauer wies das Anwesen als den Sitz eines Bauunternehmens aus: *Said Musa, constructor.*

Der Fußmarsch hatte mich sehr angestrengt. Ich setzte mich in den Schatten und bat um etwas Wasser.

»Ich sage Bescheid, dass du da bist«, sagte meine Führerin.

Während ich verschnaufte, vernahm ich ein leises Winseln. Es kam aus der Richtung der Baufahrzeuge. Zunächst schenkte ich ihm keine Beachtung, voll und ganz damit beschäftigt, meine von der Wanderung schmerzende Hüfte zu massieren. Schwerfällig erhob ich mich schließlich und ging dem mitleiderweckenden Jammern entgegen. Ich war noch ein paar Schritte vom Bagger entfernt, als ein großer Hund mit unglaublicher Schnelligkeit dahinter hervorkam. Eine kurze Eisenkette bremste das Tier derart abrupt ab, dass es auf dem sandigen Untergrund wegrutschte.

Mit Hunden kenne ich mich ein wenig aus, da ich mit einem aufgewachsen bin, meinem Corn. Der Kettenhund, der mich nun anknurrte, war ein etwa 60 Zentimeter großer magerer Mischling mit langem, gelbschwarzem Fell. Er legte die Ohren an und fletschte die Zähne. Mit dem war garantiert nicht zu spaßen, der meinte es ernst! Warum hatte er nur so gewimmert? Ich tippte auf eine Verletzung, konnte jedoch aus meiner Position heraus nichts erkennen. Ich redete begütigend auf das Tier ein, doch seine wohl aus Angst geborene Aggression legte sich nicht.

Nun meldete sich das Wimmern wieder. Es kam unter dem Bagger hervor. Fraglos stammte es nicht von dem Hofhund. Langsam schob ich mich an den Bagger heran, während ich immer noch sanft auf den Angeketteten einredete, der nun ein wütendes Gebell anstimmte. Er hatte sich auf den Hinterpfoten aufgerichtet und zerrte verzweifelt an seiner Kette. Da erst sah ich es. Es war ein Weibchen, ihre Zitzen waren dick von der Milch. Endlich hatte ich verstanden. Die Hündin verteidigte ihre Jungen, die unter dem Bagger lagen. Wieso muss das arme Tier seine Welpen an der Kette aufziehen?, dachte ich. Kein Wunder, dass es voller Wut war.

Hier konnte mein Mitleid nur stören. Es half nichts, sondern verschlimmerte das schwere Schicksal des Muttertiers nur unnötig. Ich zog mich wieder zurück.

Durch meinen vor Jahren verstorbenen Hund Corn hatte ich erfahren, dass die Menschen in meinem Land Hunde als Nutztiere betrachten. Corn war dazu abgerichtet worden, die Bewohner unserer Farm vor Schlangen zu beschützen, und einmal rettete er auch mein Leben. Dabei biss ihn die Schlange, mit der er kämpfte, ins Bein. Daraufhin flehte ich Mutter an, das Bein amputieren zu lassen, um wenigstens Corns Leben zu retten. So geschah es auch, doch derart behindert konnte er seine Arbeit nicht mehr verrichten – was eigentlich sein Todesurteil gewesen wäre. Zunächst erkannte niemand in ihm den kleinen Helden, der sich für mich geopfert hatte. Und so dauerte es einige Zeit, bis er zum Glücksbringer unserer *Familie* aufstieg.

Als Fatima das Wasser brachte, trank ich es hastig aus. Erst danach fiel mir wieder die Hündin ein. Ich fragte die Kleine, ob das Tier und seine Jungen etwas zu trinken hätten. Fatima blickte mich voller Unverständnis an. »Jemand wird schon nach ihnen sehen.«

»Bring mir noch etwas Wasser«, bat ich. Fatima lief in ihr Elternhaus. Unweit des Eingangs entdeckte ich eine flache Plastikschale. Als das Mädchen zurückkam, goss ich das Wasser hinein und trug es zur Hündin. Mit der Spitze meines Stocks schob ich das Gefäß in die Reichweite des Tieres, ungläubig beobachtet von meiner Führerin. Die Hündin schlabberte das Wasser begierig auf, stieß die Schale um und schnüffelte am Boden. Von der anfänglichen Aggressivität war nichts mehr zu spüren.

Fatima führte mich schweigend ins Haus. Ihre Mutter lag in einem der hinteren Räume. Ich nahm sie erst auf den zweiten Blick wahr. Das Zimmer war abgedunkelt, die höchstens 30-

jährige Frau Musa trug schwarze Tücher und lag in einer Ecke. Sie sprach ebenso wie ihre Tochter Haussa. Ohne viele Erklärungen war rasch klar, dass sie starke Schmerzen haben musste. Die unbekleideten Hautpartien an Händen, Ellenbeugen und Füßen waren wund gekratzt, einige Stellen dick verschorft.

»Was hat die Dorfheilerin Ihnen gegeben?«, erkundigte ich mich, nachdem ich Frau Musa begrüßt hatte.

»Sie befragte ihr Orakel. Anschließend sagte sie mir, mein Mann hätte erst die Erdgeister milde stimmen müssen, bevor er das Haus hier baute«, erklärte Fatimas Mutter. »Weil er das nicht tat, rächten die Geister sich an mir. Darum wurde ich krank. Mein Mann hat schon viel Geld bezahlt, damit die Heilerin die Geister mild stimmt. Aber es hat nicht geholfen.«

Eingehend untersuchte ich die Wunden, für die eine Ursache ganz bestimmt nicht infrage kam: die Rache von Erdgeistern. Ich war ziemlich sicher, dass Frau Musa an Krätze litt. Das notwendige Mittel hatte ich jedoch leider nicht bei mir. Meine Kräuter, erwartungsgemäß inzwischen etwas welk, konnten allenfalls den Juckreiz lindern. Es wäre besser und weniger schmerzhaft gewesen, sie jetzt frisch auflegen zu können und feucht zu halten. So aber musste ich mich zu Wickeln mit einem heißen Sud entschließen. Wasser gab es genügend und auch eine richtige Kochplatte, die mit Strom betrieben wurde. Gemessen an unseren damals noch einfachen Verhältnissen auf der Farm herrschte in diesem Haus Luxus.

Ich erklärte meiner Patientin, dass ich zwar zuversichtlich sei, sie heilen zu können, doch dazu brauchte ich andere Pflanzen. »Am besten, Sie lassen sich noch heute Nachmittag von Ihrem Mann zu meiner Farm bringen. Dort kann ich Ihnen wirklich helfen«, sagte ich. »Bis Sie kommen, werde ich die richtige Medizin zusammengestellt haben.« Ich wusste, dass der betreffende kleine Baum, den die Einheimischen Puddingapfel nennen, ganz in der Nähe wuchs; auf meinem Weg zu Frau Musa war ich daran vorbeigekommen.

Die Kranke antwortete eine Weile lang nichts. Ich wusste ihr Schweigen nicht zu deuten, war verunsichert. Hatte ich etwas Falsches gesagt?

»Ich kann das Haus nicht verlassen«, meinte sie endlich. »Ich fühle mich unrein. Niemand soll mich so sehen.«

Diese Begründung hatte ich schon öfter von Kranken gehört. Sie resultierte aus dem alten Glauben der Menschen, dass Krankheit eine Strafe der Götter sei. Ich hatte bei meiner Lehrerin gelernt, diese Ansicht zu respektieren. »Dann lassen Sie sich nach Einbruch der Dunkelheit fahren. Draußen steht ein großer Lastwagen und der Weg zu mir ist nicht weit.«

Wieder folgte ratloses Schweigen. Ich entschloss mich, der Patientin die Wahrheit zu sagen. »Sie könnten Ihre Tochter anstecken. Es ist wirklich nötig, dass Sie sofort etwas unternehmen.«

»Ich werde Fatima zu Ihnen schicken, wenn ich Ihre Hilfe wieder brauche«, sagte Frau Musa und entlohnte mich großzügig, ohne dass ich eine Forderung gestellt hatte.

Fatima begleitete mich hinaus. »Wir sind erst vor einem halben Jahr hierher gezogen«, berichtete sie auf meine Frage. Die Familie stammte aus Kaduna, wo auch Efe vor vielen Jahren gelebt hatte.

»Ich war etwa so alt wie du, als ich hierher kam«, erzählte ich dem Mädchen. »Am Anfang habe ich mich hier nicht wohl gefühlt. Vor allem musste ich immer sehr weit zur Schule laufen. Hast du es leichter?«, fragte ich.

»Ich gehe noch nicht zur Schule«, antwortete sie, was mich an Joshua erinnerte, für den dasselbe galt. Ein Problem, das ich dringend zu lösen hatte.

»Komm, wir geben eurem Hund noch ein bisschen Wasser«, regte ich an.

»Mein Vater ist bei ihr«, antwortete das Kind, und in seiner Stimme schwang Erleichterung mit. Fatima schien nicht die geringste Neigung zu spüren, sich dem Hund zu nähern.

Neben den Baufahrzeugen erblickte ich einen kräftigen

Mann in Jeans, T-Shirt und Turnschuhen. Die Hündin hatte er mit einem simplen Trick daran gehindert, ihre Jungen zu verteidigen. Er hatte es so angestellt, dass sie mehrmals um den Baum, an dem sie angebunden war, herumgelaufen war und nunmehr an der kurzen Kette hing. Jetzt stieg er in den Bagger und setzte ihn so weit zurück, dass ich sehen konnte, was sich darunter verbarg: sieben Welpen. Langsam ging ich näher. Das wütende Gebell der Hündin begleitete jeden meiner Schritte. Fatimas Vater kletterte aus dem Bagger und schnappte die Hundebabys mit beiden Händen, die in Arbeitshandschuhen steckten. Das Gebell des Muttertiers ignorierte er. In der Nähe stand eine Kiste, die offenkundig für den Hundetransport vorgesehen war.

»Entschuldigung«, rief ich, »darf ich Sie kurz sprechen?«

Der Mann blickte über die Schulter und blieb stehen. Herr Musa ließ die Arme mit den Welpen hängen. Er wirkte ziemlich hilflos. Wie ein Mensch, der etwas tat, was er eigentlich nicht machen wollte, aber keinen anderen Rat wusste.

»Wollen Sie sie haben?«, fragte er.

Ich war überrumpelt; daran hatte ich gar nicht gedacht. Ich hatte mit ihm über die weitere Behandlung seiner Frau reden wollen. Meine Antwort war mehr ein Reflex. »Was haben Sie mit den Hunden vor?«

»Ich weiß es nicht. Niemand will sie haben.« Fatimas Vater deutete mit dem Kopf zur Kiste. »Ich werde sie fortbringen.«

»Wohin?«, fragte ich.

Herr Musa zuckte die Schultern. »Die andere Heilerin behauptet, dass meine Frau wegen der Erdgeister krank geworden ist. Aber ich glaube, es sind diese Hunde. Meine Frau fand sie süß und hat mit ihnen gespielt. Doch schon der Prophet hat gesagt, wir sollen Hunde nicht wie Schoßtiere behandeln. Sie sind unrein.«

Ich stutzte. Von welchem Propheten sprach der Mann? Ich wollte mein Unwissen jedoch nicht zur Schau stellen und überging die Bemerkung daher. »Darf ich mir die Hunde mal ansehen?«, fragte ich stattdessen und trat näher. Die Welpen waren winzig und völlig unterernährt. Ich schätzte sie auf höchstens sechs Wochen.

Jetzt konnte ich das Puzzle zusammenfügen: die Welpen ... Frau Musas Krätze. Hatte sie sich bei den Hunden angesteckt? Das wäre immerhin möglich gewesen. Ich bat Musa, die Tiere in die Kiste zu setzen, um sie besser in Augenschein nehmen zu können. Eines der verspielten Kerlchen nach dem anderen untersuchte ich. Trotz der ungeeigneten Kinderstube, in der sie groß geworden waren, war ihr Fell sehr sauber, die Haut darunter gesund. Meiner Meinung nach konnten die Welpen nicht die Ursache von Frau Musas Erkrankung sein.

Ihr Mann schien nicht viel auf mein Urteil zu geben. »Die Tiere müssen weg«, sagte er bestimmt.

Was das bedeutete, konnte ich mir gut vorstellen – ihren Tod, auf welche Weise auch immer. Was aber sollte ich mit sieben Welpen, allesamt niedlich und hilfsbedürftig?

Herr Musa hatte Mühe, die zu kleine Kiste zu schließen. Einer der Hunde nutzte diesen Moment und entkam. Das Tierchen rannte direkt auf mich zu. Ich musste mich nur bücken und es geschwind packen. Seine Nase war schwarz, zwei hellbraune Flecken über den Augen zierten sein rundes Gesicht, der übrige Körper war ebenso schwarz wie der Rest, nur die Schwanzspitze hatte einen braunen Tupfer abbekommen.

»Passen Sie auf, dass Sie nicht krank werden«, warnte Fatimas Vater.

Dass ich ursprünglich Herrn Musa überzeugen wollte, seine Frau am Abend zu mir zu bringen, hatte ich über dem kleinen Hundedrama völlig vergessen. Ich verabschiedete mich schnell und trug meinen Schützling davon. Ich fragte nicht, was er mit den übrigen Welpen vorhatte. Es ist unmöglich, die ganze Welt zu retten. Man kann nur kleine Schritte machen.

Hoffnung

Mein Sohn hatte sich schon so lange einen Hund gewünscht. »Wenn es sein soll, werden wir einen bekommen«, hatte ich ihn vertröstet. »Wer dich braucht, muss von allein zu dir kommen. Das gilt auch für Tiere«, hatte ich Joshua erklärt. Diese Weisheit meiner Lehrerin Ezira hatte sich wieder einmal bewahrheitet.

Auf dem Weg zurück zu unserer Farm saugte das Hündchen hungrig an meinem Finger. Da bemerkte ich Fatima, die mir nachgegangen war und mich rasch eingeholt hatte. »Darf ich dich wieder besuchen kommen?«

»Frage aber erst deine Eltern«, schränkte ich ein.

Da sah ich eine kleine Gestalt über die Felsen springen. Josh riss die Arme hoch und winkte mir zu. »Mama, Mama«, rief er schon von weitem. »Wo warst du so lange?«

Fatima wirkte plötzlich sehr scheu. Nach ein paar Schritten blieb sie stehen, während Josh übermütig auf uns zustürmte. Er schwenkte etwas in der Hand und rief Worte, die ich nicht verstand. Als er uns endlich erreichte, war er völlig außer Atem und hatte nicht mehr genug Kraft, etwas zu sagen. Mit einem stolzen Lächeln streckte er mir beide Arme entgegen und präsentierte, was ihn so glücklich machte. Er hatte unter Efes Anleitung einen kleinen Jesus am Kreuz geschnitzt, wobei ihm der aus unserer Kapelle als Vorbild gedient hatte. Während ich den erhitzten Körper meines Kindes in die Arme schloss, bemerkte ich Fatimas fragenden Blick.

Sie sah sich die Holzfigur nur kurz an. »Man darf nicht das Abbild eines Menschen machen«, meinte sie altklug.

Josh legte den Kopf schief, als er zu mir hochblickte. Die spinnt wohl, bedeutete diese Geste, die ich an ihm nur zu gut kannte. Dennoch verkniff er sich einen Kommentar. Er war so erzogen, dass er seine Meinung für sich behielt – anders kamen wir in unserer engen Gemeinschaft nicht zurecht.

Fatimas Worte hatten mich hellhörig gemacht. Ich fragte, wie sie das meine. »Der Prophet hat das verboten«, antwortete sie.

Dem Kind gegenüber riskierte ich, was ich mich bei seinem Vater nicht getraut hatte: Ich bekannte, dass ich nicht wusste, von wem sie sprach.

»Der Prophet Mohammed, Friede sei mit ihm«, antwortete Fatima mit einer Überlegenheit, als käme ich von einem anderen Stern. Ich hätte mich für meine Dummheit ohrfeigen mögen! Natürlich – diese Menschen waren Muslime.

Um schnellstens vom Thema abzulenken, holte ich den kleinen Welpen unter meinen weiten weißen Tüchern hervor, um ihn meinem Sohn zu präsentieren. Josh stürzte sich überschwänglich auf das niedliche Fellknäuel, knuddelte und herzte es. Aus den Augenwinkeln bemerkte ich, dass Fatima Joshs Begeisterung nicht verstand; missbilligend zog sie die Mundwinkel nach unten.

»Hat der schon einen Namen?«, fragte Josh schließlich.

Ich blickte Fatima an. »Wie heißt eigentlich euer Hund?«

»Er ist ein Hund. Der hat keinen Namen«, antwortete das Mädchen knapp.

Josh, der ebenfalls Haussa spricht, betrachtete unseren Gast verständnislos. »Jeder Hund hat einen Namen.«

»Du darfst den Hund nicht streicheln«, sagte Fatima streng.

Mein Sohn blickte mich stirnrunzelnd an. »Gehört der ihr?«

»Jetzt ist es deiner, Joshua. Ich habe sie von Fatimas Vater bekommen.« Inzwischen wusste ich, dass es ein Weibchen war.

Josh strahlte und drückte dem Welpen einen dicken Kuss

auf die Stirn. Fatima wendete sich angewidert ab. »Hunde sind schmutzig. Sie machen krank. Du musst ihn an die Kette legen!«

Aber Josh lachte sie nur aus, presste das Hundebaby an sich und rannte glücklich davon. »Komm mit«, sagte ich zu Fatima, »bei uns kannst du noch etwas trinken, bevor du zurückgehst.«

Die Kleine ließ die Arme hängen, als zögen Gewichte daran. »Er wird krank werden wie meine Mutter«, sagte sie nur, bevor sie sich umdrehte und langsam nach Hause ging.

Noch war der Gesundheitszustand unserer Gemeinschaft stabil. Was »Mama Chogas Tee« zu verdanken war, den ich übrigens gemeinsam mit meiner Mentorin, der Heilerin Amara, in Lagos entwickelt hatte. Die Zubereitung der großen Mengen war nicht nur zeitaufwendig, die vielen Zutaten wie Wurzeln, Rindenstücke, getrocknete Blätter nahmen außerdem jede Menge Platz in Anspruch. Gleichzeitig hielt ich fertig angerührte Mixturen gegen Fieber oder Durchfall bereit. Anfangs hatte ich versucht, mich mit einer Ecke in der Küche zufrieden zu geben, und irgendwann hatten meine Gefährtinnen frustriert das Feld geräumt. Seitdem war eine nach Amaras Vorbild gestaltete Heilerinnenküche entstanden, neben der wir im Hof hinter dem Haus eine typisch afrikanische Kochstelle unterhielten. Das war viel angenehmer. Wenn ein Dutzend Frauen gemeinsam kochen, geht es schließlich recht betriebsam zu.

Ich wollte vorbereitet sein, falls Frau Musa sich doch noch entschließen sollte, nach Einbruch der Dunkelheit meine Hilfe in Anspruch zu nehmen. Also kochte ich einen speziellen Brei aus den Wurzeln des Puddingapfels, Grieß und ein paar anderen Zutaten. Gleichzeitig wollte ich dem noch namenlosen Hündchen eine Wurmkur verpassen, die ich ebenfalls aus den Blättern des Puddingapfels herstellte. Als Mama Bisi dann auch noch um einen Abführtee bat, musste ich einsehen, dass meine Kapazitäten nicht reichten.

»Dann eben morgen, Choga«, beruhigte mich Bisi, womit sie meinen Ehrgeiz, alles gleichzeitig machen zu können, nur noch zusätzlich anstachelte.

Es gelang mir tatsächlich, sämtliche Mittel fertig zu stellen. Ausgerechnet in diesem Moment platzte Josh herein, den kleinen Welpen auf dem Arm. »Mama, da ist ein großer Lastwagen gekommen.«

Fatimas Mutter hatte ihre Scham, das Haus zu verlassen, also doch überwunden. Aber jetzt stellte sich ein Problem, an das ich nicht gedacht hatte. Konnte ich das Ehepaar Musa ins Haus bitten? Seitdem Joshuas Vater Felix Egbeme hier sein Schreckensregiment geführt hatte, war kein Mann mehr im Haus gewesen. Und so sollte es auch bleiben; das hatten wir gemeinsam bei unserem Einzug festgelegt. Ich überspielte meine Unsicherheit und bat nur Frau Musa ins Haus.

»Mein Mann möchte mich begleiten«, sagte sie.

»Tut mir Leid, das geht nicht«, musste ich abwehren. Ich hatte keine Lust auf umständliche Erklärungen.

Zu meiner großen Erleichterung kam nun die hagere Mama Ada aus dem Haus. Wie immer trug sie über ihrer Bluse ein großes silbernes Kreuz, das bei jedem Schritt hin und her pendelte. Sie hielt inne, schob es sich unter ihr Oberteil und gab mir per Handzeichen zu verstehen, dass ich Frau Musa vor dem Haus behandeln sollte. Erleichtert nahm das Ehepaar diesen Kompromiss an; wahrscheinlich wären die beiden sonst wieder weggefahren.

Später löffelte meine Patientin tapfer den bitteren Brei.

»Den müssen Sie eine Woche lang essen. Dann wird alles abgeheilt sein«, meinte ich. Und setzte hinzu: »Für die Waschungen sollten Sie morgens und abends vorbeikommen. Geht das?«

Ich sah Said Musas Gesicht deutlich an, dass er eigentlich keine Zeit hatte, seine Frau zu chauffieren. Doch er willigte ein. Als die beiden sich verabschiedeten, fragte er: »Was ist das eigentlich für ein Haus?«

Wir alle hatten uns für Fragen wie diese eine Antwort zurechtgelegt. »Es ist das Haus unserer Eltern. Wir sind Schwestern und wir haben Kinder. Außerdem leben einige Tanten und Cousinen von uns hier«, erläuterte ich ihm.

»Eine richtige Großfamilie«, folgerte der Besucher freundlich. Ich stimmte erleichtert zu und hoffte, damit genug erklärt zu haben.

»Wo sind denn die Männer?«, erkundigte sich Frau Musa. »Arbeiten die in Jos?«

Jos ist eine gut 60 Kilometer entfernt liegende, rund drei Millionen Einwohner zählende Universitäts- und Industriestadt.

Was sollte ich antworten? Dass wir ein Leben ohne Männer führten? Welche Gründe für unsere Art zu leben konnte ich einer Frau nennen, die sich ihrem Mann bedingungslos unterordnete? Ich durfte nicht lügen, denn das würde irgendwann herauskommen. Hätte ich geschwiegen, wären wilde Gerüchte die Folge gewesen. Ich entschied mich für die halbe Wahrheit. »Wir sind Witwen, die ihre Männer verloren haben.«

Die beiden äußerten ihr Bedauern und fuhren wenig später davon. Sie wollten am nächsten Morgen zurückkommen. Nach und nach kamen meine *Schwestern* aus dem Haus und setzten sich auf die Treppenstufen.

Mama Ngozi ergriff zuerst das Wort. Um zunächst von mir den nötigen Respekt einzufordern, nannte sie mich *Tochter,* wie es die vier Ältesten immer taten, wenn sie etwas Wichtiges vorzutragen hatten. »Tochter Choga, du kennst unsere Vereinbarung. Die jüngeren deiner Schwestern waren sehr verwirrt, als der Fremde sich hier niederließ.«

»Das war mein Vorschlag«, sprang Mama Ada mir sofort bei.

»Das spielt jetzt keine Rolle«, beharrte Mama Ngozi. »Wenn du Kranke behandelst, dann nicht in diesem Haus. Wir brauchen keine Unruhe.«

Gerade rechtzeitig fing ich Mama Bisis Blick auf und ließ sie sprechen. »Chogas Berufung ist die einer Heilerin. Sie kann sich nicht aussuchen, wer zu ihr kommt und ihre Hilfe in Anspruch nimmt. Sie hat die Aufgabe, für alle da zu sein.« Ihr Tonfall klang so entschieden, dass keine meiner Gefährtinnen etwas dagegen einwandte. Bisis Worte hatten mir bewusst gemacht, dass ich bislang zwar auch in dem Sinne gewirkt hatte, wie Ezira es mich gelehrt hatte, doch in erster Linie hatte ich das Leben einer Farmerin geführt.

Ich nahm Joshua die kleine Hündin ab, um ihr die Wurmkur einzuflößen, und verzog mich in meine Küche. Zu meiner Verwunderung schlabberte sie den Tee bereitwillig auf. Wir waren gerade fertig, als Mama Bisi mir eine Tonschale brachte.

»Danke für den Abführtee, meine Kleine. Du sorgst wirklich hervorragend für uns alle.« Sie legte mir einen Arm um die Hüfte. »Ärgere dich nicht über die anderen. Schließlich leben wir nicht mehr im Harem.«

»Sie haben ja irgendwie Recht«, meinte ich. Diese erste Krankenbehandlung in unserem Haus hatte mir deutlich gemacht, dass ich im Grunde keine fremden Patienten empfangen konnte.

Bisi begann das schmutzige Geschirr zusammenzuräumen, um es später neben dem Brunnen zu waschen. Fließendes Wasser gab es seit unserer Rückkehr auf die Farm nicht mehr. »Was war da denn drin?«, fragte Bisi und deutete auf jene Tonschale, die die noch namenlose Hündin geleert hatte.

»Die Wurmkur«, sagte ich.

Nachdenklich betrachtete Bisi die flachere Schale, die sie selbst zuvor hereingebracht hatte. »Sag mal«, meinte sie gedehnt, »kann es sein ...?«

Da fiel es mir wieder ein: Ich hatte die Wurmkur in der flachen Schale zubereitet, Bisis Abführtee war in der höheren gewesen. Bisi betrachtete den Welpen. »Na, die wird bald gut beschäftigt sein«, murmelte sie.

»Und ich auch«, setzte ich hinzu. »Am besten schlafe ich gleich draußen im Lehnstuhl.«

Als ich mich in dem Stuhl niederließ, leistete meine Lieblingsmama mir Gesellschaft, und wenig später kam auch Ada dazu. »Ich habe nachgedacht«, meinte Bisi. »Wir müssen für deine Arbeit als Heilerin eine Lösung finden.« Sie deutete auf den jetzt im Dunkeln liegenden Flachbau schräg gegenüber dem Haupthaus. Der englische Farmer hatte ihn als so genanntes *boys' quarter* für seine Arbeiter bauen lassen. Während meiner Pubertätsjahre hatte dort Bisis Sohn Jo gewohnt und nebenan seine Werkstatt gehabt. Seit unserem Fortgang war das Gebäude verfallen und nicht wieder repariert worden.

»Dort hättest du Platz genug«, meinte Ada. »Du könntest eine größere Kräuterküche einrichten. Wenn es sich ergibt, könntest du dort auch fremde Patienten empfangen. Auf jeden Fall wäre eine kleine Krankenstation nicht falsch. Wenn jemand von uns krank wird, braucht sie nicht bei den anderen zu bleiben. Und auch die Frau, die vorhin hier war, müsste nicht zweimal am Tag gebracht werden, während sie die Kur macht.«

Mama Bisis Gesicht glühte vor Begeisterung. »Eine kleine Heilstation wäre genau die richtige Aufgabe für dich. Außerdem brauchen wir dringend mehr Einnahmen. Ich habe kürzlich erst mit Mama Ngozi über unsere Finanzen gesprochen. Was wir mit dem Verkauf unserer überschüssigen Produktion durch die Kooperative einnehmen, reicht gerade mal, um neues Saatgut zu kaufen. Aber Ngozi meint, wir brauchen dringend ein paar Rücklagen.« Ngozi musste es wissen, denn sie verwaltete unsere – stets leere – Kasse. Unsere ständige Geldknappheit war allerdings ein Zustand, den wir alle als Teil unserer selbst gewählten Isolation betrachteten. Was jedoch nicht hieß, dass es so bleiben musste ...

»Das sind ja ganz tolle Pläne«, stimmte ich mit milder Ironie zu. »Aber hast du nicht gerade gesagt, wir haben kein Geld? Wovon sollen wir das bezahlen?«

Die Mienen meiner beiden Patentanten verdüsterten sich. »War nur so ein Gedanke«, schwächte Mama Bisi ab.

Die kleine Hündin auf meinem Schoß wurde allmählich unruhig. Ich entfernte mich mit ihr ein Stück vom Haus und spann den Gedanken weiter: Eine eigene Heilstation wäre ideal. Und eine Kräuterküche, in die nicht mehr jeder, egal wie lieb es gemeint war, hineinplatzen konnte, war längst überfällig. Die vertauschten Tees waren nicht so schlimm. Was aber, wenn ich einmal Giftpflanzen zubereiten musste ...?

Ada und Bisi waren bei meiner Rückkehr in ein ernstes Gespräch vertieft. Ada begann: »Der Mann der Muslimin – weshalb fährt der eigentlich einen so großen Lastwagen?« Ich nannte den Grund und die beiden wechselten einen triumphierenden Blick.

»Kann er dich bezahlen?«, fragte Bisi.

Darüber hatte ich mir bisher keine Gedanken gemacht. Deshalb hob ich ratlos die Schultern.

»Er baut das Haus auf und du behandelst seine Frau«, verkündete Ada kurz und bündig.

Ich war zu müde, um über diesen Vorschlag nachdenken zu können. Die kleine Hündin hatte sich in meinem Schoß eingerollt.

»Hat sie schon einen Namen? Josh wollte doch immer einen eigenen Corn haben, so wie du damals«, meinte Bisi.

»Wir hatten einen Corn«, sagte ich. »Einen zweiten kann es nicht geben. Jedes Lebewesen ist einzigartig. Ihr hier würden wir keinen Gefallen tun, wenn wir sie Corn nennen.«

»Wie dann? Hat Josh schon einen Vorschlag gemacht?«

»Einen?« Ich lachte schläfrig. »Tausend! Von Samtauge über Wildfang und Baby bis zu Lisa ist er schon auf alle möglichen Ideen gekommen.«

»Was ist dein Vorschlag?«

Ich zögerte einen Moment. Bislang hatte ich nicht ausgesprochen, was mir eingefallen war. Es musste sowohl mit ihrem Schicksal als auch mit unserer Gemeinschaft zusammenhängen. »*Hope*«, sagte ich, »was haltet ihr davon?«

»Klingt gut. Wenn Josh mitten im *compound* steht und laut

ruft: Hope, komm her! Na, das hat schon was.« Bisi streichelte sanft das weiche Fell unseres Neuzugangs. »Jetzt können wir das rufen, was uns alle aufrecht hält: die Hoffnung.«

Ich kraulte Hopes Köpfchen. Ich musste nur aufpassen, dass ich sie – so wie damals Corn – nicht zu sehr verwöhnte. Aber Hoffnung ist ein Baby, das nie genug Aufmerksamkeit bekommen kann.

Das Heilhaus

Am nächsten Morgen lieferte Said Musa seine Frau außerhalb des *compound* ab und fuhr ins Dorf zurück. Diesmal war ich auf den Besuch besser vorbereitet und hatte die Kinder gebeten, einen Tisch und drei Stühle vor den Flachbau zu stellen, wo ich nun im Freien meine »Sprechstunde« abhielt. Da ich außerhalb des Farmhauses behandelte, in dem sich meine Kraft- und Schutzobjekte befanden, hatte ich einige an dieser Stelle vergraben. Sie sind für den positiven Ausgang jeder Heilanwendung unerlässlich.

Drei Tage lang behandelte ich Frau Musa mit Waschungen und trug ein Gemisch aus Puddingapfelsamen und Sheabutter auf. Die Leiden meiner Patientin gingen zusehends zurück.

»Du hast Herrn Musa noch nicht um Hilfe gebeten«, stellte Ada am dritten Tag fest.

Auf meine Weise war ich dennoch nicht untätig geblieben. Ich hatte mein Orakel befragt, ob der Flachbau tatsächlich ein guter Platz zum Heilen sei. Ich hatte eine positive Antwort bekommen und daraufhin meine Kraftobjekte an der Schwelle des Häuschens eingegraben. Dort würde einmal meine neue Kräuterküche entstehen. Wann, war mir noch unbekannt; das war zweitrangig. Solche Dinge ergaben sich.

»Musa kommt jeden Tag zweimal und sein Lastauto hat eine leere Ladefläche«, mahnte Ada. »Er könnte Bauholz bringen. Viel Bauholz.«

Ich sagte nichts; ich würde niemals einen Fremden um etwas bitten, wenn es um meine Arbeit als Heilerin ging.

Wie und wann meine Patentante Herrn Musa angesprochen

hat – ich weiß es nicht. Doch am Morgen des vorletzten Behandlungstags rückte der Bauunternehmer mit Verstärkung an. Der Lkw war voller Bauholz, auf dem drei Arbeiter saßen. Was diese Männer in den folgenden Tagen zuwege brachten, veranlasste sogar meine scheuen Gefährtinnen, vorsichtig die Köpfe aus den Fenstern zu recken. Die Arbeiter verwandelten das verfallene Gebäude in den Rohbau meiner späteren Wirkungsstätte. Wir mussten uns nur noch um die Eindeckung mit Palmblättern sowie die Inneneinrichtung kümmern.

»Können wir noch weiter behilflich sein?«, erkundigte sich der Ehemann meiner inzwischen geheilten Patientin anschließend. »Ich würde Ihnen gern zwei Cousinen bringen. Sie brauchen beide dringend Ihre Hilfe.« Er deutete auf den Rohbau. »Können die beiden während der Behandlung hier wohnen?«

Am Abend versammelten wir uns in der Eingangshalle unseres Farmhauses. Die weite, geschwungene Treppe, die mir in meinen Kindertagen einer der liebsten Spielplätze gewesen war, bot die meisten Sitzgelegenheiten. Mama Ada trug das Thema vor: Alle sollten anpacken, damit das Heilhaus – das Wort stammte von Bisi und bei ihm war es geblieben – schnellstens fertig wurde. Dafür musste die Feldarbeit ein paar Tage lang vernachlässigt werden.

Als sich Mama Ngozi zu Wort meldete, glaubte ich, unsere Finanzchefin wollte das Vorhaben ebenfalls unterstützen. Stattdessen sagte sie, die in der Umgebung heimisch war: »Es ist richtig, wir brauchen Geld. Aber dürfen wir es deshalb von jedem nehmen, der es uns anbietet? Wissen wir, welche Menschen das Geld auf unseren Hof führt?«

Ich wechselte verunsicherte Blicke mit Ada und Bisi. Was hatte das zu bedeuten? Auch meine Schwester Efe machte ein langes Gesicht. Ada bat Ngozi, sich genauer auszudrücken.

Die hagere, kleine Frau, die immer etwas gebückt ging, erhob sich von ihrem Platz auf der untersten Stufe, griff sich an die Brust ihres weißen Kleids und hob das dort ruhende silberne Kreuz leicht an. »Wir haben unser Leben unter den Schutz des christlichen Gottes gestellt. Und nun frage ich euch: Wisst ihr, welchen Glaubens jene sind, die Tochter Choga auf unsere Farm holen will?« Ngozi blickte provozierend in die Runde und meinte pathetisch: »Es sind Muslime. So wie jene Frau, die Tochter Choga geheilt hat, und so wie jener Mann, der draußen gebaut hat. Und so wie jene Frauen, die er uns bringen wird.«

»Es sind Menschen«, erwiderte ich spontan. »Wir helfen ihnen und sie uns. Das ist Nächstenliebe.«

Mama Ngozi, anderthalb Köpfe kleiner als ich, wedelte energisch mit ihrem ausgestreckten Zeigefinger vor meinem Gesicht. »Es geht um Geld, Tochter Choga. Schwester Ada hat es soeben selbst gesagt.«

»Unsere Choga ist eine Heilerin!«, protestierte Mama Bisi energisch. »Was du sagst, Schwester, ist unglaublich. Selbst, wenn es Muslime sind ... was ist daran so schlimm? Sie glauben doch auch an Gott, oder nicht?«

Mama Ngozi starrte mich mit weit aufgerissenen Augen an. »In Kaduna haben Muslime in letzter Zeit viele Christen ermordet.« Kaduna liegt zwei Autostunden entfernt.

Jetzt machte sich Unruhe breit. Mama Adas kräftige Stimme übertönte alle: »Wer behauptet so etwas?«

»Ich war gestern in Jeba bei meinen Töchtern«, begann Mama Ngozi. »Meine Älteste hat einen Fernseher. Sie hat es selbst gesehen. Die Muslime wollen die Gesetze ändern. Wer stiehlt, dem soll die Hand abgeschlagen werden. Ehebrecherinnen wollen sie steinigen!«, rief Ngozi empört in die Runde. »Für solche Leute ist bei uns kein Platz. Die sollen wieder nach Kano gehen.« Sie meinte die Millionenstadt weit oben im Norden des Landes, traditionell der Hauptsitz der Muslime.

Ich fragte nun Efe, die schließlich einmal in Kaduna gelebt hatte: »Hast du jemals von solchen Dingen gehört?«

Meine Schwester schüttelte den Kopf. »Ich lebte mit meinen Mitfrauen in Papa Sundays Harem ...« Mit anderen Worten:

Sie hätte hinter den hohen Mauern ohnehin davon nichts mitbekommen. Auch für mich selbst waren Ngozis Nachrichten neu. Schon in Lagos hatte ich nie ferngesehen und Zeitungen hatten wir auch keine; auf der Farm gab es nicht mal Strom. Uns fehlte das Geld, die von einem Sturm zerstörte Leitung zu reparieren. Ebenso erging es uns mit dem Telefon. Zwar stand der Apparat in der alten Bibliothek, doch der Anschluss war mausetot.

»Ist denn in Jeba jemand wegen seines Glaubens angegriffen worden?«, erkundigte sich nun Mama Ada. Glücklicherweise räumte Mama Ngozi ein, dass dem nicht so war. In ihrer ruhigen Art setzte Ada nach: »Nennt sich die Gegend, in der wir leben, nicht die Heimat des Friedens? Seht ihr? Jene Menschen, vor denen Schwester Ngozi uns warnt, sind Radikale.«

Ich hatte mich nie mit der wechselhaften Politik meiner Heimat Nigeria beschäftigt. Doch selbst ich wusste, dass es in den letzten Jahrzehnten immer wieder brutale Auseinandersetzungen gegeben hatte. Wer wen bekriegte, ob es um Macht oder Religion ging – mein Leben hatte mir bisher wenig Gelegenheit gegeben, mich dafür zu interessieren.

Nun fuhr Mama Ada fort: »Diese Menschen werden den Weg nicht zu uns finden. Wir danken Ngozi dennoch, dass sie ihre Bedenken vorgetragen hat.« Sie wendete sich uns allen zu. »Hat sonst noch jemand Einwände gegen das Heilhaus?«

Efe hob schüchtern die Hand. »Ich wollte etwas anderes fragen.« Sie räusperte sich. »Es ist viel von Geld geredet worden. Steht es denn wirklich so schlimm um uns?«

»Wir erwirtschaften bislang genug, um uns selbst zu ernähren«, antwortete Mama Ngozi. Und gab zu bedenken: »Doch die Kooperative verlangt hohe Zinsen für den Kredit, den sie uns gegeben hat. Wenn eine Ernte schlecht ausfällt, dann haben wir ein Problem.«

»Nicht nur Joshua kann jetzt schnitzen. Auch Lape.« Efe deutete auf eine junge Frau meines Alters, mit der sie seit einigen Monaten ein Zimmer im ersten Stock teilte. »Wir haben einige Schnitzereien fertig. Ich wollte fragen, ob Lape und ich auf den Markt gehen dürfen, um sie zu verkaufen.« Sie lächelte verlegen. »Ich weiß nicht, ob das viel Geld einbringen wird. Aber wir könnten auch Gemüse und Kräuter mitnehmen.« Meine Schwester blickte mich an. »Deine Tomaten, Choga. Viele sind fast reif.« Die Tomaten, das »Hobby« meiner Jugend, lagen mir sehr am Herzen.

Normalerweise oblag es Mama Ngozi, zum Markt zu gehen, wo sie sich den Händlerinnen der Kooperative anschloss. Folglich musste sie auf Efes Vorschlag antworten: »Wenn ihr vor allem Schnitzereien verkauft, so könnt ihr das gerne tun. Bei größeren Mengen Gemüse müsste ich mich mit jenen beraten, denen wir Geld schulden.« Unsere Kreditgeberinnen wollten schließlich nicht um ihre Zinsen betrogen werden.

Als sich Mama Bisi am Abend ihren Abführtee bei mir abholte – es war diesmal der richtige –, sagte sie: »Meine Kleine, ich glaube, wir stehen vor einem Wandel. Unsere Gemeinschaft wird sich verändern.«

»Wegen des Heilhauses?«, fragte ich.

»Nicht nur deshalb«, meinte Bisi, »am Samstag geht Efe mit Lape zum Markt. Das alles bedeutet, dass wir mehr Kontakt zu den Menschen im Ort bekommen.« Sie wiegte bedächtig den Kopf. »Ich habe bei unserer Versammlung nichts dazu gesagt, aber ich weiß nicht, ob das wirklich gut ist.«

»Was soll daran falsch sein?«

»Choga, deine Schwestern sind krank. Kein Außenstehender kennt unser Geheimnis. Auch wir haben es verdrängt, nicht wahr? Was ist, wenn sich das herumspricht? Bislang hat uns die Abgeschiedenheit geschützt.«

»Wir sind eine so feste Gemeinschaft. Ein bisschen frischer Wind wird uns gut tun. Wir haben doch zu Zeiten von Vaters Harem gesehen, dass es nicht richtig ist, wenn man nur unter seinesgleichen ist«, versuchte ich sie zu beruhigen.

»Und was hältst du von dem, was Schwester Ngozi über Kaduna berichtet?«, fragte Mama Ada.

Ich dachte an Frau Musa und ihre Familie, deren Schicksal unsere kleine Oase aus ihrem trägen Schlaf geweckt hatte. Konnte es jemals möglich sein, dass Menschen, die unsere Hilfe suchten, sich gegen uns wendeten?

Ich hielt es für ausgeschlossen.

Zwischenfall auf dem Markt

Am folgenden Samstag, im christlich geprägten Jeba der geschäftigste Markttag, zog Efe gemeinsam mit Lape los. Die beiden hatten ein paar Madonnen geschnitzt, die dem Vorbild jener Figuren glichen, die Efe vor Jahren mit ihrem Bruder Jo gefertigt hatte. Vier oder fünf kleine Figuren, mit einem dezenten Kreuz in den Händen, trugen das Gesicht von Efes verstorbenem Sohn Jo. Außerdem schafften die beiden jungen Frauen einige Kilo Tomaten, Zwiebeln und Kräuter in Körben zum Markt. Wie immer waren ihre Körper und Köpfe in weite weiße Tücher gehüllt. Josh wollte Efe und Lape begleiten und sie hätten ihn auch mitgenommen, doch ich war dagegen, da ich Josh noch nie allein fortgelassen hatte. Schmollend zog sich mein Sohn mit Hope zurück. Erst später gesellte er sich zu uns Frauen, als wir mit dem Dachdecken des Heilhauses beschäftigt waren. Ich musste die Arbeit früher beenden, um mich wie üblich zunächst um die Gesundheit der Kinder zu kümmern und um dann die Heiltees zuzubereiten.

Wegen des Baus des Heilhauses war ich etwas später dran als gewöhnlich. Es dämmerte bereits. Normalerweise half Efe mir dabei, den Tee zu verteilen, eine Aufgabe, die sie nur zu gerne übernommen hatte.

»Sie und Lape sind noch nicht vom Markt zurück«, berichtete mir Efes aufgeregte Mutter Bisi. Selbst wenn die beiden in meinem Tempo gegangen wären, hätten sie längst zurück sein müssen. Ich machte mir allmählich Sorgen.

»Ich gehe ihnen entgegen«, verkündete Mama Ada und entzündete zwei Kerosinlampen. Zwei der jüngeren Frauen schlossen sich ihr an. Es war sinnlos, sie zu begleiten. Ich hätte sie nur aufgehalten. Unsere Gegend war zwar dünn besiedelt, gelegentlich schweiften jedoch nachts wilde Hundemeuten umher, die immer Hunger hatten. Jetzt wäre es gut gewesen, einen Hund wie Corn zu haben, einen treuen Begleiter, der einen frühzeitig vor Gefahren warnte. Hope war dafür viel zu jung. Die übrigen Frauen gingen zu Bett, ich wollte in Mutters Korbsessel Wache halten, was mir leider nicht gelang. Nach wenigen Minuten schlief ich erschöpft ein.

Als ich die Augen aufschlug, näherten sich sechs Schatten der Veranda. Sie gingen so dicht, dass sie miteinander zu verschmelzen schienen. »Efe, Bisi?«, rief ich in die Dunkelheit hinein.

»Wir haben sie gefunden«, antwortete Mama Adas tiefe Stimme. Mit schleppenden Schritten näherte sich die kleine Gruppe. Je zwei Frauen stützten Efe und Lape.

»Was sind das nur für Menschen?«, hörte ich Mama Bisi murmeln. »Ich bin so froh, dass Lisa das nicht mehr erleben muss.«

Im Schein der einzigen kleinen Lampe, die die Veranda erhellte, erkannte ich das Gesicht meiner Schwester Efe kaum wieder. Ihre Augen waren zugeschwollen, auf der Wange klebte Blut. Lape schien äußerlich unverletzt, doch sie humpelte stark. Die Körbe der beiden waren leer. Ein Überfall, folgerte ich, jemand hat auf dem Rückweg ihr Geld geraubt. Viel konnte es nicht gewesen sein; die Madonnen und das bisschen Gemüse brachten gerade mal ein paar Naira ein. Dafür jemanden so zuzurichten zeugte von tiefer Boshaftigkeit.

Frische Kräuter konnte ich erst am nächsten Morgen aus dem Garten holen, so mussten kühles Wasser aus dem Brunnen und ein paar Tinkturen reichen, um die Wunden zu versorgen. Lape war zu geschockt, um sprechen zu können.

Stockend begann Efe ihren Bericht. Die beiden hatten schon einige Stunden geduldig vor ihren am Boden ausgebreiteten Waren ausgeharrt, jedoch nur Gemüse und Kräuter verkauft.

Von ihren Holzarbeiten, die für sie mehr bedeuteten als nur eine mögliche Geldquelle, waren sie jedoch keine einzige losgeworden. All ihre Kunstfertigkeit und Liebe lag darin.

»Endlich blieb ein junger Mann längere Zeit stehen«, erzählte Efe. »Er fragte uns, wer der Junge sei, den ich geschnitzt hatte. Ich sagte ihm, Gott habe meinen Sohn von seinem Leid erlöst. Aber ich sei überzeugt, dass er wieder zurückkomme auf diese Welt, um ein glücklicheres und besseres Leben zu führen. Da antwortete der Mann, dass es nicht richtig sei, Gottes Geschöpfe nachzubilden. Ich verstand nicht, was er meinte, aber er wollte es nicht erklären. Er befahl uns, alle Schnitzereien wegzupacken. Wenn wir das täten, dürften wir den Rest weiterhin feilbieten.«

»Seid ihr der Aufforderung dieses Mannes gefolgt?«, fragte ich. Ebenso wenig wie meine Gefährtinnen begriff ich, was Efe und Lape nach Ansicht des Fremden falsch gemacht hatten.

Meine Schwester schüttelte den Kopf. »Du hast die Madonna doch selbst früher auf dem Markt verkauft. Also boten wir sie weiterhin an. Später kam er zurück. Ein älterer Mann begleitete ihn.« Sie zitterte am ganzen Leib, während sie weitersprach. »Dieser Mann trug einen Bart und einen weiten grauen Umhang sowie einen Turban. Er starrte auf uns herab. Schafft das weg!, befahl er uns. Lape fragte, ob irgendwo geschrieben stehe, dass Holzschnitzereien nicht verkauft werden dürften. Da wurde der alte Mann sehr zornig. Er sagte, dass er der Aufseher des Marktes sei und zu bestimmen hätte, was wir verkaufen dürften. Er stieß mit dem Fuß nach den kleinen Figuren, die Jo darstellten.«

Ein Weinkrampf hinderte Efe daran, ihren Bericht fortzusetzen. Nachdem wir sie beruhigt hatten, erzählte sie, was weiter geschehen war: Sie war aufgestanden und hatte den Mann beschimpft, dass er keinen Respekt habe vor dem Andenken an ihren toten Sohn. »Da wurde der Marktvorsteher richtig wütend. Er sagte: ›Es ist zu eurem eigenen Besten, wenn ihr die Figuren vernichtet. Am Tag der Wiederauferstehung wird Gott jene Ungläubigen am härtesten strafen, die das Abbild seiner Schöpfung nachahmen. Denn sie sind stolz auf ihre Arbeit und glauben so groß zu sein wie Gott.‹ Ich widersprach ihm: ›Ich will nicht, dass mein Sohn vergessen wird. Jeder soll ihn kennen lernen.‹«

Der alte Mann ließ Efes Rechtfertigung nicht gelten. Er bückte sich nach einer der Madonnen und schlug ihr mit voller Wucht den Kopf ab. »Ihr Christen sollt eure Götzen nicht größer machen als den Glauben an Gott.« Dann ging er auf die gleiche Weise mit dem Bildnis des kleinen Jo vor und herrschte meine Schwester an: »Wahre Unsterblichkeit kann nur Allah deinem Sohn gewähren. Es ist seine Aufgabe, die wirkliche Größe eines Menschen zu erkennen, den seine Mitmenschen nicht wahrgenommen haben. Wenn du an Gott glaubst, so bewahre die Erinnerung an deinen Sohn in deinem Herzen auf.«

Nachdem er das gesagt hatte, zerstörten er und sein jüngerer Begleiter sämtliche Figuren. Efe und Lape versuchten vergeblich, ihn daran zu hindern. Inzwischen hatten sich zahlreiche Menschen vor dem Stand der beiden versammelt; ein Handgemenge entstand. Am Ende fanden sich meine beiden *Schwestern* blutend inmitten ihrer zerstörten Habe wieder. Erst nach einer Weile hatten sie die Kraft, sich aufzurappeln. Die am Bein verwundete Lape führte Efe, die kaum mehr sehen konnte. Die beiden brauchten Stunden für den Rückweg und wurden von der schnell hereinbrechenden Nacht überrascht.

Bisi begleitete ihre Tochter zu ihrem Bett im ersten Stock, die anderen halfen Lape. Schließlich waren nur noch Ada, Ngozi und ich übrig. »Ich verstehe es nicht«, gestand ich. »Was ist so schlimm daran, wenn jemand die Mutter Gottes und ein verstorbenes Kind nachbildet? Was geht das die Muslime an? Sie brauchen die Schnitzereien ja nicht zu kaufen.«

Mama Ngozi hatte während Efes Bericht kein einziges Wort gesagt. Auch jetzt wirkte ihr Gesicht verschlossen. »Schwester Ada, du hast gesagt, die Radikalen würden nicht den Weg zu uns finden«, meinte sie leise. »Es tut mir so Leid für Efe und

Lape, dass sie diese Gewalt erleben mussten. Sie haben nur ihren Glauben vertreten.«

»Das haben die anderen auch«, kommentierte Mama Ada in ihrer unnachahmlich trockenen Art, auf die mir meist keine Entgegnung mehr einfiel. Genau genommen hatte sie Recht. Nur traf uns diese Gewaltbereitschaft völlig unvermittelt.

»Wie sollen wir uns verhalten?«, fragte ich ratlos. »Die Polizei einschalten?«

Die kleine Mama Ngozi lehnte sich in ihrem Stuhl zurück. »Ich kenne diesen Marktvorsteher nicht. Aber ich werde demnächst in die Stadt gehen und die Frauen der Kooperative fragen. Wenn er jedoch wirklich diese hohe Position hat, dann wird die Polizei nicht gerade erfreut sein, gegen ihn zu ermitteln.« Mama Ngozis Augen blitzten kurz auf. »Darum habe ich auch gesagt, dass wir die Fremden nicht auf den *compound* lassen sollen. Wirklich sicher sind wir nur hier. Die Entfernung zu den anderen Menschen ist unser Schutz.«

»Ich denke«, entgegnete Mama Ada bedächtig, »dass Efe einen Fehler gemacht hat. Sie hätte sich der Forderung des Marktvorstehers nicht widersetzen dürfen.«

»Dieser Mann hat das Andenken an ihr Kind zerstört. Jede von uns hätte sich gewehrt«, wandte ich ein.

»Es geht um mehr als das«, verbesserte Ngozi mich energisch. »Wir glauben an Jesus Christus. In Kaduna sind Menschen dafür gestorben. So wie auch Jesus am Kreuz nicht widerrufen hat. Efe hat richtig gehandelt.«

»Habt ihr vergessen, was Papa David gelehrt hat?«, fragte Mama Ada ruhig. »Du sollst die andere Wange hinhalten.«

»Morgen nach dem Gottesdienst und der Speisung der Bedürftigen sollten wir gemeinsam beraten, wie wir uns verhalten müssen, damit sich so etwas nicht wiederholt«, schlug ich vor.

Die beiden Mamas zogen sich zurück; ich war zu aufgewühlt, um mich ins Bett zu legen, und starrte noch lange in den sternenklaren Nachthimmel.

Schatten der Vergangenheit

Bislang war unsere Farm eine kleine Insel im ruhigen Meer gewesen, nun schlugen wütende Wellen dagegen. Efes und Lapes Unglück hatte mir das auf entsetzliche Weise vor Augen geführt. Hatte Mama Ngozi Recht? Mussten wir uns abschotten, anstatt uns zu öffnen? Oder gehörte es nicht vielmehr zu unserem Leben dazu, dass wir uns ihm stellten? Doch wie sollten wir mit den Gefahren umgehen, die das mit sich brachte? So, wie Mama Ada es sah? Indem wir die andere Wange auch noch hinhielten? Oder gab es doch noch eine andere Lösung, die bislang keine von uns in Erwägung gezogen hatte?

Ich erinnerte mich an eine winzige Geste von Mama Ada bei ihrer ersten Begegnung mit dem Ehepaar Musa: Sie hatte ihr auffälliges Kreuz ins Kleid geschoben. Konfrontationen vermeiden, so könnte man es nennen. Und dabei trotzdem die eigenen Überzeugungen nicht verraten. Fast alle meiner Gefährtinnen waren aus der Kirche meines Vaters hervorgegangen, glaubten an Jesus und hielten ihre Ansichten für die einzig richtigen.

Wie die Männer, die Efe und Lape misshandelt hatten. Der Marktchef, darüber hatte mich Ada inzwischen aufgeklärt, war höchstwahrscheinlich ein *liman*, der Anführer einer strengen muslimischen Gruppierung, oder ein *malam*, ein Schriftgelehrter. Er trug einen Turban und graue Gewänder. Ich sah an mir selbst hinab. Alles an mir war weiß. Was, so fragte ich mich in dieser Nacht, gab uns eigentlich das Recht, uns durch unsere Kleidung aus der Menge der anderen hervorzuheben? Waren wir etwas Besonderes? Besser als andere? Warum mussten wir betonen, was unsere weißen Gewänder zum Ausdruck brachten – den Glauben an die Wiederauferstehung?

Dagegen war auch nichts einzuwenden; jedem Menschen muss das Recht zugestanden werden, zu glauben, was er will. Ich selbst jedoch habe mich in den Jahren meiner Ausbildung zur Heilerin vom Weg meiner Eltern weit entfernt. Die Frauen um Ezira kennen keine Ausgrenzung, sie lassen neben ihrer Überzeugung auch jede andere gelten. Stets weisen sie aber darauf hin, dass niemand Gott für sich allein beanspruchen kann. Er wohnt in uns allen. Nur der Name, den wir ihm geben, ist ein anderer.

Sollten wir nicht den ersten Schritt machen? Uns mit unserer äußeren Erscheinung nicht länger von anderen Menschen abgrenzen? Glaubt man weniger, wenn man seine Überzeugung nicht bei jeder Gelegenheit offen darstellt?

»Efe ist endlich eingeschlafen.« Mama Bisi war auf die Veranda getreten. Fürsorglich legte sie mir eine Decke um die Schultern und setzte sich neben mich. Sie hatte ihren kleinen runden Körper bereits in eine wärmende Decke gewickelt. Es konnte kein untrüglicheres Zeichen geben, dass sie sich auf ein längeres Gespräch mit mir einstellte ... »Du siehst aus, als ob du versuchst, die ganze Welt zu verstehen«, sagte sie. »Hast du eine Lösung gefunden?«

Ich seufzte tief, dann sprudelte ich einfach los.

»So habe ich das noch nie gesehen, Choga«, entgegnete Bisi schließlich nachdenklich. »Glaubst du wirklich, dass die Kleidung so wichtig ist? Findest du nicht, du übertreibst ein bisschen?«

»Sie ist der Ausdruck unserer Einstellung. Doch die Zeiten, in denen wir uns in Papa Davids Obhut hinter hohen Mauern sicher gefühlt haben, sind lange vorbei. Für ihn sollten wir etwas Besonderes sein. Heute müssen wir das nicht mehr zur Schau stellen. Wenn wir es dennoch tun, bringen wir unsere Umgebung gegen uns auf – anstatt uns anzupassen«, stellte ich fest.

Ich sah es an Mama Bisis Blick. Alte Menschen schätzen es nicht sehr, wenn die Jugend mit Traditionen bricht. Mama Bisi war die vierte Frau meines Vaters gewesen. Was ich vorschlug, stellte ihr ganzes Leben infrage. »Versteh mich nicht falsch, Mama«, lenkte ich ein, »was Papa David, meine Mutter und du getan habt, war zu eurer Zeit richtig. Ich will nicht das Haus eures Glaubens niederreißen. Das besteht weiter. Aber heute ist eine andere Zeit und vor allem: Wir leben hier auf dem Land. Sieh dich doch um. Weit und breit ist kein Mensch. Dabei brauchen wir andere Menschen, wenn wir bestehen wollen.«

»Choga«, widersprach meine Lieblingsmama mit fester Stimme, »wir haben hier früher auch so gelebt. Deine Mutter war eine respektierte Frau.«

»Aber hatte sie Freunde außerhalb des *compound*? Erinnerst du dich, dass sie die Farm oft verlassen hat? Oder war es nicht vielmehr so, dass sie nur für Erledigungen nach Jeba gegangen ist? Sind umgekehrt die Menschen nicht nur deshalb zu uns gekommen, weil wir ihre Kinder sonntags gespeist haben? War das ein Miteinander oder ein Nebeneinander?«

»Ich dachte, du warst hier immer glücklich«, antwortete Bisi hilflos.

In mir hatte sich so viel angesammelt, das herauswollte. Sollte nun ausgerechnet die liebe Bisi meine aufgestaute Wut zu hören bekommen?

Ich schlug einen versöhnlicheren Ton an. »Ich habe vor Jahren einige Gespräche belauscht, die du mit Mutter geführt hast. Du warst gegen meine Ehe mit Felix. Und du hast meiner Mutter vorgeworfen, dass ich geopfert werden sollte für den Frieden zwischen den *Familien*.« Meine Tränen liefen ungehindert. Mama Bisi stützte meinen von Weinkrämpfen geschüttelten Körper, bis ich mich endlich wieder beruhigt hatte.

»Es geht weder um die Ereignisse von heute noch um Schwester Ngozis Worte von neulich, mit denen sie uns vor den Fremden auf dem *compound* gewarnt hat, oder um den Bau des Heilhauses«, sagte sie langsam und ganz ruhig. »Um dich geht es, meine Kleine. Um deine Vergangenheit, nicht wahr? Du hast in diesem Haus, das uns eine Zuflucht geworden ist, die Hölle erlebt. Das habe ich wohl verdrängt. Und nun sollst du den Glauben deiner Eltern verteidigen, der dir so viele Schmerzen bereitet hat. Verzeih, mein Kind, dass ich daran noch nie gedacht habe.« Ich spürte, wie sie ihre Tränen hinunterschluckte. »Du müsstest dieses Haus eigentlich hassen«, sagte sie.

Ich schüttelte den Kopf. »Nein, nein, das tue ich nicht. Ganz bestimmt nicht. Ich liebe diese Farm. Ich war hier glücklich.« Doch die Tränen, die nicht mehr aufhören wollten zu fließen, widersprachen meinen Worten.

»Und sehr, sehr unglücklich«, bekräftigte Mama Bisi. »Es heißt zwar, dass viel Licht auch viel Schatten erzeugt. Doch die Schatten werden manchmal zu Gespenstern, die einen nicht mehr loslassen.«

»Diese Zisterne«, sagte ich, »weißt du noch?«

»Was war mit ihr? Die war doch ausgetrocknet?«, fragte Bisi.

»Nicht deswegen habe ich darum gebeten, dass wir sie zuschütten und die kleinen Mauern abreißen, die mein Bruder Jo und ich gebaut hatten. Jedes Mal, wenn ich an ihr vorbeikam, musste ich an diese schlimme Nacht denken. Nachdem Felix mich das erste Mal vergewaltigt hatte, bin ich hineingestiegen und habe versucht, mich in der Kälte der Nacht in dem schlammigen Wasser zu reinigen. Ich bekam hohes Fieber. Trotzdem bin ich am nächsten Morgen zur Versammlung gegangen. Ich wollte Felix nicht den Triumph gönnen, mich besiegt zu haben.«

»Du willst immer stärker sein, als du wirklich bist«, meinte Mama Bisi. »Doch Kraft ist nicht grenzenlos.« Der Druck ihrer Arme wurde stärker. »Ich habe diese Geschichte nicht gekannt. Ich weiß überhaupt viel zu wenig von deinem Leben nach deiner Heirat.« Sie schob mich sanft von sich und blickte mir tief in die Augen. »Wahrscheinlich werde ich niemals alles erfahren und einfach akzeptieren müssen, dass wir nicht für immer mit dem Erbe deines Vaters leben können. Ja, mein Kind, du hast Recht. Wir sollten einen Schlussstrich ziehen. Die *Familie* gibt es nicht mehr. Wir brauchen keine Tracht, die uns von unserer Umgebung unterscheidet.«

Sie lächelte mich aus müden Augen an und nahm das weiße Kopftuch ab, ohne das ich sie selten gesehen hatte. »Ich habe fröhliche Farben immer schon gemocht. Auf meine alten Tage werde ich noch einmal bunte Stoffe tragen. So wie die Blumen, die sich schmücken. Das macht mich zwar nicht jünger, aber meinen Blumen vielleicht etwas ähnlicher.«

»Was werden wohl unsere Gefährtinnen dazu sagen?«, fragte ich.

»Sie werden tun, was Schwester Ngozi sagt«, meinte Bisi. »Die meisten hören auf sie.«

»Sie wird meinen Vorschlag ablehnen«, prophezeite ich.

Mama Bisi blickte auf das weiße Kopftuch in ihren Händen. Dann ließ sie es langsam zu Boden gleiten.

Die Mutter des Hasses

Schon vor Sonnenaufgang pflückte ich für Efe frische Kräuter, mit denen ich ihre Gesichtsschwellungen behandeln wollte. Lapes Bein war glücklicherweise nur leicht verletzt. Ich bat beide, der Sonntagsspeisung fernzubleiben, um die Besucher nicht unnötig zu beunruhigen. Was wir jetzt am wenigsten gebrauchen konnten, war eine aufgeheizte Stimmung, die sich gegen die Muslime richtete. Der Vorfall auf dem Markt konnte unmöglich bedeuten, dass all jene, die an Allah glaubten, Christen hassten. Vielleicht hatten sich jene beiden Männer schon zuvor über etwas geärgert, das sie an meinen Mitschwestern ausließen.

Wir trafen uns alle auf der Veranda. Ich war ziemlich nervös, denn ich sah Mama Ngozi an, dass sie voll Zorn war. Meine Schwester Efe hatte sich in die letzte Reihe gesetzt, das Kopftuch wie einen Schleier umgewickelt. Nur noch ihre verquollenen Augen blickten heraus. Ich wusste, was in ihr vorging. Sie hatte es mir erzählt, als ich ihr Gesicht versorgt hatte.

»Ich schäme mich so sehr, Choga«, hatte sie hervorgepresst. »Nur wegen mir haben wir jetzt Ärger.«

»Das stimmt doch nicht«, hatte ich sie zu beruhigen versucht. »Ich hätte genauso reagiert, wenn jemand das Andenken an mein Kind mit Füßen getreten hätte. Du darfst dir keine Vorwürfe machen. Wir stehen alle hinter dir, glaube mir!«

»Mama Ngozi ...«, hatte sie zögerlich begonnen, »... sie wird ...« Wieder hatte Efe geschwiegen. »Ich darf es dir nicht sagen.« Fast flehend hatte sie mich angesehen. »Du darfst nicht böse auf mich werden, wenn du hörst, was Mama Ngozi vorschlägt.« Ich hatte es ihr versprochen.

Jetzt schob ich mich zwischen meinen Gefährtinnen hindurch und setzte mich neben Efe und Lape. Gespannt wartete ich, was geschehen würde. Bisi als unsere Älteste hieß alle willkommen und übergab das Wort an Ada, die über das Geschehen auf dem Markt sehr sachlich berichtete. Ohne Efe die Schuld dafür zuzuweisen, wie sie es in der Nacht zuvor mir gegenüber noch getan hatte.

»Wir sind hier, um zu beratschlagen, wie wir mit der neuen Situation umgehen«, schloss Ada. »Ich bitte euch nun, eure Vorschläge ruhig vorzutragen.« Dann erteilte sie mir das Wort.

Wie gerne hätte ich jetzt gewusst, was Mama Ngozi im Schilde führte! Nachdem ich Efes und Lapes Unglück bedauert hatte, erläuterte ich meine Überlegungen. »Wir sind hierher gekommen, weil wir eine Zuflucht gesucht haben. Das hat dank vieler Hände, die kräftig zugepackt haben, auch geklappt. Und wir werden so weitermachen. Wir müssen uns jedoch öffnen, etwa unsere Lebenseinstellung nicht unnötig betonen, wenn wir keine Ablehnung provozieren wollen.«

Mama Ngozi räusperte sich vernehmlich. »Tochter Choga, du warst noch nicht mal acht, als du hierher kamst. Ein ängstliches Kind. Jetzt bist du Mama Choga, trägst so wie deine starke Mutter Verantwortung. Wir sehen, dass vieles, was du tust, richtig ist. Wir beobachten jedoch auch, dass du dich bei den Sonntagsversammlungen zurückhältst. Viele von uns würden sich wünschen, dass du in der Kirche das Wort ergreifst. Doch wir wissen, dass du eine andere Überzeugung gefunden hast.« Mama Ngozi machte eine bedeutungsvolle Pause.

Mein Blick fiel auf Joshua, der abseits saß und mit Hope so leise spielte, dass er nicht störte. Was ging in ihm vor, wenn ich, seine Mutter, für meine Überzeugung Rede und Antwort stehen musste? Ich gab Mama Bisi ein Zeichen, meinen Sohn fortzubringen. Doch sie schüttelte nur stumm den Kopf.

»Ich will dir mit einer Geschichte antworten, Tochter Choga«, fuhr Mama Ngozi fort. »Meine Mutter hat sie mir schon erzählt, als ich ein Kind war. Der kleine Ulo übertraf seinen Vater bei der Jagd schon in jungen Jahren, denn er verstand die

Sprache der Tiere und überlistete sie. Er erlernte auch die Sprache der Bäume, und als sein Vater eines Tages einen hohen Baum fällen wollte, um daraus ein Haus zu errichten, lief der kleine Ulo schon morgens zu dem alten Baum. Er sagte zu dem Baum: ›Mein Vater ist ein wichtiger Mann. Du musst dich vor ihm so tief verneigen, wie du kannst, wenn er zu dir kommt.‹ Und so geschah es auch. Der Baum verneigte sich so sehr vor Ulos Vater, dass er entzweibrach und den Vater des kleinen Jungen erschlug.«

Ich sah, wie selbst die Gesichter von Mama Bisi und Mama Ada erstarrten. Alle Anwesenden hatten verstanden. Mama Ngozi hatte mich mit dem kleinen Ulo gleichgesetzt. Mit einem Kind, dessen vorwitzige Schlauheit den Tod des Vaters zur Folge gehabt hatte. Nach Ansicht der allseits geachteten Ngozi tat ich das Gleiche, indem ich mit den Traditionen meines Vaters brach. Und sei es auch nur, weil ich eine Äußerlichkeit wie unsere weiße Kleidung abschaffen wollte. Bisi und ich hatten an diesem Morgen bereits auf unsere Kopftücher verzichtet. Nun bemerkte ich, wie sie sich verlegen übers Haar strich.

Ich wollte etwas erwidern, aber Mama Ngozi hob die Hand. Noch hatte ich zu schweigen, das gebot der Respekt vor der älteren Gefährtin.

»Tochter Choga spricht von Öffnung«, sagte sie. »Ich schlage genau das Gegenteil vor. Wir müssen uns schützen vor dem, was da draußen vorgeht.« Sie breitete die Arme weit aus. »Lasst uns einen Zaun bauen um den *compound*. Einen hohen Zaun. Besser noch wäre eine Mauer, so wie Papa David sie um den Harem in Lagos gebaut hat. Nur so sind wir sicher. Wir müssen uns schützen vor den Ungläubigen.«

Das war es also! Ich glaubte, nicht richtig gehört zu haben. Mich hielt nichts mehr auf meinem Platz. Ohne lange nachzudenken, schob ich mich nach vorn und stellte mich neben die kleine Mama Ngozi, in der so viel Kraft wohnte.

»Nein«, rief ich aus, »keine Mauer, kein Zaun! Das brauchen wir nicht! Wir müssen nur lernen, mit den Menschen umzugehen. Sie sind unsere Nachbarn.« Ich wendete mich meiner Vorrednerin zu. »Mama Ngozi, wen in Jeba kennst du, der uns feindlich gesinnt ist?«

Sie blickte zu mir auf; in ihren Augen lag eine große Ruhe. »Frage deine Schwestern Efe und Lape, Tochter!«

»Das waren zwei Männer«, widersprach ich, »brauchen wir deshalb eine Festung?« Ich gab selbst die Antwort: »Zu dem, was geschehen ist, wäre es nicht gekommen, wenn wir uns ausgekannt hätten mit der Welt da draußen. Zu wissen, wie andere denken, und Respekt vor ihrer Einstellung – das ist der beste Schutz vor Feindseligkeit.«

»Du bist jung«, antwortete Mama Ngozi, und in ihrem Ton lag eine abgeklärte Nachsicht, die mich gegen meinen Willen zornig werden ließ. Doch ich hatte mich schon sehr weit vorgewagt. Mein bisheriger Auftritt war dem Alter gegenüber geradezu unverschämt respektlos. Ich brauchte nur Ada und Bisi anzublicken. Meine Ziehmütter hatten vor Scham die Augen gesenkt. Ich räumte den Platz neben Ngozi und setzte mich wieder neben Efe. Wenn mir jetzt niemand beisprang, würde es den verhassten Zaun geben. Niemand würde sich mehr zu uns wagen, um meine Hilfe zu erbitten. Und meine Gefährtinnen wären Gefangene ihres Glaubens.

Mama Ngozi ließ den Blick über die schweigende Schar schweifen. Sie zog ihre Bilanz: »Wir werden also den Bau des Heilhauses stoppen und das Material dazu verwenden, einen stabilen Zaun zu errichten. Schwester Ada, ich gebe das Wort an dich zurück. Teile uns bitte zur Arbeit ein, mit der wir morgen beginnen.«

Zögernd hob Efe die Hand. »Darf ich noch etwas sagen?« Mama Ada nickte. »Ich bin gegen einen Zaun«, sagte Efe. »Weil Choga Recht hat. Wenn ich gewusst hätte, dass die Muslime so streng sind ...«

»Schweig, Tochter Efe«, unterbrach Mama Ngozi sie unerbittlich. »Wir glauben an Jesus Christus, Gottes Sohn. Wer ihn verleugnet, versündigt sich.«

Tränen liefen über Efes Gesicht. »So habe ich es doch gar nicht gemeint«, flüsterte sie kaum hörbar.

Ganz langsam erhob sich nun Mama Bisi. Sie bebte vor Erregung. »Du gehst zu weit, Schwester Ngozi.« Sie sprach sehr leise – wohl, um ihre Gefühle zu zügeln. »Tochter Efe wollte nur unsere Kasse aufbessern. Sie hat erkennen müssen, dass die Muslime ihre Schnitzerei ablehnen. Deshalb verleugnet sie noch lange nicht Gottes Sohn.« Aus den Reihen der jüngeren Frauen war ein zustimmendes Murmeln zu hören. »Und nun zu diesem Zaun. Ich werde nicht mithelfen, ihn zu errichten«, verkündete Bisi um einiges lauter.

Meine Lieblingsmama blickte mich an. »Choga, du hast, nachdem du aus der Schule der weisen Ezira zurückgekehrt bist, einmal etwas zu mir gesagt. Ich glaube, du hast es auf Felix Egbeme gemünzt. Das ist schon lange her. Und ich werde langsam alt; ich habe die genauen Worte vergessen. Es hatte mit den Kindern der Unwissenheit zu tun. Ich als die Älteste fordere dich jetzt auf: Komm hier nach vorn und wiederhole es.« Sie setzte sich wieder.

Ich wusste sehr genau, welche Worte Mama Bisi meinte. »Es ist die Angst, die Menschen in ihrem Handeln bestimmt. Die Angst hat einen unheilvollen Bruder: den Hass. Sie beide, deren Mutter die Unwissenheit ist, haben den Neid und die Feindschaft geheiratet. Ihre Kinder sind Hunger, Krankheit und Krieg. Du kannst diese Übel nicht aus der Welt schaffen, wenn du nicht zuerst die Großmutter und die Eltern heilst. Deshalb ist deine Aufgabe, dich zunächst gegen die Unwissenheit zu wenden. Damit die Angst und der Hass nicht an ihrem Busen genährt werden.« Ich blickte meine Gefährtinnen an. »Dies sind die Worte meiner Lehrerin Ezira. Und es ist meine Überzeugung. Deshalb werde ich nicht mithelfen, diesen Zaun zu bauen.«

»Und ich auch nicht«, sagte Mama Ada. Efe und Lape schlossen sich ebenfalls an. Am Ende beharrten nur noch Mama Ngozi, Mama Funke und ihre beiden jungen Ziehtöchter darauf. Florence und Elisabeth waren 15 und 16 und stammten aus der Gegend. Nachdem ihre Eltern an Aids gestorben waren, hatten sie bei uns ein neues Zuhause gefunden. Ngozi und Funke hatten sie unter ihre Fittiche genommen.

»In der Kleiderfrage«, schob Mama Ada nach, »schlage ich vor, dass jede trägt, was sie mag. Ob weiß oder bunt.«

»Und morgen wird das Heilhaus weitergebaut«, sagte Mama Bisi.

Die Vernunft hatte an diesem Tag gesiegt. Ein Blick in Mama Ngozis versteinerte Züge sagte mir allerdings, dass uns dieses Thema noch einmal beschäftigen würde.

Josh hatte die Versammlung wohl ziemlich bald gelangweilt; ebenso wie einige andere Kinder war er unbemerkt verschwunden. Ich fand sie alle auf der Rückseite des Farmhauses, wo sie im Schatten mit Kauris spielten. Dabei gewann derjenige, bei dessen Wurf die meisten Lochseiten der Seeschnecken nach oben zeigten. Nur Josh fehlte. Endlich entdeckte ich ihn bei den Bougainvilleabüschen, meinem alten Versteck, das nun das Grab meiner Mutter und jenes von Jo beschützte. Er hatte Hope auf dem Schoß und streichelte ihr Bäuchlein.

»Was ist mit dir?«, fragte ich.

»Mama Ngozi darf dich nicht schimpfen«, sagte er.

Ich erklärte ihm, dass sie mit mir nicht böse sei. »Erwachsene reden manchmal etwas heftig miteinander. Aber das ist kein Streit, sie wollen nur herausfinden, was richtig und was falsch ist.«

»Weißt du denn, was richtig ist, Mama?«

»Nicht immer«, gab ich zu, »ich bin zu jung, um alles zu wissen.«

»Mama Ngozi ist alt. Sie weiß also, was richtig ist, oder?«

Da hatte er mich aber in eine schöne Falle hineingetrieben! Ich, die ihm den Respekt vor dem Alter beibringen sollte, hätte seine Frage am liebsten verneint. Das ging natürlich nicht. »So alt ist sie ja noch gar nicht«, meinte ich daher nur und küsste ihm die Stirn.

Joshua hob den Blick und grinste mich verschwörerisch an. »Das darfst du ihr aber niemals sagen!«

Blutiger Regen

Unter den Sachen, die ich aus Lagos mitgenommen hatte, befand sich auch ein schwerer Lederkoffer. Seit meiner Rückkehr auf die Farm stand er in meinem Zimmer. Mama Bisi hatte den Koffer nach Mutters Tod gepackt und mir in die Hand gedrückt. »Wenn die Zeit reif ist, wirst du ihn schon öffnen«, hatte sie gesagt.

Nun breitete ich den Inhalt vor mir aus. Neben ihrem weißen Sonntags- und einem rauen Arbeitskleid waren es wenige westliche Kleider mit deutschen Etiketten. Die meisten waren elegant. Ich faltete sie nicht einmal auseinander. Mutter hatte sie nur dann getragen, wenn sie zu ihrer Familie nach Deutschland gereist war. Diese Kleidungsstücke waren für mich sehr stark mit der Erinnerung an den Abschiedsschmerz belastet, als trügen sie Flecken, die nicht mehr zu entfernen waren. Ich hatte den Koffer zur Hand genommen, weil ich hoffte, darin wenigstens ein buntes Kopftuch zu finden. Vergeblich.

Sorgsam legte ich alles wieder zurück. Dabei glitt eine gerahmte, etwas verblasste Schwarzweiß-Fotografie heraus. Sie zeigte meine Schwester Magdalena als Zehnjährige mit einem Kranz aus Margeriten im blonden Haar. Dies Bild hatte stets auf Mutters Nachttisch gestanden. Ich hob es vorsichtig auf und betrachtete es lange. In den Augen des Mädchens lag all die Hoffnung, die eine Zehnjährige nur haben kann. Wohl deshalb hatte ich als Kind immer wieder vor diesem Foto gestanden und mich hineingeträumt in die Welt meiner Halbschwester, die ich erst als 24-Jährige kennen lernen durfte. Diese Begegnung lag inzwischen 14 Monate zurück. Während ich das mir einst so wichtige Bild betrachtete, beschwor meine Erinnerung jenes der 42-jährigen Frau herauf, die ich Ostern 2000 bei der Beerdigung unserer gemeinsamen Mutter getroffen hatte. Vergeblich hatte ich im Blick der Erwachsenen die Hoffnung gesucht und stattdessen Verletzbarkeit gespürt.

Inzwischen hatte Magdalena mir drei lange Briefe aus Deutschland geschrieben; meine knapp bemessene Zeit hatte für zwei Antworten gereicht ... Aus diesen Briefen wusste ich, dass meine deutsche Schwester es ernst meinte mit einem Neubeginn. Sie wollte im Sommer dieses Jahres kommen, um zu versuchen, mit uns zu leben. Ich hoffte inständig, dass sie bleiben würde. Denn in ihr sah ich jenen Teil meiner Mutter, den ich nie richtig kennen lernen konnte: ihre deutsche Vergangenheit. Magdalena hatte sich als junges Mädchen dem Umzug nach Afrika widersetzt. Später hatte sie Mutters Beziehung zu meinem Vater zutiefst abgelehnt. Doch jetzt wollte sie dem afrikanischen Leben unserer Mutter nachspüren und es hielt sie nichts mehr in jenem bayerischen Ort, in dem sie wohnte: Ihre Ehe war geschieden, ihre mittlerweile 20-jährige Tochter Katharina hatte sich während ihres Aufenthalts als Au-pair-Mädchen in den USA in einen Mann verliebt. Magdalena schrieb nichts über diesen Freund, aber es schien etwas sehr Ernstes zu sein. Seinetwegen wollte Katharina in Amerika bleiben, um dort ein Studium zu beginnen.

Ich nahm das wiedergefundene Foto als Zeichen, dass ich Magdalena endlich antworten müsse, und begann unverzüglich. Zu erzählen hatte ich genug, doch während ich schrieb, wurde mir klar, dass ich eine wesentliche Voraussetzung gar nicht geschaffen hatte, damit sich meine Schwester hier einleben konnte. Sie wollte unsere Kinder unterrichten. Aber wo? Ich hatte eine Zeit lang vorgehabt, den Flachbau dafür zu benutzen. Dort entstand jedoch nun das Heilhaus. Und wo sollte sie wohnen? Die Zimmer des Farmhauses waren mehr als gut belegt. Die Einzige, die ein Zimmer für sich hatte, war ich. Ich nahm den Raum in Augenschein und platzierte in Gedanken ein zweites Bett darin. Doch auch das musste noch beschafft werden.

Am nächsten Morgen, dem Tag nach unserer aufwühlenden Zusammenkunft, bat ich Bisi, »Mama Chogas Tee« zu verteilen, und erklärte meiner ebenso wie ich ans frühe Aufstehen gewohnten Patentante, dass ich mich sofort auf den Weg nach Jeba machen wollte.

Sie blickte auf den Koffer in meiner Hand. »Du willst Lisas Sachen verkaufen.« Bisi seufzte. »Ach, meine Kleine, du machst wirklich alles gründlich. Auch die Abnabelung von deiner Mutter.«

Ich umarmte sie. »Bis heute Abend.«

Vor dem Haus half sie mir, den schweren Koffer auf den Kopf zu wuchten. Ich blickte mich nicht um; ich wusste, dass sie mir nachsah und mich am liebsten festgehalten hätte. Es war kühl, die Sonne verschanzte sich hinter einer dichten, tief hängenden grauen Wolkendecke. Spätestens am Abend würde es Regen geben. Die Felder brauchten ihn dringend. Ich stützte mich auf meinen Feldstock, während ich mit der anderen Hand den Koffer ausbalancierte. Ich hatte mir viel vorgenommen für diesen Tag, von dem ich mir unter anderem die Erkenntnis versprach, ob Mama Ngozi mit ihrer Warnung vor den Muslimen Recht hatte.

Mutters Kleidung zu verkaufen war nicht gerade einfach. Gemächlich lief ich kreuz und quer durch den kleinen Ort und nahm die Atmosphäre in mich auf. Ich hatte Jeba schon als Kind gern gemocht; seine Geschäftigkeit hat etwas von einem trägen Fluss, dem man gern zusieht, wie er sich behäbig durch sein Bett wälzt. Die Menschen sind freundlich und hilfsbereit, verrichten ihre Arbeit zumeist am Straßenrand und haben Zeit für lange Gespräche. Weder gibt es die Abgase und den Lärm einer großen Stadt, noch das Gerempel und Gehupe. Dennoch erschien Jeba mir geschäftiger als sonst, was an meiner Wahrnehmung liegen mochte. Ich war seit meiner Rückkehr aufs

Land selten in der Ortsmitte gewesen und auf unserer Farm ging es erheblich ruhiger zu ...

Erst die vierte Händlerin erklärte sich bereit, mir die in Hüfte und Taille sehr schmal geschnittene Garderobe abzunehmen. »Vielleicht muss ich gar nicht nach Jos, um sie verkaufen zu können«, sagte die Frau. »Immer mehr Menschen verlassen in diesen Tagen Jos und lassen sich hier bei uns nieder.«

»Tatsächlich? Was ist los?«, fragte ich.

»Jos ist nicht mehr wie früher. Es gibt Unruhen, Schlägereien auf offener Straße. Ich fahre zurzeit nur ungern dorthin«, gestand die Händlerin. »Dabei war es so eine friedliche Stadt. Für meinen Geschmack zwar viel zu groß und jetzt wird alles auch noch teurer. Manche glauben, es liegt an den Muslimen. Sie fühlen sich weiter im Norden nicht mehr wohl. Es hat zu viele Tote gegeben.« Nun erzählte die freundliche Frau genau das, was Ngozi am Vortag kundgetan hatte. Aus ihren Berichten ergab sich das Bild einer allmählichen Wanderung vom krisengeschüttelten muslimischen Norden in die noch ruhige, christlich orientierte Mitte des Landes, wo wir wohnten.

Ich erstand für Mama Bisi Stoff mit fröhlichen Blumen, für Efe etwas Blaues, für mich selbst und sicherlich noch ein paar andere Frauen fließende Stoffe in Erdfarben mit heiteren Farbklecksen sowie preiswerte T-Shirts. Ich zögerte einen Moment und entschied mich dann, meine weiße Kleidung an Ort und Stelle gegen die neue auszutauschen.

»Stand dir gut, das Weiß«, meinte die Händlerin. Sie befühlte den Stoff. »Gutes Material. Willst du das auch verkaufen?«

»Nein, kann sein, dass ich es noch brauche«, murmelte ich.

Anschließend ging ich zum Postbüro, wo wir ein Fach unterhielten. Es hatte lange niemand mehr nachgesehen. Unter anderem war ein Schreiben von Magdalena dabei. Sie hatte Wort gehalten, wollte tatsächlich im August kommen und fragte, welche Sachen wir dringend brauchten.

Welch ein Glück, dass ich meinen Brief noch nicht aufgegeben hatte! Einige unerlässliche Utensilien für meine Arbeit wie

sterile Einweghandschuhe, Desinfektionsmittel oder Verbands-
material setzte ich ganz oben auf meine Wunschliste, darunter
führte ich eine Wandtafel, Kreide, Englisch- und Rechenbücher
auf, dazu Bleistifte, Hefte, Landkarten, für den Biologieunter-
richt bestellte ich Anschauungsmaterial, das gleichzeitig für die
Gesundheitslehre im Heilhaus verwendet werden konnte. Darunter schrieb ich, dass uns ein Generator mit einem Schlag aus
dem Mittelalter in die Moderne befördern könnte ... An den
Rand kritzelte ich: Bunte Stoffe für Blusen. Am liebsten hätte
ich mich entschuldigt für die Länge meiner Liste. Doch vielleicht war es besser, wenn Magdalena wenigstens ahnte, was sie
bei uns wirklich erwartete. Dann gab ich den Brief auf.

Zum Abschluss stand mir ein Gang bevor, dessen Bedeutung mich wie ein Stein im Magen bedrückte. Wir brauchten
dringend ein Schulhaus. Die einzige Lösung sah ich in Herrn
Musa und seiner Baufirma. Den Koffer auf dem Kopf,
schleppte ich mich ans äußerste Ende von Jeba. An manchen
Häusern entdeckte ich aufgesprühte Parolen: Zurück, wo ihr
herkommt!, oder: Findet eure eigenen Wurzeln!, stand da. Ich
konnte damit nichts anfangen; Fremdenfeindlichkeit war mir
bis zu jenem Mittag noch kein Begriff gewesen.

Plötzlich bemerkte ich eine Ansammlung von Menschen.
Die Leute debattierten heftig. Ich trat näher und stellte fest,
dass sie einen Platz in ihrer Mitte frei gelassen hatten. Ein häss-
licher, fast schwärzlicher Fleck zeichnete sich auf dem rissigen
Teerbelag ab. Ein Mann mittleren Alters, ganz in Weiß geklei-
det, richtete immer wieder flammende Worte an die Umste-
henden. Er reckte die Hand mit der Bibel in den Himmel und
umklammerte dabei ein großes Kreuz. Sein Auftreten hatte
eine entsetzliche Ähnlichkeit mit jenem von Felix Egbeme,
dem Vater meines Sohnes. Ich begriff nur, dass der Fremde das
Christentum beschwor und Bibelstellen zitierte, die beweisen
sollten, dass er im Recht war.

Die Stimmung bedrückte mich, und ich ging weiter, ohne zu
fragen, was geschehen war. Die Erinnerung an jenen Mann,

der mich gewaltsam zur Frau genommen hatte, war immer noch zu überwältigend. Ich konnte ihr nicht standhalten.

Ich fand das Tor von Musas Baufirma fest verschlossen. Aus dem Koffer holte ich das Geld heraus, das nach dem Verkauf von Mutters Kleidung übrig geblieben war. Es war nicht viel, für eine Anzahlung würde es jedoch reichen. Ich umklammerte es mit meiner Stockhand, als müsste ich mich an den Papierscheinen festhalten und nicht an meiner Gehhilfe. Erst nach mehrmaligem Rufen öffnete Said Musa. Bevor er mich einließ, blickte er zu beiden Seiten der abgelegenen menschenleeren Straße. Hatte er jemand anders erwartet? Auf jeden Fall begrüßte er mich mit verhaltener Freundlichkeit. So, wie ich ihn kannte – als einen zurückhaltend höflichen Mann, dem trotz seines Berufs, der Zupacken erforderte, eine gewisse Unbeholfenheit anhaftete.

»Ist das Heilhaus fertig?«, fragte er interessiert.

Ich musste ihn vertrösten. »Wir haben noch keine Einrichtung für die Patienten und meine Praxis ist auch nicht komplett. Aber es dauert nicht mehr lange.«

Herr Musa deutete auf seinen Lastwagen, der neben den anderen beiden Baugeräten im Unterstand parkte. Auf der Ladefläche stapelte sich allerhand. »Das sind Tische und Stühle und eine Untersuchungsliege.« Er blickte verlegen zu Boden.

»Dann sollte ich die Patientinnen wohl jetzt kennen lernen«, schlug ich vor.

»Ich kann Sie hinfahren. Sie wohnen ein paar Kilometer entfernt in der Stadt.« Er druckste herum. »Können wir meine Cousinen gleich ins Heilhaus bringen? Bei Ihnen draußen ist es sicherer.«

»Sicherer? Wie meinen Sie das?«

»Sie sind wohl nicht durch die Stadt gekommen?«, erkundigte er sich. Ich erklärte, dass ich Besorgungen gemacht hatte. »Haben Sie es nicht bemerkt?«, fragte Said Musa. »Jetzt geht es hier auch los.« Ich muss ihn wohl ziemlich ratlos angesehen haben, so dass er antwortete: »Der Mord, letzte Nacht. Sie haben einen Mann erschlagen. Einen radikalen Muslim. Er kam aus Kano. Der Kerl trug gefälschte Papiere bei sich und hatte behauptet, er wäre der neue Marktvorsteher. Doch das stimmte nicht.« Musa verschränkte die Arme vor der Brust. »Am Samstag hat es einen Vorfall auf dem Markt gegeben. Zwei Christinnen, die Schnitzereien verkauften, wurden von diesem falschen Marktvorsteher verprügelt. Jetzt haben sich die Christen gerächt.«

Der schwarze Fleck auf dem Asphalt – sah so die Rache der Christen für die Prügel aus, die meine *Schwestern* bezogen hatten? Vor welcher Partei musste man sich da mehr fürchten? Ich erzählte Musa nicht, dass meine Gefährtinnen Efe und Lape unwissentlich der Auslöser für diesen Gewaltausbruch gewesen waren.

»Das tut mir Leid«, brachte ich vor. »Sie sind selbst Muslim. Kannten Sie den Ermordeten?«

Musa sah mich entsetzt an. »Nein! Mit solchen Menschen wollen wir nichts zu tun haben. Deshalb sind wir aus Kaduna fortgegangen. Wir haben es dort nicht mehr ausgehalten. Ich bekam keine Aufträge. Weder von den Christen, die uns irgendwann gemieden haben, noch von den Muslimen, die mich in ihre Verbände zwingen wollten.« Er senkte die Stimme wieder. »Ich bin ein gläubiger Mann. Aber der Prophet hat nicht gefordert, dass wir die Christen verfolgen sollen. Solange wir uns an seine Worte halten, dürfen wir freundlich mit ihnen umgehen.«

Das Geld in meiner schweißnassen Hand fühlte sich unangenehm an; es erinnerte mich an den wahren Grund meines Besuchs. Ich erklärte dem Unternehmer unser Bauvorhaben und hielt ihm die mitgebrachten Scheine linkisch entgegen. »Es ist nur eine Anzahlung. Mehr habe ich im Moment nicht.«

Musa ignorierte das angebotene Geld. »Sie haben ehrenwerte Absichten«, sagte er. »Die Bildung unserer Kinder ist ein wichtiges Gut.« Er senkte den Blick. »Werden nur Frauen unterrichten?«

»Ausschließlich meine Schwester. Sie kommt aus Deutschland und ist ausgebildete Lehrerin.«

Musa trat verlegen von einem Bein aufs andere. »Sie kennen ja Fatima. Auf die hiesige Koranschule kann ich sie nicht schicken; die nehmen nur Jungen. Sie ist ein stilles Kind, aber sie ist nicht dumm.« Das konnte ich nur bestätigen. »Würde Ihre Schwester auch andere Kinder in dieser Schule unterrichten?«

»Fatima? Natürlich!«, platzte ich begeistert heraus, ohne weiter nachzudenken.

»Ich könnte Ihre Schule bauen«, meinte Musa und schlug vor, es so zu machen wie mit dem Heilhaus. Er wollte das Schulgeld mit den Kosten für die Bauarbeiten verrechnen. Dann wollte er wissen, mit wie vielen Schülern wir rechneten, und ich sagte, dass es mit seiner Tochter sieben seien. Dabei fiel mir jedoch etwas ganz anderes ein: Magdalena würde den Kindern zwangsläufig nur Englisch beibringen können. Das erklärte ich Musa nun.

»Fatima soll Englisch lernen, sonst kann sie später nicht studieren«, antwortete er. »Sind Sie also einverstanden?« Er reichte mir die Hand und ich schlug ein. Es kann alles so einfach sein, dachte ich, wenn man nur zusammenhält.

Mir fiel zwar ein, dass von den dann sieben Kindern unserer Minischule sechs ein lebenslanges Stigma mit sich tragen würden. Doch davon wusste niemand. Muss es überhaupt jemand wissen?, fragte ich mich, während wir durch die Straßen Jebas fuhren. Unsere Kinder kannten die Vorsichtsmaßnahmen, die ihre Krankheit erforderte. Sobald Fatima bei uns wäre, würden wir dies Thema gemeinsam mit dem Mädchen und seinen Eltern in aller Ruhe besprechen. Die Leute machten einen vernünftigen Eindruck.

Während wir zu Herrn Musas erkrankten Cousinen unterwegs waren, setzte der Regen ein, der sich schon am Morgen angekündigt hatte. Der Zeitpunkt war wirklich unglücklich, denn die für mein Heilhaus bestimmten Möbel lagen auf der ungeschützten Ladefläche. Es schüttete wie aus Eimern, und als wir jene Stelle passierten, an der ich die Männer über den Tod des – wie ich nun wusste – falschen Marktchefs hatte debattieren sehen, war der kleine Platz leer. Der starke Regen weichte das getrocknete Blut auf und schwemmte es die Straße hinunter. Es war ein furchtbarer Anblick. Die kleine Stadt schien besudelt, als hätte die Brutalität der fanatischen Männer ihr die Unschuld geraubt. Herr Musa fuhr möglichst langsam daran vorbei, damit der blutige Regen nicht gegen seinen Wagen spritzte.

Nachdem wir die beiden Frauen aufgenommen hatten, rückten wir im Fahrerhaus zusammen. Musa machte mich darauf aufmerksam, dass seine Cousinen kein Schweinefleisch essen durften. Ich konnte ihn beruhigen, das stand ohnehin nicht auf unserem Speiseplan. Zum einen aus Geldmangel, zum anderen habe ich meine eigenen Überzeugungen, wenn es um das Verspeisen von Mitgeschöpfen geht ...

Niemand in meiner großen Familie wusste, dass ich zwei Patientinnen mitbrachte, die vielleicht für längere Zeit bei uns bleiben würden. Da ich nicht sicher war, ob die Heilstation inzwischen fertig eingedeckt war, überlegte ich, ob wir ein Zimmer unseres Farmhauses freimachen konnten. Dafür kam im Grunde nur mein eigenes infrage; schließlich stellte ich meine Gefährtinnen vor vollendete Tatsachen.

Ich dachte an Mama Ngozis versteinerte Miene, wenn zum ersten Mal zwei muslimische Frauen in unseren von christlichen Grundsätzen geprägten *compound* einzögen. Würde Ngozis christliche Nächstenliebe groß genug sein?

Eine Warnung

Die beiden durch den kurzen Weg vom Lastwagen zum Haus tropfnassen Frauen standen scheu in der Eingangshalle, während die Mehrzahl meiner Gefährtinnen von der Treppe aus auf sie hinabschaute. Im Haus war es noch warm, draußen hatte sich die Luft empfindlich abgekühlt. Die letzte verbliebene Glasscheibe unserer doppelflügeligen Eingangstür war beschlagen. Dahinter bewegte sich der Schatten Said Musas, der gebeugt hin und her hastete, um die Möbel von der Ladefläche auf die halbwegs geschützte Veranda zu schaffen. Es war nämlich gekommen, wie ich es erwartet hatte: Das Dach des Heilhauses war nicht fertig geworden. Nur meine künftige Praxis schien vor den Regenfluten geschützt zu sein. Die frühere Werkstatt, welche die Krankenstation bilden sollte, war nur zur Hälfte eingedeckt.

Mama Ngozi kam langsam die Treppe herunter; ihr und Mama Funkes Zimmer lag ebenso im Obergeschoss wie das von Bisi und Ada. In unserem Haus wurde meistens Englisch gesprochen, so dass ich hoffte, unsere Besucherinnen würden nicht jedes Wort der nun zwangsläufig folgenden Aussprache verstehen.

Noch ehe Mama Ngozi etwas sagen konnte, tauchte Mama Bisi wie aus dem Nichts auf. »Du bist wirklich die Tochter deiner Mutter.« Sie musterte mich mit mildem Lächeln. »Wenn du etwas machen willst, dann tust du es.« Sie blickte in die Runde der Frauen. »Habe ich nicht Recht?«

»Ich glaube, sie ist eher die Tochter ihres Vaters«, meldete sich Mama Ada zu Wort. »Papa David hatte stets ein Herz für alle Hilfsbedürftigen.«

Damit hatten meine Lieblingsmamas Ngozi den Wind aus den Segeln genommen. Ich hätte sie alle beide auf der Stelle umarmen können. Nun stellte ich unsere Gäste vor: Ismaila und Jamila waren etwa 30 und 40 Jahre alt, trugen dunkle Wickelgewänder, Blusen und Kopftücher. Inmitten meiner noch weiß gekleideten Gefährtinnen wirkten sie recht exotisch.

»Wir brauchen heißen Tee!«, rief Bisi, und zwei jüngere Frauen bereiteten ihn eilig zu. Efe und Ada halfen mir, mein Zimmer zur improvisierten Krankenstation umzufunktionieren. Ich selbst richtete mir ein Lager in der Küche ein. Es sollte nur für kurze Zeit sein, bis ich mit allen Gerätschaften ins Heilhaus umgezogen war. Zunächst musste ich Herrn Musa verabschieden. Er versprach, mit einigen Männern zurückzukommen, um möglichst bald die Krankenabteilung des Heilhauses fertig zu stellen.

Dann untersuchte ich Jamila und Ismaila. Bei der jüngeren Ismaila drohte eine Fehlgeburt, ihre Cousine Jamila hatte schmerzhafte Unterleibsprobleme. Beides erforderte in der Tat eine längere Behandlung. Der Not gehorchend ignorierte ich den strömenden Regen und besorgte noch vor Einbruch der Nacht die nötigen Zutaten für ihre Medizin. Der von der heißen Sonne steinharte Boden konnte die Regenmengen nicht aufnehmen und so stand das Wasser teilweise knöchelhoch.

Den ganzen Tag war ich unterwegs gewesen und mein Körper schrie nach Ruhe. Doch jetzt durfte ich meine Patientinnen nicht im Stich lassen. Praktisch ungeschützt suchte ich in meinem Heilgarten die notwendigen Zutaten zusammen und begann einzusehen, dass ich mich mit der Pflege zweier kranker Frauen zu übernehmen drohte. Denn auch meine Gefährtinnen und die Kinder brauchten weiterhin ihre Medizin. Bis auf die Haut durchnässt kehrte ich zurück; die Zutaten mussten unverzüglich verarbeitet werden. Ich schnitt, stampfte, mahlte, kochte alles, verabreichte es meinen Schützlingen und bereitete gerade meinen Spezialtee zu, als Mama Ada den Kopf zur Tür hereinstreckte.

»Wir haben noch den Rest des Hauses gedeckt.« Sie stutzte und kam in den voll gestopften Raum, befühlte meine am Morgen erstandenen Wickeltücher und rief: »Choga, du bist ja ganz nass!«

»Ist doch schon wieder alles trocken. Sind leichte Sachen. Ich habe noch mehr davon mitgebracht, aber ich bin ...«

Mama Ada fasste mich fest an den Schultern, drehte mich zu sich herum und legte ihre schwielige Hand auf meine Stirn. »Du bist heiß!«

»Ich ruhe mich nachher aus«, meinte ich abwehrend und drückte Ada die zwei üblichen Teekannen in die Hände. »Die blaue ist für die Erwachsenen, die rote ...«

»Tochter Choga«, fuhr Mama Ada mich an, »das weiß ich. Hör jetzt sofort auf mit dieser Arbeit. Du hast hohes Fieber. Leg dich gefälligst schlafen. Sonst kippst du um.« Meine Matte lag zusammengerollt in der Ecke. Ada stellte die Kannen energisch ab und packte mich an der Hand. »Raus aus dieser Küche. Du schläfst bei Schwester Bisi.«

»Und du?«

»Ich finde schon einen Platz.«

Gehorsam wie ein Kind tapste ich mit schweren Beinen hinter meiner Ziehmutter her. Bereits als ich die ersten drei Treppenstufen nach oben genommen hatte, wurde mir schwindlig. Ich wollte weder mir noch Ada meine Schwäche eingestehen und schleppte mich weiter. Meine Beine knickten ein und ich umklammerte das Geländer. Ich hörte noch Mama Adas Aufschrei, dann war auch schon alles still.

Als ich die Augen aufschlug, blickte ich in 20 besorgte Gesichter.

»Mama, Mama, hast du dir wehgetan?« Josh streichelte mir die Wangen. Bisi nahm einen kalten Wickel von meinem Handgelenk, während Ada die feuchten Umschläge an meinen Waden wechselte.

»Kannst du den Kopf bewegen? Spürst du alle Zehen?« Das war Mama Ngozi. Ich bewegte die Zehen und schüttelte den

Kopf. »Was heißt das jetzt? Spürst du nun deine Zehen oder nicht?«

»Sonst könnte sie sie doch nicht bewegen!«, knurrte Mama Bisi.

Nun packten mich zahlreiche Hände, richteten mich liebevoll auf und stützten mich unter den Armen. »Nach oben mit ihr«, kommandierte Ada. Ich fühlte mich wie ein Sack voller Steine. Schließlich lag ich in Adas und Bisis Zimmer. Nur die beiden blieben bei mir.

»So geht es nicht weiter, Choga Regina«, sagte Ada streng. »Du machst dich kaputt.«

»Nun schimpf nicht so. Sie meint es doch nur gut. Sie will eben überall sein«, verteidigte mich Bisi. Efe brachte heißen Tee. Mama Bisi nahm mich in ihre weichen Arme. »Schlaf jetzt erst mal, meine Kleine.« Ich bekam neue Wadenwickel, was ich kaum noch registrierte. Danach reichte Bisi mir ein altes Fieberthermometer meiner Mutter. Für die anderen benutzte ich es praktisch nie. Ich habe das im Gefühl. Bei mir selbst tue ich mich da schwerer.

»Das hat uns gerade noch gefehlt. Ausgerechnet jetzt. Wer soll nun diese Frauen versorgen?«, hörte ich Mama Ngozi im Raum nebenan sagen. In unserem alten Haus bestehen die Wände aus dünnem Holz. Mir kam ein Gedanke, der mich lächeln ließ.

»Geht es dir besser, meine Kleine?«, fragte Bisi.

»Ja«, sagte ich. »Viel besser.« Ich hatte darüber nachgedacht, dass Adas und Bisis Zimmer einen wirklichen Vorteil besaß. Hier war ich im Bilde, worüber Mama Ngozi, ihre Schwester Funke und deren Schützlinge Elisabeth und Florence sich unterhielten. Daher also hatte Efe, die mit Lape nebenan wohnte, damals schon vorab von Ngozis Plänen mit dem Zaun gewusst. Christlich eingestellt, wie sie war, hatte sie sich aber selbst verboten, darüber zu sprechen.

Bisi zog das Thermometer unter meiner Armbeuge hervor und starrte lange darauf. »O weh!«, meinte sie.

Bevor ich endlich einschlief, lauschte ich Ngozis und Funkes Gesprächen, die sich auch um meinen Ausflug nach Jeba drehten. Natürlich ereiferten sie sich über meine Stoffe, aber ich gewann auch die beruhigende Erkenntnis, dass Mama Ngozi mit ihrer Wanderung in die Stadt abwarten wollte, bis der Regen nachließ. Wäre es danach gegangen, hätte es tage-, ja wochenlang regnen können! Wenn die alte Mama mitbekäme, was ich bereits wusste, würde sie sämtliche Feldsteine höchstpersönlich ausgraben, um einen Befestigungswall um unseren *compound* zu errichten. Doch es regnete, und die Menschen in Jeba würden sich schon wieder darauf besinnen, dass sie eine friedliche kleine Stadt bewohnten.

Als ich am nächsten Morgen sehr früh erwachte, hatte der Regen immer noch nicht aufgehört. Meine Lieblingsmamas schliefen tief und fest. Aus meinen immer noch feuchten Wadenwickeln schloss ich, dass die beiden mich die ganze Nacht über betreut hatten. Sie bekamen nicht mit, dass ich mich ganz langsam aus dem Raum schlich. Nicht mal das Knarren der alten Holzdielen weckte sie. Problemlos erreichte ich die Küche, wo ich mir aus den getrockneten Wurzeln des Orangenduftbaums einen Kreislauftee machte, den ich in der Eingangshalle in kleinen Schlucken genoss.

Ich bin mit einem ziemlich schweren Knochenbau ausgestattet. Meine Hüfte tut ein Übriges, damit ich mich nicht allzu elegant bewegen kann. Und dann diese Treppe, der Spielplatz meiner Kindheit. Ich kannte jede Unebenheit. Ob mich das vor Verletzungen bewahrt hatte? Ich begriff meinen Sturz als deutliche Warnung.

Nun stellte sich mir jedoch die Frage, wen ich als meine Hilfe anlernen sollte. Bisi? Auf jeden Fall. Sie hatte mir von Anfang an beim Anlegen des Kräutergartens beigestanden. Vor allem Platzmangel hielt sie davon ab, mir in der engen Küche zu helfen. Eigentlich müsste auch jemand meines Alters allmählich an mein Wissen herangeführt werden. Sollte ich tatsächlich einmal für längere Zeit ausfallen, so musste jemand für mich einspringen können. Eigentlich kam dafür nur Efe infrage. Schon in unserer Kindheit hatten wir gemeinsam in diesem Haus gelernt. Der Neubeginn im Heilhaus böte einen guten Zeitpunkt, diese Tradition wieder aufzunehmen.

Der unaufhörliche Regen ließ mir keine Ruhe. Wie viel kostbare Flüssigkeit da ungenutzt im Boden verschwand. Andererseits plante ich für Jamila Sitzbäder, um ihre Unterleibsprobleme im Verbund mit Massagen rascher kurieren zu können. Doch wie konnte ich den Regen auffangen, dieses klare, wunderbar weiche Wasser? Wannen brauchte ich, große Wannen, wie wir sie im Harem gehabt hatten. Wenn Said Musa wiederkäme, würde ich ihn darum bitten ... Ich rief mich zur Ordnung, da ich begann, diesen Fremden in meine Überlegungen einzubeziehen. Das durfte ich nicht zulassen. Wir Frauen waren bislang ohne Hilfe von außen zurechtgekommen. Nur weil ich wusste, dass es ihn gab, konnte ich nicht anfangen, auf ihn zu zählen. Andererseits käme eine der Wannen seiner Verwandten zugute ...

An diesem Morgen bereiteten erstmals Bisi und Efe den üblichen Tee zu, während ich die Medizin für unsere Patientinnen herrichtete. Im Laufe desselben Tages räumten wir die alte Küche komplett aus und richteten sie im Heilhaus neu ein. Nun hatte ich auch dort einen kleinen Gaskocher und war vom Haupthaus unabhängig. Allerdings konnte ich gerade mal meine Kräuter ordentlich aufhängen, zu mehr reichte meine Kraft nicht. Erst als es mir wieder besser ging, holte ich meine persönlichen Dinge.

Mein Heilhaus bot außerdem noch Platz für zwei Schlafstellen, so verbrachten Efe und ich die nächsten Nächte dort. Sobald es mir besser ging, bezog Efe wieder ihre Zimmerhälfte im Haupthaus. Mein Auszug löste auch ein anderes Problem: Magdalena wäre in der alten Bibliothek ungestört.

Sobald der Regen nachgelassen hatte, begann Herr Musa mit dem Bau des Schulhauses. Es grenzte ans äußere Ende der ehemaligen Werkstatt, die nunmehr Heilstation hieß und in der sich Musas Cousinen auf dem Weg der Genesung befanden. Niemand hatte mich für den Schulbau um Rat gefragt; Ada hatte den Platz allein bestimmt und mich vor vollendete Tatsachen gestellt.

Ich wollte sie nicht beleidigen und verschwieg, dass es besser gewesen wäre, wenn ich zuvor mein Orakel befragt hätte. Gerade für Bauten, in denen Wissen weitergegeben wird, sind die Wahl des Ortes und die Ausrichtung entscheidend, damit ein Raum der Harmonie entsteht. In der Nähe zur Heilstation, in der sich Kranke aufhielten, sah ich in diesem Punkt ein Risiko. Ich nahm mir vor, eine Abwehrzeremonie abzuhalten, sobald ich wieder völlig genesen war. Spirituelle Kraft darf nämlich niemals angewendet werden, solange der Körper geschwächt ist.

Musa brachte die Wannen erst, als der Regen aufgehört hatte. In der Zwischenzeit hatte ich mich mit Waschungen beholfen, auch wenn sie langsamer wirkten als Sitzbäder. Benutzt wurden die Wannen dennoch; es regnete im Juli und August so viel, dass wir alle uns verschwenderische Gesundheitsbäder gönnten.

Ich erzählte Joshua, was seine Tante Magdalena mir bei ihrem Besuch berichtet hatte: Dass es in Deutschland Vorrichtungen gebe, mit denen man das Wasser aus der Wand herausfließen lassen könne. »Das heißt Dusche«, erklärte ich meinem Sohn.

Tags darauf besichtigten wir die fast fertige Schule, die bereits ein Palmwedeldach erhalten hatte. Es war allerdings noch nicht restlos dicht. Josh blickte nach oben. »Hier kann Tante Magdalena duschen, wenn sie uns unterrichtet«, meinte er.

»Freust du dich auf die Schule?«, fragte ich.

Josh strahlte mich an. »Wann kommt Tante Magdalena denn endlich?«

Wir richteten den Raum mit selbst gezimmerten Tischen und Bänken ein. Jetzt fehlte nur noch die Lehrerin. Bis dahin hatten die Kinder einen neuen Zeitvertreib: Sie spielten schon mal Schule. Obwohl Josh noch nie ein Klassenzimmer von innen gesehen hatte, machte er sich als Lehrer ganz gut ...

Der Mauerbau

Eines Nachmittags berichtete Efe mir, dass Mama Ngozi in Jeba gewesen sei. Glücklicherweise suchte sie die Aussprache mit mir nicht im Farmhaus, sondern kam mit Ada, Bisi und Funke zum Heilhaus, wo ich mich allein aufhielt. Streitgespräche dürfen darin allerdings nicht geführt werden und so gingen wir nach draußen.

»Choga, du hättest es uns sagen sollen.« Mama Ada richtete das Wort als Erste an mich. »An jenem Abend nach deiner Rückkehr war keine Gelegenheit. Doch seitdem sind viele Wochen vergangen. Warum hast du geschwiegen?«

Mama Ngozi hob bereits den Zeigefinger, um mich zu belehren. Da fasste Bisi sanft ihre Hand und drückte den mahnenden Finger nach unten. »Erst möchte ich wissen, was Choga antwortet.«

»So viel anderes war wichtiger«, sagte ich. »Darüber habe ich es vergessen.«

»Gib uns bitte eine andere Erklärung«, forderte Ada, die mich viel zu gut kannte, um meine Ausflucht nicht zu durchschauen. Sie sah mich streng an. »Du hast damals gesagt, Unwissenheit ist das Schlimmste. Damit hast du alle überzeugt.« Ngozi widersprach kopfschüttelnd. Ada fuhr fort: »Aber uns hast du unwissend gelassen.«

»Es war ein Zwischenfall. Ja, ein Verbrechen«, entgegnete ich heftig. »Hätte ich es euch gesagt, wäre große Aufregung die Folge gewesen. Doch hier ist nichts passiert. Die beiden Musliminnen kamen, ich heilte sie und sie gingen wieder. Alles verlief friedlich. Es gab keinen Streit. Im Gegenteil, vielleicht wer-

83

den sie erzählen, dass wir eine freundliche, hilfsbereite Gemeinschaft sind.«

Mama Ngozi räusperte sich. »Das haben sie in der Tat getan; ich wurde mehrfach auf Chogas Fähigkeit angesprochen. Aber darum geht es nicht. Sondern darum, dass du einfach tust, was du für richtig hältst. Du bist eine junge Frau, die nicht alles weiß. Oder bist du informiert, wie es in Jeba seitdem zugeht? Muslimfrauen trauen sich nicht mehr auf die Straße, weil junge Christen sie anpöbeln. Schon mehrere Male wurden Gottesdienste in Moscheen gestört. Die Muslime haben sich lange zurückgehalten, doch jetzt sind andere gekommen. Aus Kaduna und Kano. Sie wollen die Vorherrschaft des Christentums beenden und den Islam durchsetzen.« Sie griff sich an den Hals, wo ihr silbernes Kreuz hing. »Meine Töchter haben mir geraten, das Kruzifix unter meiner Kleidung zu verbergen. Meine eigenen Töchter, gute Christinnen! Ich hatte Angst.«

»Dann willst du also, dass wir einen Zaun ziehen«, stellte ich fest. Ada, Bisi und Funke, unser Ältestenrat, nickten einvernehmlich. »Wenn das euer Wunsch ist, dann müssen wir das machen. Nur eines möchte ich noch sagen: Ein Zaun kann niemanden aufhalten, der nicht aufgehalten werden will. Wenn ihr ihn errichtet, verwehrt trotzdem niemandem den Zutritt, der zu uns will. Sonst beschwört ihr am Ende herauf, was ihr fern halten wollt: Feindseligkeit.«

Damit hatte ich wenigstens Ada und Bisi überzeugt. Ngozi hingegen sagte: »Du hast Recht, Tochter Choga. Ein Zaun reicht nicht aus. Wir werden eine Mauer bauen. Eine hohe Mauer.«

»Wie hoch?«

Sie blickte Mama Ada an, eine Frau von mehr als einem Meter siebzig. »So hoch wie Schwester Ada.«

»Wollt ihr drei das denn auch?«, fragte ich die anderen.

Mama Bisi hob die Schultern. »Vielleicht ist es wirklich besser. Wenn diese Unglücklichen erst hier sind, dann ist es zu spät.«

»Woraus wollt ihr diese Mauer errichten? So etwas ist gewiss sehr teuer.«

Mama Ngozis Antwort lautete so, wie ich es erwartet hatte: »Aus Feldsteinen.«

»Glaubt ihr nicht, das geht über unsere Kräfte? Diese Arbeit wird sehr langwierig. Wir dürfen die Frauen nicht überlasten.«

In den entschlossenen Augen unserer vier Ältesten sah ich, dass sie dieses Argument nicht überzeugte. Sie hatten schon ganz andere Dinge geschafft. Wie wir alle. Ich gab mich geschlagen. Was hätte ich anderes tun sollen? Ich hatte einen großen Fehler gemacht, mit der Unwissenheit meiner Gefährtinnen gespielt. Nun reagierten sie wie unter einem Schock. Hätte ich sie in Ruhe vorbereitet und mich erst mit meinen Mamas beraten, dann wäre es gewiss nicht zu dieser Mauer gekommen, deren abschreckende Hässlichkeit ich mir nun in allen Farben ausmalte.

Jetzt konnte ich nur noch eines tun: dafür sorgen, dass der Wall um unsere künftige Oase uns nicht zu sehr einschnürte. Oder dass obendrauf auch noch Glasscherben gesetzt wurden. So wie einst im Harem meines Vaters, wo sie im Sonnenlicht funkelten. Als kleines Kind hatte ich sie für Sterne gehalten, die uns beschützten. Ich wuchs heran und lernte, dass manches, was hinter diesen Mauern geschah, viel schlimmer war als das, was draußen vorging. Das war lange her, und ich hoffte, die Vergangenheit würde nicht wieder aufleben.

Am nächsten Tag teilte Ada alle zum Mauerbau ein. Unsere Arbeit im Heilhaus befreite Efe und mich davon, den unseligen Schutzwall mit errichten zu müssen. Doch meine Gefährtinnen waren keine Maurer. Zuerst fiel jemandem ein Stein auf den Fuß, später häuften sich Zerrungen und Sehnenscheidenentzündungen. Wen ich wieder aufgepäppelt hatte, der machte unverdrossen weiter. Rings um unseren Hof wirkte der felsenreiche Boden schon bald wie aufgeräumt. Nach dem anhaltenden Regen waren die Steine zwar leichter aus dem Erdreich zu lösen, ohne Hacken ging es trotzdem nicht.

Inzwischen hatte ich auch eine neue Patientin aufgenommen und gelegentlich kamen andere Frauen zu kurzen Behandlungen oder Beratungen vorbei. Einige von ihnen brachten ihre Kinder mit. Sie hatten größtenteils aufgequollene Bäuche, ein untrügliches Zeichen für Würmer, was die Mütter zumeist für normal hielten. Die Gespräche erbrachten in fast allen Fällen, dass mangelnde Hygiene die Ursache war. Die wenigsten Höfe verfügten über Latrinen; und durch den Regen begünstigt verbreiteten sich Krankheitserreger rasend schnell. Babys und Kleinkinder mit geringer Widerstandskraft waren von der Ansteckungsgefahr besonders bedroht.

Ich zeigte den Müttern unsere zwei Latrinen. Jene aus Mutters Tagen, hinter dem Flachbau, war simpel konstruiert: ein sechs Meter tiefes Loch, drum herum vier senkrechte Äste mit einer Gabelung am Ende und zwei waagerechten Ästen. Dazu Palmblätter als Sichtschutz, ein Stück Wellblech als Dach. *Das Häusl* hatte meine aus Bayern stammende Mutter es genannt – ich hatte lange geübt, um dieses Wort aussprechen zu können. Ein paar Monate nach unserer Rückkehr hatten meine Gefährtinnen ein weiteres Klohaus errichtet, das wesentlich komfortabler war und über ein Abluftrohr sowie einen zu schließenden Holzsitz verfügte. Das alte Bad im Farmhaus war nicht mehr zu benutzen gewesen.

Die Familien meiner Patientinnen hingegen verrichteten ihre Notdurft im Freien. Ich beschwor sie, zumindest nach dem *Häusl*-Vorbild für mehr Sauberkeit zu sorgen. Die Inspektion unserer Latrinen, die wegen des Brunnens über 25 Meter vom Farmhaus entfernt lagen, ergab außerdem, dass die Mauer entsprechend weit gezogen werden musste. Unsere Maurerinnen stöhnten ...

Eines Tages brachte das Ehepaar Musa seine Tochter Fatima vorbei. Sie hatte sehr hohes Fieber, war kaum ansprechbar und bereits dehydriert. Die Musas hatten in einer von Moskitos geplagten Gegend Verwandte besucht, deshalb tippte ich auf Malaria. Das Kind schwebte in Lebensgefahr.

Ich erlaubte Frau Musa, die nächste Zeit mit ihrer Tochter gemeinsam auf der Heilstation zu verbringen. Das ist übrigens eine in vielen Krankenhäusern in meinem Land durchaus gängige Praxis; sie sparen Pflegepersonal und somit die Angehörigen viel Geld. Die Aufnahme von Angehörigen hatten wir aus Platzmangel und Rücksicht auf unsere Wohnsituation bislang nicht zulassen können.

Durch ihre ständige Anwesenheit erfuhr Frau Musa bald von unserem Mauerbau. Sie fand die Idee sogar ganz toll! Kein Wunder – die Familie lebte ja ihrerseits hinter einer hohen Mauer. Nach dem nächsten Besuch bei Frau und Kind rückte Said Musa mit einem Bagger und zwei Kollegen an. Ich beobachtete staunend, was nun geschah: Meine Gefährtinnen, die sich einst so vehement gegen die Anwesenheit eines Mannes ausgesprochen hatten, standen Seite an Seite mit völlig fremden Männern und schichteten vom Bagger angefahrene Steine aufeinander. Ein paar Tage später brachte Musa mit dem Lastwagen säckeweise Zement, um die ersten Abschnitte gegen jeden Ansturm abzusichern.

Gemeinsam mit Efe beobachtete ich, wie Musa und seine Kollegen mehrmals ihre Arbeit unterbrachen, kleine Gebetsteppiche ausbreiteten, sich gen Osten verneigten, immer wieder aufstanden und erneut niederknieten. Ich stieß Efe an. »Unsere Gefährtinnen igeln sich aus Angst vor Muslimen ein. Dabei sind Musa, seine Familie und seine Helfer selbst welche. Sag mal, kannst du das alles noch verstehen?«

»Die scheinen sich bei uns richtig wohl zu fühlen«, meinte meine Schwester. Wie sehr hatte ich mich gegen jede Art von Einfriedung gestemmt – jetzt musste ich mir eingestehen, dass ausgerechnet die trennende Mauer half, Gegensätze zu überwinden.

Unsere immer zahlreicher werdenden Patientinnen verbreiteten Efes und meine Erfolge. Meist brachten die Hilfsbedürftigen, die zu uns kamen, gleich zwei, manchmal sogar drei Betreuerinnen mit. Da die Heilstation – ausgelegt auf höchstens sechs Patientinnen und je eine Betreuerin – diesen Ansturm längst nicht mehr fassen konnte, schliefen sie auf der Veranda, im Geräteschuppen neben dem immer noch nicht reparierten Traktor und im Freien.

Die Herstellung der Medizin und die Pflege der Frauen und Kinder hielten Efe und mich pausenlos in Atem. Fremde Frauen saßen im Hof, kochten hinter dem Haus ihr Essen, stampften Hirse zu Brei. Einmal ärgerte ich mich darüber, wie eine jüngere Frau, die ich noch nie gesehen hatte, den Hof fegte. Sie stellte sich dabei so ungeschickt an, dass sie den Schmutz verteilte, anstatt ihn zu beseitigen.

Auch Mama Ngozi schlug auf einer unserer Sonntagszusammenkünfte Alarm. »Es sind zu viele Fremde im *compound*. Sie stören den Frieden. Außerdem essen sie auf, was wir in unseren Speichern haben.« Sie blickte in die Runde und verkündete ihre Schlussfolgerung: »Das Heilhaus wird zur Gefahr für unsere ganze Gemeinschaft!«

Nichts lag weniger in meinem Interesse, als für Unruhe zu sorgen. Die Gesundheit meiner *Schwestern* erforderte Stabilität; mit einer Öffnung durch die Aufnahme von Patientinnen wollte ich unseren Hof keineswegs in einen Marktplatz verwandeln. Rat suchend blickte ich zu Ada und Bisi hinüber. Mit sanftem Kopfnicken gaben meine Mamas mir zu verstehen, dass sie Ngozis Einschätzung teilten. Ich sah nur eine Lösung: die Anzahl der Patientinnen auf die ursprünglich geplante Anzahl zu beschränken.

Noch bevor ich meinen Vorschlag einbringen konnte, meldete sich Lape zu Wort. »Wir brauchen die vielen Betreuerinnen«, sagte sie. »Wir haben gar keine Zeit mehr, uns um alles zu kümmern. Sie helfen uns auf dem Hof und im Haus.«

Eine der jüngeren Frauen sprang Lape bei. »Sie fühlen sich bei uns sicherer als in Jeba.«

»Tochter Lape«, widersprach Mama Ada energisch, »wir Älteren haben mit Sorge beobachtet, dass ihr die Anwesenheit der Fremden benutzt, um euch bedienen zu lassen. Doch jene, die zu uns kommen, sollen sich ausschließlich um ihre Verwandten kümmern. Wir dulden nicht, dass hier Dienerinnen beschäftigt werden.«

Eisiges Schweigen folgte. Offensichtlich hatte Ada das Problem richtig erkannt. Aber es lag nicht direkt am Heilhaus. Vielmehr hatten meine *Schwestern* daran Gefallen gefunden, dass sie nicht mehr alles selbst machen mussten. Und das trieb inzwischen teilweise kuriose Blüten. So verbrachte beispielsweise eine alte Frau den ganzen Tag damit, jenen die Tür zu öffnen, die ins Farmhaus wollten.

»Wann wird die Mauer fertig sein?«, erkundigte ich mich. Mama Ngozi beklagte, dass es damit nur sehr langsam vorangehe. Nun trug ich meinen zugegeben etwas hinterhältigen Plan vor: »Wenn ihr auf die Hilfe der Fremden nicht mehr verzichten könnt, so fordert sie auf, euch beim Bau der Mauer zu helfen!«

Ich erntete einen überraschten Blick von Mama Ngozi und ein verschmitztes Lächeln von Mama Ada ... Indirekt rührte diese Idee nämlich von ihr her, und zwar aus einer Fabel, die sie mir als Kind oft erzählt hatte und die aus ihrer Heimat im Norden stammte: Der fleißige Geißbock bekam Besuch vom arbeitsscheuen Hund – so begann diese Geschichte – und freute sich über dessen Gesellschaft. Er beriet den Hund, wo er Nahrung finden könne, und der Hund war stets satt und zufrieden. Dann entdeckte der Geißbock, dass ein Rudel Hyänen sich näherte. Der Geißbock bat seinen Freund, ihm beizustehen, doch der wollte sich zuerst etwas zu essen besorgen. Und er kam nicht zurück. Ohne die Hilfe des Hundes musste der Geißbock sein Zuhause aufgeben und vor den Hyänen fliehen. In unserem Fall nahm die Sache eine ähnliche Wendung. Die vielen Fremden verließen uns, Efe und ich reduzierten die Zahl unserer Patientinnen.

Schließlich konnten wir auch die geheilte Fatima und ihre Mutter nach Hause entlassen. Während ihres Aufenthalts hatte Frau Musa mir erzählt, dass sich ihr Mann einen Sohn wünsche. Doch das wollte schon seit Jahren nicht klappen; statt-dessen hatte sie zwei Fehlgeburten gehabt. Deshalb hatte ich bei ihr mit einer auf lange Zeit angelegten Therapie begonnen. Um die Wahrscheinlichkeit eines männlichen Nachkommen zu erhöhen, musste sie für mindestens drei Monate das gemahlene Pulver der Nüsse des Fruchtbarkeitsbaums in Wasser aufgekocht trinken und vor dem Geschlechtsakt eine Wurzelpastencreme auftragen. Ein Vierteljahr nach der Empfängnis sollte sie wiederkommen, damit ich ihr eine vorbeugende Medizin gegen eine mögliche Fehlgeburt geben konnte.

Nachdem etwas Ruhe eingekehrt war, fand ich wieder ein wenig Zeit, um unsere Felder und die Bewässerungsanlagen zu besichtigen. Danach suchte ich Ada und Bisi auf.

»Wir müssen uns um das Farmland kümmern«, sagte ich. »Fast die Hälfte wird nicht genutzt, außerdem sind die Anlagen in schlechtem Zustand.«

»Das liegt an dieser Mauer«, murrte Mama Bisi. »Seitdem wir sie errichten, vernachlässigen die Frauen die Felder. Irgendwann werden wir eine sichere Mauer haben und nicht wissen, was wir essen sollen.«

»Was ist mit Herrn Musa?«, fragte Mama Ada. »Ich glaube, ich habe ihn schon lange nicht mehr gesehen.«

»Choga hat seine Tochter entlassen.« Mama Bisi hob die Schultern. »Nun kommt er nicht mehr so oft.«

»Mit der Mauer ist jetzt erst mal Schluss!«, forderte Mama Ada.

»Wir sollten neues Saatgut und Ersatzteile für die Bewässerungsanlagen kaufen«, schlug ich vor, »um endlich die Felderträge zu steigern.«

Bei der nächsten Versammlung wurde dieser Plan genehmigt. Damit war die Mauer begraben, sie war nur drei viertel fertig geworden. Mama Ngozi sah ich danach ein paar Tage lang nicht mehr. Schließlich ging ich gemeinsam mit Bisi zu ihr. Ich hatte eine Aufstellung der Ersatzteile dabei, Bisi jenes Geld, das sie von unseren Patientinnen eingenommen hatte. Unsere

Fachfrau für die Finanzen nahm alles wortlos entgegen. Einen Tag später kam sie zu mir.

»Es ist schade«, begann sie, »dass deine Mutter nicht mehr erleben kann, wie du die Farm führst.«

»Ich?«, antwortete ich überrascht. »Das macht doch ihr vier, unsere Ältesten.«

Mama Ngozi legte ihre Hand auf meine. »Ja, Tochter Choga, das versuche ich mir auch die ganze Zeit zu sagen.«

Mit energischen Schritten ging die gebeugte Seniorin tags darauf nach Jeba, um das Material zu bestellen.

Magdalenas Ankunft

Ich hatte bereits geschlafen, als mich ungewohnte Helligkeit weckte. Gleichzeitig hörte ich das Brummen eines Automotors und kurz darauf das energische Signal einer Hupe. Unsere kleine Hündin Hope hatte mich diesmal nicht alarmieren können. Seitdem ich im Heilhaus schlief, war ihr Platz aus Hygienegründen auf der anderen Seite des Hofs im Haupthaus. Schlaftrunken stolperte ich nach draußen und erkannte lediglich die Schatten von zwei Menschen, die aus dem Wagen stiegen. Geblendet hob ich die Hand vor die Augen.

»Choga ... Choga Regina? Bist das du?«

Eine Frauenstimme hatte mich auf Deutsch angesprochen, in einem Tonfall und mit einer Wortwahl, die jener meiner Mutter glich. Die schlanke Gestalt neben dem Auto bewegte sich langsam auf mich zu, sie streckte die Hand nach mir aus. Für einen Augenblick glaubte ich, mein Herz würde aussetzen. War das jetzt ein Traum? Gelegentlich kam es vor, dass Mama Lisa nachts zu mir sprach ...

Die Gestalt näherte sich. Ich konnte mich nicht bewegen.

»Ich bin's, Magdalena. Tut mir Leid, dass wir so spät erst kommen. Wir haben den Weg nicht gleich gefunden.«

Magdalena! Endlich! Sie war gekommen! Und wie schon bei unserem ersten Treffen 16 Monate zuvor fühlte ich mich völlig hilflos. Nun stolperte ich ihr entgegen und redete wieder nur dummes Zeug. »Ich habe schon gedacht, du hättest es dir anders überlegt.« Ich redete natürlich Deutsch und merkte sofort, dass ich zunächst nach Worten suchen musste. Ich gebrauchte Mutters Sprache einfach zu selten.

Es war viel zu dunkel und ich zu aufgeregt, um auf meine Schritte zu achten. Irgendetwas lag im Weg, ich stieß mir die wie immer nackten Zehen – und flog regelrecht in die Arme meiner Schwester. Diesmal gab es keine Fremdheit zwischen uns, wir hielten uns in den Armen, stumm vor Glück.

»Das tut so gut, euch vereint zu sehen«, hörte ich Amaras Stimme. Meine Ratgeberin aus Lagos, inzwischen noch runder geworden, umschlang uns mit ihren kräftigen Armen, die mich schon in so mancher Lebenskrise gehalten hatten. Die Rührung überwältigte sie wohl noch mehr als uns beide. »Meine Töchter«, sagte sie immer wieder und putzte sich erst mal geräuschvoll die Nase. In nur einem Tag war sie die über 1000 Kilometer lange Strecke gefahren, um meine Schwester aus Lagos, wo Magdalena angekommen war, zu mir zu bringen.

Auf der Veranda wurde nun die Kerosinlampe entzündet. »Choga, wer ist denn gekommen?«, fragte Mama Ada. In ihrem Gefolge fegte die kleine Hope wie ein Wirbelwind ins Freie, tat ihr Bestes, um zu beweisen, dass sie schon ein kleiner Wachhund war, bellte mit heller Stimme und sprang aufgekratzt wechselweise an Magdalena, Amara und mir hoch.

Ich hakte meine Schwester auf der einen Seite unter, Amara auf der anderen. Jene Frau, der ich es verdankte, dass ich den Weg einer Heilerin eingeschlagen hatte. Inzwischen waren drinnen alle Lampen entzündet worden, über die wir verfügten. Als wir die Eingangshalle mit der weit schwingenden Treppe betraten, war sie voller Menschen. Gut 20 plötzlich gar nicht mehr verschlafene Frauen und Kinder waren hellwach, um Magdalena und Amara zu begrüßen. Dann stimmte jemand – ich glaube, es war Bisi – ein fröhliches Lied an, das die anderen mit rhythmischem Klatschen begleiteten.

»*Welcome to our home! Welcome, Magdalena! God bless you, Magdalena!*«

Ich hätte jede einzeln dafür umarmen können, dass sie meine deutsche Schwester mit solch einer unvoreingenommenen Gastlichkeit willkommen hießen. Mit großen Augen blickte

Magdalena in die Runde der Versammelten. Einige, wie meine Lieblingsmamas Bisi und Ada, waren ihr von ihrem letzten Besuch vertraut. Aber da waren so viele neue Gesichter, die sie noch nicht kannte.

»Danke«, sagte sie gerührt auf Englisch. »Ich bin total glücklich ...« Weiter kam sie nicht. Ihre Stimme versagte und sie musste sich erst mal räuspern.

Bisi trat auf sie zu. »Ich bin die Älteste hier. Mein Name ist ...«

»Mama Bisi«, ergänzte Magdalena ergriffen. »Ich habe dich nicht vergessen. Wie geht es dir?«

Bisi strahlte unsere Besucherin an. »Willkommen. Möge unser Zuhause auch dein Zuhause sein.«

Etwas abseits stand Josh und zupfte verlegen an seinem viel zu großen T-Shirt herum. Ich streckte ihm beide Hände entgegen, woraufhin er wie erlöst auf mich zustürmte.

Magdalena beugte sich zu ihm hinunter. »Kannst du dich noch an deine deutsche Tante erinnern?«, fragte sie.

Josh nickte heftig, aber stumm mit dem Kopf.

»Du bist ganz schön gewachsen«, meinte meine Schwester anerkennend.

»Du siehst *completely* anders«, entgegnete Josh.

Ein kurzer Blick aus Magdalenas Augen traf mich. Aber sie sagte nichts zu mir. Sondern fuhr Josh durchs Haar.

»Wieso sehe ich *ganz* anders aus?«, fragte sie.

»Dein *hair* is grau.«

»Meine *Haare,* ja. Wenn man älter wird, kommt das manchmal vor.«

»Magdalena wird uns morgen alles erzählen.« Mama Ada hatte sich in die Mitte unserer kleinen Versammlung geschoben. Energisch klatschte sie in die Hände. »Es ist Zeit, ins Bett zu gehen, Schwestern. Wir haben morgen viel vor.«

»Warte, Mama Ada«, protestierte Magdalena, »ich habe für euch alle doch Geschenke mitgebracht.«

Aufgeregtes Gemurmel ertönte. Mehrere Gesichter, denen

ich die leichte Enttäuschung schon angesehen hatte, hellten sich auf. In meinem Land kommt niemand ohne Mitbringsel in ein fremdes Haus. Wer zu Gast ist, zeigt seine Wertschätzung sofort. Natürlich würde sich niemand offen beklagen, wenn die Geschenke ausblieben. Doch wenn Weiße kommen, was in unserem Fall ja noch nie geschehen war, ist die Erwartung umso größer ...

Mit Magdalenas Ankunft fiel Weihnachten auf den August. Die Frauen und Kinder scharten sich um Amaras alten Mercedes, dessen Kofferraumdeckel offen stand. Darin verbarg sich das wertvollste Geschenk von allen – ein Generator. Dieser kompakte, hochmoderne Apparat erfüllte uns einen Traum: Das umständliche Entzünden der Kerosinlampen würde in absehbarer Zeit ein Ende haben.

»Wie hast du den denn ins Flugzeug bekommen?«, fragte ich verblüfft.

Magdalena verdrehte als Antwort nur die Augen – sie hatte, wie sie später berichtete, am Zoll einige Probleme damit gehabt. Nun wurden die hinteren Wagentüren geöffnet und die vielen Kisten und Pakete auf der Rückbank bestaunt. Magdalena, meine praktisch veranlagte deutsche Schwester, hatte ihren Haushalt weitgehend aufgelöst. Was wir im Haus an Schätzen ausbreiteten, verschlug uns förmlich die Sprache: silberne Töpfe, Bettwäsche, Handtücher und viel Besteck lagen da neben Ketten und sogar Armbanduhren. Für Mama Bisi, die so gern im Garten werkelte, gab es Scheren und anderes Nützliches; Mama Ada freute sich über Kellen, Wasserwaage und andere Sachen, die bislang ihr Improvisationstalent ersetzt hatte. Und für die Kinder gab es Puzzles, Bilderbücher und Puppen sowie Wörterbücher, Stifte, Hefte und Tafeln. Magdalena als Lehrerin wusste eben, was der Nachwuchs brauchte. Dann waren da noch meterweise Stromkabel, Lichtschalter und Lampen, damit wir wieder Anschluss an die Moderne finden konnten. Außerdem entdeckte ich zwei Koffer voll Blusen, T-Shirts, Kleider und Röcke nebst jeder Menge Nähzeug, falls die für europäische Maße bestimmten Sachen nicht zu unseren Hüften passten ...

Schließlich reichte Magdalena mir, die ich mir diese Bescherung mit offenem Mund angesehen hatte, zwei Kartons. Darin lagen orthopädische Sportschuhe. Das war zu viel für mich. Mit Tränen in den Augen schloss ich meine Schwester, die mir wie eine Himmelsbotin erschien, in die Arme. Mein ganzes Leben lang hatte ich von solchen Schuhen geträumt, die in Nigeria nicht für Geld und gute Worte zu bekommen waren. Mit zitternden Fingern zog ich sie an. Ich schaffte es nicht. Die Aufregung machte es mir unmöglich, eine korrekte Schleife zu binden. Magdalena half mir.

Und dann tat ich meine ersten Schritte. Ich war damals 25 Jahre alt. Seitdem ich laufen gelernt hatte, schwankte ich wie ein Schiff auf hoher See. Nun aber lief ich gerade – eine Absatzerhöhung, elegant in den Schuh eingearbeitet, glich meinen extremen Beckenschiefstand so wundervoll aus, dass ich zum ersten Mal nicht mehr humpelte. Dass von nun an niemand meine Behinderung bemerken würde, war nicht das Wichtigste. Endlich würden mir die vielen weiten Strecken, die ich zu Fuß und ohne Schuhe zurücklegen musste, nicht mehr als nächtliche Schmerzen hinterherhinken.

Für Joshua hatte Magdalena schicke Sportsachen und -schuhe ausgesucht. Da mein Sohn noch nie in seinem Leben in einen Fernseher geguckt hatte, sagten ihm die Markennamen nichts. Überdies war mein sechsjähriger Junge ans Barfußlaufen so sehr gewöhnt, dass es mein Vorbild brauchte, um ihm in die Schuhe zu helfen.

Inzwischen trägt er sie leider nicht mehr; kurz danach hatte er einen Wachstumsschub. Er geht lieber mit nackten Füßen. Joshua ist eben ein echtes Naturkind. Das hat mittlerweile auch Magdalena eingesehen.

Ein großes Paket hatte die ganze Zeit unausgepackt bereitgelegen. Magdalena und Amara überreichten es mir – es war die Erfüllung meiner Wunschliste fürs Heilhaus. Wie ein kleines Kind freute ich mich darauf, mich am nächsten Tag ans Auspacken zu machen.

Die Versammlung löste sich nach stundenlangem Ausprobieren der neuen Sachen auf. Mama Ada, deren strenges Durchgreifen in solchen Momenten unerlässlich war, brachte die Kinder ins Bett. Ich führte Magdalena in mein früheres Zimmer, das inzwischen mit einem richtig großen Bett ausgestattet war, von Ada selbst gezimmert.

Meine Schwester blickte sich anerkennend um. Ostern 2000, als sie das einzige Mal hier gewesen war, hatte das Haus noch einem Schlachtfeld geglichen. Jetzt war sein kolonialer Charme immerhin noch an der Architektur zu erkennen: den großzügigen Räumen, der breiten Verandafront, dem hohen Walmdach. Doch der Putz an den Wänden löste sich ebenso auf wie die Bohlen der Veranda. Immerhin waren die Zimmer gemütlich, die Veranda unser eigentliches Wohnzimmer. Ich wusste, dass wir für örtliche Verhältnisse geradezu königlich lebten. Das Dach, ein Flickwerk verschiedenster Altbleche, trotzte den sintflutartigen Regenfällen, die auch später in dieser Nacht wieder einsetzten.

Nachts wird es bei uns auf dem Jos-Plateau oft empfindlich kühl. Daher verteilte Mama Bisi fürsorglich Decken und Becher mit heißem Tee. Magdalena musterte mich. »Du bist schmaler geworden, Choga Regina. Mir scheint, dass du sehr viel arbeitest.«

Wir unterhielten uns auf Englisch, so wie wir es bei Magdalenas erstem Besuch in Nigeria gemacht hatten, wenn die anderen Frauen anwesend waren. Sie sollten in unser Gespräch einbezogen werden und nicht das Gefühl bekommen, ich wollte meine Schwester für mich allein haben.

Bisi und Ada berichteten vom Heilhaus und der Schule und Amara war von unserem Fleiß begeistert. Auch ich glaubte, unsere Bilanz könne sich sehen lassen. Doch dann legte Magdalena den Finger in eine kleine Wunde. »Joshua scheint nur noch wenig Deutsch zu sprechen.« Das war mir auch aufgefallen, als er seine Tante begrüßt hatte. Ich redete mit ihm zumeist Englisch, oft sogar das ortsübliche Haussa, wenn andere dabei waren.

Doch Joshs Bemerkung, auf die meine Schwester sich bezog, war zutreffend. Die fast grauen Haare umrahmten Magdalenas schmales, leicht gebräuntes Gesicht zwar sehr modisch, ließen sie allerdings älter erscheinen, als sie mit ihren fast 43 Jahren tatsächlich war. Sie hatte in Deutschland viel zurückgelassen und suchte einen neuen Lebensinhalt. Dieser Gedanke machte mir auch Angst. Hatte ich überhaupt die Kraft, meiner wiedergefundenen Schwester Halt zu geben?

Ich sprach all das nicht aus. Dass die Geborgenheit unserer Gemeinschaft auch Magdalena schützen könnte, daran zweifelte ich keinen Moment.

Zärtlich legte Mama Bisi Magdalena die Decke um die Schultern und sorgte dafür, dass sie genug Tee hatte. Ich erinnerte mich an die Innigkeit, mit der sie einst »ihre« Lisa verwöhnt hatte. Magdalena war jetzt in dem Alter, in dem meine Mutter in Papa Davids Harem gekommen war. Wurde ich etwa Zeugin, wie sich hier etwas wiederholte, wie sich die Weltenuhr unmerklich um Jahrzehnte zurückdrehte? Nicht für mich, sondern für Bisi ...

Magdalena riss mich aus meinen Gedanken. »Wie viele Kinder werde ich eigentlich unterrichten?«, fragte sie.

»Klingt sie nicht wie Lisa?« Amara blickte Ada und Bisi amüsiert an. Dann sagte sie zu uns Schwestern: »Wisst ihr eigentlich, dass eure Mutter meinen Hausangestellten Unterricht gegeben hat, kaum dass sie sich von einer schweren Depression erholt hatte? Sie mochte niemals zusehen, sondern griff immer ein. Lisa war eine starke Frau.« Mit ihren großen Händen rieb Amara sich die Augen. Für sie war Mutters Tod noch immer eine Wunde; obwohl die beiden Frauen sehr unterschiedlich gelebt hatten, waren sie sich innerlich immer sehr nah gewesen.

Die lange Autofahrt hatte die alte Heilerin ermüdet. Doch

um ein Bett zu bitten – dazu war sie zu höflich. Ich war so stolz auf mein Heilhaus, dass ich es meiner ersten Lehrerin noch in der Nacht zeigen wollte. Meine Schwester wusste ich bei meinen Mamas in besten Händen; Amara würde diese Nacht in meinem neuen Reich verbringen.

Das Lebensrad

Festgezurrt auf dem Dach von Amaras Mercedes lag noch ein großer Sack, den wir nun mit vereinten Kräften ins Heilhaus schafften. Er enthielt eine Vielzahl von Kräutern aus dem Regenwald im Süden von Nigeria, die auf der Hochebene nicht wachsen. Ich machte mich am nächsten Tag voller Dankbarkeit daran, sie auszupacken, während sich meine mütterliche Mentorin im Heilhaus interessiert umblickte. Sie stellte ein paar Fragen zu meinen Kräutern und Werkzeugen, meinen Patienten und meinen Heilmethoden, prüfte die Kräuterauszüge und Tinkturen für die Kranken und warf einen Blick in die Station, die nur mit zwei Patientinnen belegt war.

Atemlos beobachtete ich sie. Was ging wohl in ihr vor? Erinnerte sie das alles an die Anfänge ihrer eigenen Praxis in Lagos? Sah sie womöglich Fehler, die ich nicht erkannte? Ihre Miene verriet nichts. Wir kehrten ins Heilhaus zurück, setzten uns auf den Boden, um die mitgebrachten Pflanzen zu sortieren. Amara lächelte zufrieden.

»Gut«, sagte sie und nickte bedächtig. »Es ist so, wie ich es mir für dich erhofft hatte und vor allem für die Menschen, die deine Hilfe brauchen. Ich werde ein paar Tage bei euch bleiben. Es gibt noch einiges, was du wissen musst.« Sie musterte mich aufmerksam. »Mit wem berätst du dich?«

»Es gibt niemanden, der weiß, was du weißt, Mama Amara. Ich habe Mama Bisi. Und ich habe meine Schwester Efe. Ich lerne sie jetzt an, falls mir einmal etwas zustößt.«

»Mama Bisi ist wie eine Mutter. Sie kann dich nicht beraten wie eine Lehrerin. Wer ist Efe? Kenne ich sie? Ist sie gesund?«

Beides musste ich verneinen. Erneut nickte Amara mehrere Male. Sie schien sich selbst einen Gedanken zu bestätigen, den sie mir noch nicht mitgeteilt hatte.

Einst hatte sie aus mir, einer HIV-positiven, verstörten 19-Jährigen, durch ihre verständnisvolle Zuwendung eine Frau geformt, die bereit war, später einmal in ihre Fußstapfen zu treten.

»Du bist so jung«, begann die erfahrene Heilerin, »und dennoch schon so alt. Ich glaube, Menschen, denen die Jugend gestohlen wurde, durchlaufen das Rad des irdischen Lebens schneller. Plötzlich ist es zu spät. Sie können nicht mehr innehalten und brechen entkräftet zusammen. Ihr Lebensrad gerät ins Taumeln. Verstehst du, was ich meine, Choga?«

»Ja, ich glaube schon«, flüsterte ich. Ich sagte nicht, dass ich mich völlig gesund und eigentlich stark genug fühlte. Nicht nur mein Beruf hatte mich gelehrt, dass dies keine Argumente waren, wenn es um die Arbeit einer Heilerin ging.

Wir wissen, dass unser Leben dem Wasserholen am Brunnen gleicht. Wir laben uns an dem frischen Nass, tragen es auf unseren Köpfen zu unseren Familien und versorgen sie damit. Das Wichtige daran ist, dass das Wasser nicht bei uns bleibt – wir geben es weiter. So hat es mich meine weise Lehrerin Ezira gelehrt.

»Efe ist also nicht die Richtige, um mein Wissen zu empfangen?«, fragte ich Amara.

Die alte Frau antwortete mit einer Gegenfrage: »Kann sie es weitertragen?«

»Wen könnte ich sonst einweihen?«, erkundigte ich mich. »Es ist niemand hier.« Amara konnte mir in diesem Punkt nicht weiterhelfen. Ich selbst müsse die Antwort finden, sagte sie. Nicht jetzt. Irgendwann. Wenn die Zeit gekommen sei.

Neben ihrem Bett hatte meine Schwester das Foto einer blond gelockten jungen Frau aufgestellt. Sie posierte vor einem Haus, das wie ein Boot auf dem Wasser schwamm. Eine mädchenhaft unausgereift wirkende Handschrift hatte darüber geschrieben:

Liebste Mama, hier wohne ich jetzt. Darunter: *Deine Kati*

Magdalena drehte das Bild um und ließ mich lesen, was dort in der gleichen Schrift geschrieben stand: *Gestern hat Michael dieses Haus für uns gekauft. Ein Traum ist wahr geworden.*

Ich konnte mit alldem nichts anfangen. »Wer ist Michael?«, fragte ich.

»Ihr Freund.« Magdalena seufzte. »Er ist viel älter als Kati.«

»Wenn Sie mit ihm glücklich ist ...«, meinte ich.

Ich sah in Magdalenas Gesicht, dass sie davon nicht ausging. »Sie hat in den USA als Au-pair-Mädchen bei einer Familie gearbeitet, die mit Michaels Familie befreundet ist«, erzählte meine Schwester. »Deren Kinder hat sie betreut. So hat sie ihn auch kennen gelernt. Durch Michaels Sohn. Er ist verheiratet.«

Schon ihre eigene Scheidung bedeutete nach Magdalenas katholischer Überzeugung einen Verrat an ihrem Glauben. Das Liebesleben ihrer Tochter stellte diese Überzeugungen nun endgültig auf den Kopf. Ich konnte ihr dabei nicht helfen; mein eigenes Leben hat mich gelehrt, dass gegenseitige Liebe wichtiger ist als das Festhalten an religiösen Regeln. Ich muss allerdings einschränken, dass ich den westlichen Lebensstil zu wenig kenne, um dieses Urteil auf alle Menschen auszudehnen.

»Ich wollte nach New York fahren, wo die beiden lebten, um den Mann, den meine Tochter liebt, kennen zu lernen«, sagte Magdalena. »Aber es hieß, dass sie umziehen wolle, weil Michael einen neuen Job in Seattle bekam. Das ist die Stadt auf dem Foto.« Niedergeschlagen blickte sie zu Boden. »Das war jedoch nicht der wahre Grund. Kati will nicht, dass ich an ihrem Leben zu sehr Anteil nehme. Mein Rat ist nicht mehr gefragt.« Leise setzte sie hinzu: »Sie ist alles, was ich habe.«

»Du hast jetzt auch uns«, verbesserte ich mild. »Gib deiner

Tochter Zeit. Sie muss zu sich selbst finden. Sie hat sich abgenabelt von dir. Das gehört zum Erwachsenwerden dazu.«

»Du bist nur fünf Jahre älter als meine Tochter«, sinnierte Magdalena. »Aber du bist eine erwachsene Frau. Kati ist doch noch ein Kind.«

»Sie fühlt gewiss nicht mehr wie ein Kind.«

»Und redest wie eine reife Frau.« Meine deutsche Schwester musterte mich. »Was macht eigentlich deine Gesundheit? Hast du ... es ... im Griff?«

»Den Virus? Du kannst darüber offen sprechen, Magdalena. Wir alle tun das. Es ist der beste Weg, mit HIV umzugehen. Die Krankheit als einen Bestandteil von uns selbst zu begreifen. Damit leben, auf die Signale des Körpers lauschen. Ohne das Gras wachsen zu hören.« Ich grinste. »Hat Mutter immer gesagt. Wir haben hier ja nicht so viel Gras.« Ich erhob mich. »Komm mit, ich zeige dir endlich mal mein Heilhaus. Ich muss ohnehin Mama Chogas Tee zubereiten.« Auf dem Weg erklärte ich ihr, worum es sich dabei handelte.

»Dieses Gebräu stärkt wirklich die Widerstandskraft?« Magdalena staunte noch mehr, als sie die ihr wohl recht unscheinbar vorkommenden Zutaten sah. »Du verwendest nur diese Kräuter? Und die allein helfen?« Ich bestätigte es. »Weißt du, dass Aids-Medikamente bei uns ein Wahnsinnsgeld kosten?«, fragte sie. Ich hob die Achseln. »Choga Regina, verkauf das Rezept. Du bekommst dafür viel Geld. Damit könntet ihr alle ein Leben ohne finanzielle Sorgen führen.«

»Wir brauchen kein anderes Leben als dieses.« Ich blickte sie nachsichtig an. »Reichtum macht Menschen nicht glücklich. Ich habe in Lagos gelebt und viele wohlhabende Leute gesehen. Sie fahren große Autos, tragen teuren Schmuck, haben ein Haus mit Swimmingpool. Gibt ihnen das inneren Frieden? Und wenn ja, warum brauchen sie dann hohe Mauern mit Scherben obendrauf?«

»Du könntest vielen Menschen helfen«, wendete sie ein.

»Ich helfe an der Stelle, an die Gott mich gestellt hat. Hier ist meine Aufgabe. Wenn ich hinausgehe in die Welt, um mein Wissen Fremden zur Verfügung zu stellen – wer kümmert sich dann um meine Gemeinschaft?«

»Die Mamas, ich!«, rief sie. Ich sah ihr an, dass sie mich nicht verstand. Noch nicht. Sie war erst zu kurz hier.

Gewissermaßen in der Nachbarschaft, in Jos, befindet sich das große nigerianische Forschungszentrum für Aids. Die Vorstellung, Ärzten oder wem auch immer meine Pflanzen und deren Wirkung erklären zu müssen, ist mir ein Grauen. Ich mag keine Krankenhäuser und auch nicht die herablassende Art, mit der studierte Leute Menschen wie mich behandeln. Wer als Heiler allein auf die Natur baut, wird von ihnen verlacht und für unzurechnungsfähig erklärt. Doch ist das nicht der einzige Grund.

Ich versuchte Magdalena zu erklären, was ich meinte. »Sie würden durch meine Kräuter so viel Geld verdienen wollen, wie jene Medizin kostet, die sie erfunden haben. Und die wir uns nicht leisten können. Heilen und Geld verdienen, das gehört einfach nicht zusammen.«

»Heilst du denn, ohne Geld zu nehmen?«, fragte sie entsetzt.

»Mama Bisi nimmt es entgegen, doch sie verlangt nicht viel mehr als den Selbstkostenpreis. Glaube ich. Ich habe sie nie gefragt. Weil ich es gar nicht wissen will. Es kommen so viele Menschen, die keinen Arzt und keinen Heiler bezahlen können. Bisi, Efe und ich, wir sind ihre ganze Hoffnung.«

Ich sah meiner deutschen Schwester an, dass sie etwas bedrückte, was sie sich nicht auszusprechen traute. »Bei keiner von euch ist die Krankheit bislang ausgebrochen?«, fragte sie endlich, und ich bestätigte es. »Was tust du, wenn es wirklich einmal schlimm kommt?«, hakte sie nach.

Ich verstand nicht, worauf sie hinauswollte.

»Ich meine, wenn jemand wirklich lebensgefährlich erkrankt, Choga Regina. Ich habe mich mit dieser Krankheit beschäftigt«, sagte sie. »Ein Husten zum Beispiel kann sich zur

Lungenentzündung auswachsen, gar zur Embolie führen. Was machst du dann?«

»Zunächst mal verhindern, dass es so weit kommt, also vorbeugen«, antwortete ich. »Alle genau beobachten, das kleinste Anzeichen wahrnehmen.«

»Hier leben eine Menge Menschen«, entgegnete sie. »Führst du ein Protokoll, wenn jemand Symptome entwickelt?«

»Was für ein Protokoll?«, fragte ich ratlos.

Sie reichte mir ein dickes Buch mit leeren Blättern. »Hier, wir nennen so etwas eine Kladde. Wäre es nicht besser, du würdest alles genau aufschreiben, dir Notizen machen, damit du nichts vergisst?«

»Danke«, sagte ich und legte die so genannte Kladde zur Seite.

»Du hältst wohl nicht viel davon«, erkannte Magdalena scharfsinnig. Ich bestätigte, dass solch ein Vorgehen bislang nicht zu meiner Art des Lebens passte. Nun bohrte sie weiter. »Gesetzt den Fall, jemand braucht wirklich ein Antibiotikum? Was ist dann?«

»Es ist alles hier. Amara hat meine letzten Bestandslücken geschlossen.« Ich deutete auf meine nach ihrem Vorbild ordentlich sortierten Kräuter. »Die Natur hat auf alles eine Antwort. Es geht auch ohne Chemie. Du brauchst dir keine Sorgen zu machen.«

Ihre Miene verriet, dass meine Worte sie nicht überzeugten. Ratlos glitt ihr Blick über die getrockneten, pulverisierten oder zu kaltem Auszug verarbeiteten Zutaten. »Was für ein Aufwand«, murmelte sie. »Wie viel Zeit verbringst du damit, all das herzustellen?«

»Jeder erhält nur, was er wirklich braucht. Niemand belastet seinen Körper mit zusätzlichen Wirkstoffen, die überflüssig sind. Das ist ein Vorteil, der jeden Aufwand mehr als rechtfertigt.« Mir fiel ein, dass ich in ihrem Zimmer eine Packung mit Tabletten zur Malaria-Prophylaxe gesehen hatte.

»Wie lange willst du bleiben?«, fragte ich. Sie habe sich erst mal für ein Jahr beurlauben lassen, antwortete sie. »Willst du die ganze Zeit das Malariamittel nehmen?«, erkundigte ich mich.

»Das Tropeninstitut hat mir dazu geraten«, meinte meine deutsche Schwester.

»Mutter hat jahrzehntelang in Afrika gelebt und nichts genommen. Diese Mittel schwächen den Organismus nur unnötig.« Ich zeigte ihr ein paar unscheinbare nussförmige braune Früchte. »Damit habe ich ein Kind kuriert. Fatima, du wirst sie unterrichten. Als ihre Eltern sie zu mir brachten, war sie schwer krank. Du kannst deine Prophylaxe ruhig absetzen«, schlug ich vor.

Magdalena betrachtete die Früchte nachdenklich und sah dann schweigend zu, wie ich mich an die Arbeit machte. Plötzlich öffnete sich hinter uns die Tür zur Heilstation. Amara kam herein, in ihrem Gefolge Efe.

»Ich hatte Recht, Choga, es ist wirklich ein Hautpilz!« Efe strahlte übers ganze Gesicht, während sie sich, inzwischen schon routiniert, die Einweghandschuhe auszog. Am Morgen war eine Frau aufgetaucht, die wegen offener Füße und starker Schmerzen kaum mehr gehen konnte. Ich hatte die Behandlung Amara und Efe überlassen, weil meine Mentorin sich eine Meinung über Efes Befähigung zur Heilerin bilden wollte.

Ich fing einen Seitenblick Amaras auf; irgendetwas schien ihr nicht zu behagen, sie sagte jedoch nichts.

Gemeinsam gingen wir hinüber zu der neuen Patientin. Am Boden neben ihrem Bett kauerten vier Frauen, daneben spielten friedlich zwei Kinder. Ein normaler Anblick. Solange nicht mal die Hälfte unserer Station belegt war, hatte ich nichts dagegen. Vor allem nicht in Fällen wie diesem: Die Patientin hatte ihre Mutter, zwei Mitfrauen und ihre Schwester mitgebracht. Es war nötig, sie alle auf mögliche Ansteckung hin zu untersuchen, ebenso wie die Kinder. Nur die Mitfrauen zeigten Anzeichen der beginnenden Erkrankung.

»Das ist ja sehr praktisch, wie ihr das macht«, stellte Magdalena fest. »So kann man gleich eine ganze Familie kurieren.«

»Sie hat noch zwei Mitfrauen«, wusste Efe.

»Dann schick die Schwester los, sie soll die beiden auch noch holen«, schlug ich vor. Dann musterte ich Magdalena. »Siehst du, das meine ich. Wenn die das alles bezahlen müssten – der Mann dieser vielen Frauen würde arm werden.«

»Oder keine seiner Frauen behandeln lassen«, fügte Efe hinzu.

»Und jetzt wird Bisi gar nichts verlangen?«, fragte meine deutsche Schwester.

»Doch, das sollte sie auf jeden Fall. Wenn die Leute alles umsonst bekommen, dann glauben sie, dass die Behandlung nicht hilft«, widersprach Amara, geschult von jahrzehntelangem Umgang mit Patienten.

Später nahm sie mich beiseite. »Das Wissen einer Heilerin sollte nur jenen zugänglich sein, in deren Hände es gehört«, mahnte sie.

»Du meinst, weil ich Magdalena habe zusehen lassen, als ich meine Medizin zubereitete?« Ich lachte. »Damit kann sie doch gar nichts anfangen. Für sie sieht das alles gleich aus.«

»Ich weiß, Choga, sie ist deine Schwester und sie ist ein guter Mensch«, sagte Amara. »Doch darum geht es nicht. Dein Wissen ist ein wertvolles Geschenk. Achte darauf, mit wem du es teilst. So, wie du selbst gesund sein musst und deine Gedanken und Gefühle rein, wenn du die Medizin zubereitest, so gilt das auch für jeden, der dabei in deiner Nähe ist.« Sie sah mich an, als wollte sie sagen: Das beherzigst du doch hoffentlich?

Ihre Warnung war zur rechten Zeit gekommen. Noch war meine deutsche Schwester zu sehr vom westlichen Denken geprägt, als dass ich sie über meine Schulter blicken lassen durfte.

Schulsorgen

Magdalena legte in ihrer kleinen Schule los, als hätte sie nichts sehnlicher erwartet als diese neue Aufgabe – etwas mehr als eine Hand voll wissensdurstiger Kinder zu betreuen. Wann immer ich an dem Haus vorbeikam, hörte ich fröhliches Singen und Lachen. Wenn Magdalenas Unterricht so aussah, wäre ich nur zu gern bei ihr zur Schule gegangen.

Den wirklichen Grund für das Glück von Lehrerin und Schülern beschrieb meine Schwester mir so: »Da ist eine solche Dankbarkeit bei euren Kindern.« Sie strahlte übers ganze Gesicht. »Sie sind froh, dass ich gekommen bin. Sie wollen so viel wissen. Sie sind so folgsam und bescheiden in ihren Wünschen. Das ist mir in Deutschland nie passiert.« Dann nahm sie mich in die Arme und sagte gerührt: »Danke.«

»Wir müssen dir danken«, protestierte ich. »Du hast alles aufgegeben, um hierher zu kommen.«

Meine Worte hatten ihren Augen jenen Schleier der Melancholie zurückgegeben, einen Ausdruck von Verletzbarkeit, den ich auch heute noch in unseren stillen Momenten oft an ihr beobachte. Irgendetwas beunruhigte sie offensichtlich, und ich bedrängte sie, ihr Herz davon zu befreien.

»Wir haben neulich über HIV gesprochen«, meinte Magdalena. Sie blickte mich ernsthaft an. »Wie gehen die Kinder eigentlich damit um?« Ich verstand nicht, worauf sie hinauswollte. »Die kleine Fatima ist die Einzige, die nicht infiziert ist, Choga Regina«, sagte sie nachdrücklich. »Wissen Fatimas Eltern von der Erkrankung eurer Kinder?«

»Ich sehe im Moment noch keinen Grund, sie zu informieren«, meinte ich. »Unsere Kinder wissen, dass sie bei Verletzungen zu mir, Bisi oder Efe kommen müssen. Und zwar unverzüglich. Oder jemand muss eine von uns rufen. Darauf sind wir vorbereitet.«

Magdalena musterte mich eindringlich. »Choga Regina, du bist wahrlich eine Meisterin im Verdrängen. Was willst du tun, wenn sich eines der Kinder verplappert? Dann bekommen wir alle großen Ärger!«

»Ach«, wehrte ich ab, »sie werden sich schon nicht mit ihrem Virus brüsten. Für sie ist es normal, dass sie so sind, wie sie sind. Sie können sich gar nicht vorstellen, dass Fatima ein gesundes Kind ist.«

»Es geht nicht nur um Fatima«, erwiderte Magdalena. »Wir werden wohl noch ein Kind dazubekommen. Fatima hat mich gefragt, ob jemand aus Jeba auch noch zur Schule gehen darf.«

Ich fand nicht, dass es einen großen Unterschied machte, ob ein oder zwei gewissermaßen fremde Kinder die Schule besuchten. Doch ein paar Tage später stellte sich heraus, dass Fatimas Eltern offensichtlich so zufrieden mit Magdalenas Arbeit waren, dass sie für die Schule eifrig geworben hatten. So hatten wir bald drei Muslim-Mädchen in unserem Kreis.

Schon kurz nach ihrer Ankunft hatte ich meine Schwester auf die Probleme der vergangenen Monate hingewiesen. »Ich bin nicht als Missionarin hier«, hatte sie nur gesagt und ihr Kreuz unter die Bluse gesteckt.

Die Lösung einer ganz anderen Frage zog währenddessen ungeahnt weite Kreise. Ebenso wie Fatima sprachen auch die beiden anderen Schülerinnen nur lückenhaft Englisch. Joshua spielte im Unterricht den Dolmetscher, was wohl ganz unterhaltsam war, jedoch das Lernen recht schwierig gestaltete. Zunächst versuchte Magdalena, den anstehenden Stoff gemeinsam mit mir vorzubereiten, doch ich hatte nicht immer Zeit. Also wendete sie sich an Ada und legte ihr den englischen Text vor. So kam an den Tag, was niemand gewusst hatte: Ada konnte nicht lesen.

»Im Norden Nigerias, wo ich aufgewachsen bin, gingen nicht viele Mädchen in die Schule«, berichtete Mama Ada meiner Schwester, die mir das Gespräch wiedergab. Es hatte Ada eine Menge Tricks gekostet, später im Harem ihr Unvermögen zu verbergen. Schließlich hatte sie zu Zeiten von Papa David bei den Zusammenkünften auch aus der Bibel vorlesen müssen. Dafür hatte sie den Text auswendig gelernt.

»Was für eine Leistung des Gehirns«, staunte Magdalena. »Was hätte Ada zuwege gebracht, wenn man sie in die Schule gelassen hätte?«

Da auch einige meiner jüngeren Gefährtinnen Schwierigkeiten mit Schreiben und Lesen hatten, entstand die Idee, sie ebenfalls zu unterrichten. Allerdings blieb damit Magdalenas eigentliches Anliegen ungelöst: Sie musste schnellstens Haussa lernen. Da Joshuas Deutschkenntnisse zu wünschen übrig ließen, entstand eine völlig neue Konstellation. Er brachte seiner Lehrerin die hiesige Sprache bei, sie ihm dafür Deutsch. Die wissbegierige Fatima bekam diese spezielle Form der Nachhilfe schnell mit, und nun setzte ein wahrscheinlich einmaliges Sprachexperiment ein: der Deutsch-Haussa-Englisch-Unterricht.

»Es ist faszinierend, wie lernfähig eure Kinder sind«, staunte Magdalena und stöhnte: »Aber ich bin hinterher ganz schön geschlaucht!« Sie absolvierte diesen Crashkurs anfangs ohne Wörterbuch. Erst später brachte Herr Musa ein Haussabuch mit, das alles erheblich vereinfachte.

Fatimas Ehrgeiz färbte auf ihre beiden Mitschülerinnen ab. Nach dem Unterricht blieben sie oft länger und nutzten die Gelegenheit, um ihr Englisch zu verbessern. Damit verschob sich das Ende des Unterrichts bis in die frühen Nachmittagsstunden.

»Führt doch eine Schulspeisung ein«, schlug Amara vor, deren Aufenthalt sich dem Ende zuneigte. Noch bevor wir das in unserer Zusammenkunft beschließen konnten, reiste meine Mentorin wieder ab. Ich vermisste ihre Nähe schmerzlich, denn ich hatte eingesehen, dass ich ihren Rat immer noch brauchte. Trotz Efes und Bisis Anwesenheit im Heilhaus erschien es mir plötzlich sehr leer und ruhig darin.

Unsere nächste Versammlung, an der auch Magdalena inzwischen gewohnheitsmäßig teilnahm, billigte die Schulspeisung ohne Widerspruch. Magdalena übernahm es, mit den zwei betroffenen Elternpaaren das Schuldgeld auszuhandeln, das nun auch das Essensgeld einschloss. Es war ein mehr symbolischer Betrag. Mama Funke hatte sich bereit erklärt, das Schulessen zu kochen. Auch jenes für die drei Musliminnen, wobei die Speisevorschriften eingehalten werden mussten.

Funke, Ngozi sowie ihre beiden Ziehtöchter Elisabeth und Florence waren die Letzten, die noch die weiße Kleidung aus Haremszeiten trugen. Wir anderen mischten inzwischen die bunten Tücher kreuz und quer durcheinander. Magdalena war amüsiert über die vier Traditionalistinnen, zeigte das aber nicht offen. Sie war sehr darauf bedacht, von den anderen akzeptiert zu werden, was ihr auch sehr schnell gelang.

Eines Spätnachmittags kam Magdalena aufgeregt zu mir. »Stell dir vor, Funke hat den Kindern heute ihr Essen gebracht. Du wirst es nicht glauben. Sie trug zur weißen Bluse bunte Kopf- und Wickeltücher!«

»Hat sie das irgendwie erklärt?«, wunderte ich mich.

»Nein, kein Wort. Hast du eine Idee, was das zu bedeuten hat?«

»Ich würde sagen: Wir werden eine Gruppe ganz normaler Frauen«, scherzte ich, »mit einer Schule, einem Krankenhaus und einem Restaurant.«

Untergehakt schlenderten wir über unsere Farm, genossen die friedliche Stimmung und setzten uns schließlich an unseren Lieblingsplatz, neben die Bougainvilleabüsche.

»Ob sie uns zusieht?«, fragte meine Schwester. »Ich glaube, sie wäre ein bisschen stolz auf uns, meinst du nicht?« Magdalena brauchte Mutters Namen nicht zu nennen; es war klar, dass sie von ihr sprach.

An diesem Abend verabschiedete sich die Sonne mit einem dramatischen Glutrot, über das sich schwere Regenwolken schoben. Im Gegenlicht wirkten sie über dem satten Grün und den Ockertönen der weiten, leicht hügeligen Landschaft schwärzlich blau. In der Nacht würden sie wieder unsere Aussaat wässern und die jungen Pflanzen wachsen lassen.

»Ich kann Mutter verstehen, dass sie diesen Ort so geliebt hat«, sagte Magdalena nachdenklich. »Hier scheint wirklich der Frieden zu wohnen.« Sie nahm meine Hand. »Ich bin sehr dankbar, dass ich hier sein darf.«

Mir fiel Amaras Bemerkung über das sich schnell drehende Lebensrad ein. Wir beide, Magdalena und ich, spürten davon nichts. Zumindest nicht an diesem Abend. Wir lauschten den Grillen und dem Wind, der sanft über die Hochebene wehte.

Tanishas Baby

Die nächsten Tage verliefen ohne Aufregung; in der Heilstation befand sich zwar die Gruppe der an einer Pilzinfektion erkrankten Frauen, doch Efe konnte die Betreuung allein bewältigen. Ich brauchte auch damals Phasen der Ruhe, in denen ich den Kontakt mit der Natur suchte. In meiner Jugend war ich dazu in mein Gewächshaus gegangen, wo ich den Anblick der wachsenden Pflanzen genoss. Inzwischen gab mir der Kräutergarten die nötige Kraft. An diesem frühen Morgen zupfte ich Unkraut und schnitt wilde Triebe, um das Wachstum der für uns so wichtigen Pflanzen zu beschleunigen. Plötzlich hörte ich, wie Josh mehrmals meinen Namen rief, obwohl er eigentlich in der Schule sein sollte.

»Efe und Bisi brauchen dich! Mama, komm ganz schnell«, sprudelte mein Sohn hervor.

»Dann muss ich wohl fliegen lernen«, gab ich zurück.

»Mama, es ist wirklich ganz schlimm. Da schreit eine Frau schrecklich!«, rief Joshua erregt. Natürlich dachte ich zuerst an meine Patientinnen. Doch eine solche Krise passte unmöglich zu deren Krankheitsbild.

Unser friedlicher Hof schien sich in meiner Abwesenheit in einen Hexenkessel verwandelt zu haben, in dem alle wild durcheinander liefen. Jetzt drang ein markerschütternder Schrei aus dem Heilhaus. So klang nur ein Mensch, der Höllenqualen litt. Zwei der jüngeren Frauen schleppten eine Blechwanne herbei. Sie kamen aus der hinter dem Haus gelegenen Küche. Warmes Wasser, kombinierte ich. Also eine Geburt.

Ich hastete zunächst in Richtung unserer Küche, um mir die

Hände in heißem Wasser zu waschen. Magdalena und Mama Ada kamen mir entgegen, in ihrer Mitte Said Musa. Die drei diskutierten. Ich winkte ihnen in Eile zu. Wahrscheinlich hatte Musa seine Fatima zur Schule gebracht. Ich glaubte, die drei unterhielten sich über ein entsprechendes Problem, bei dem Ada als Übersetzerin wirkte. Meine Schwester rief mich, aber ich antwortete nur, dass ich jetzt keine Zeit hätte.

Magdalena holte mich ein. »Es ist wegen des Mädchens im Heilhaus. Du musst dringend mit Musa sprechen. Es ist seine Schwester!«

Bisi hatte vorgesorgt. Florence erwartete mich mit heißem Wasser und ich wusch mich hastig. Einer meiner beiden weißen Behandlungskittel, die Magdalena aus Deutschland mitgebracht hatte, hing nicht weit entfernt auf der Wäscheleine.

»Ich rede später mit Musa«, sagte ich unkonzentriert, »hilf mir aus meinen schmutzigen Sachen und gib mir bitte den Kittel.«

Während Magdalena mich auswickelte und hin und her lief, erzählte sie, was während meiner Abwesenheit geschehen war: Musa war mit seinem Lastauto aufgetaucht, auf der Ladefläche Fatima, neben sich seine der Ohnmacht nahe, immer wieder vom Wehenschmerz gepeinigte Schwester. »Sie stammt nicht von hier, sondern aus Kaduna. Den ganzen Weg ist sie zu ihm gelaufen«, gab meine Schwester Musas Bericht wieder.

Das war eine unglaubliche Strecke. Obendrein für eine Hochschwangere. Ein Marsch von Tagen ...

»Sie hätten sie sonst getötet, sagt Musa. Er wusste sich keinen Rat. Ins Krankenhaus konnte er sie nicht bringen. Keine Ahnung, warum. So verzweifelt, wie er ist, wird er seine Gründe haben.«

Ein Wort sprang aus Magdalenas Sätzen hervor: töten. Wer? Warum? Ich hatte keine Ruhe, darüber nachzudenken, und fragte nur nach Namen und Alter von Musas Schwester.

»Sie heißt Tanisha, sie ist gerade 20«, sagte Magdalena noch, dann kehrte sie zur Schule zurück. Eilig lief ich über den

Hof zum Heilhaus. Da trat mir Said Musa entgegen, Mama Ada an seiner Seite. Sie legte ihm die Hand auf die Schulter, damit er mich nicht aufhalten konnte. Er schüttelte sie ab, holte uns ein.

»Tanisha hat gesündigt, das weiß ich, Frau Egbeme. Ich flehe Sie an, helfen Sie meiner Schwester! Ich bin ihr Bruder. Ich bin für sie verantwortlich.« Musas kräftige Hände hatten sich vor seiner Brust zu Fäusten geballt. Aus seinem Blick sprach hingegen Machtlosigkeit. Ada packte ihn jetzt fest an den Schultern und zog ihn zurück.

Ich hatte für ihn keine Antwort; im Hof hatten sich wohl so ziemlich alle meine Gefährtinnen versammelt. Dazu die verbliebenen Muslimfrauen, die es nicht mehr auf der Station gehalten hatte. Irgendein Instinkt sagte mir, dass es nicht gut war, wenn sie all das mit ansahen. Ich konnte dieses Gefühl nicht in Worte fassen, doch trotz all der Aufregung beunruhigte es mich. Mit heftigen Worten befahl ich ihnen zurückzugehen, was sie auch taten.

Bevor ich das Heilhaus betrat, war ich durch Magdalenas Bericht bereits auf eine komplizierte Geburt eingestimmt. Auf meiner Behandlungsmatte am Boden lag die in schwarze Tücher gehüllte Tanisha, die dampfende Blechwanne zu ihren Füßen. Efe versuchte ihr löffelweise Wasser zu verabreichen, wobei sie beruhigend auf die Gebärende einsprach. Aber ein leises Zittern in der Stimme verriet ihre Angst. Bisi kniete neben der Schwangeren, ihr hölzernes Hörrohr auf Tanishas dicken Bauch gepresst. Mit einem kurzen Aufblicken gab Bisi mir zu verstehen, dass die Lage sehr ernst war. Sie wirkte dennoch völlig beherrscht. Im Gegensatz zu mir hatte sie schon viele Geburten erlebt. Inklusive meiner eigenen ...

Während ich sterile Handschuhe anzog, schilderte Bisi leise, was sie herausgefunden hatte. »Die Herztöne des Babys sind sehr schwach und unregelmäßig. Die Fruchtblase scheint vor einiger Zeit geplatzt zu sein, das Kind liegt trocken.« Dann schob sie nach: »Sie ist stark beschnitten.«

»Weiß Tanisha, in welcher Woche sie ist?«, fragte ich.

Bisi schüttelte den Kopf. »Nach meinem Gefühl ist sie zu früh dran.«

Da kam ja allerhand zusammen. Und es war einige Zeit her, dass ich zum letzten Mal eine Frau entbunden hatte. Wenn ich einen Fehler machte – und hier war die Gefahr wirklich groß –, konnte ich Mutter oder Kind verlieren. Wenn nicht gar beide ... Mir war klar, dass ein Krankenhaus jetzt der gefahrlosere Ort gewesen wäre. Vielleicht hätte man dort noch einen Kaiserschnitt machen können. Daran war hier nicht zu denken. Gott hatte mich an diesen Platz gestellt, damit ich half. So betete ich, dass er mich das Richtige tun ließ.

Die Untersuchung ließ eine normale Entbindung, wie ich sie kannte, kaum möglich erscheinen. Tanisha hatte offensichtlich schon einmal ein Baby bekommen. Ihre Beschneidung musste damals schon eine ausgesprochen problematische Geburt verursacht haben. Das stark vernarbte Gewebe ließ darauf schließen, dass sie nach der ersten Geburt einfach wieder zugenäht worden war. Durch die unelastischen Vernarbungen konnte das Baby gar keinen Weg nach draußen finden. Zudem war unmöglich zu erkennen, wie weit der Muttermund überhaupt geöffnet war.

Wieder schrie Tanisha und presste. Was sie jedoch auf keinen Fall mehr tun durfte, denn dadurch war das Kind in großer Gefahr. Ich sah nur eine Möglichkeit – zu schneiden. Allerdings war mir das als Heilerin vom Gesetz her verboten. Darauf konnte ich jetzt keine Rücksicht mehr nehmen. Das Leben von Mutter und Kind hatte Vorrang. Sterile Rasierklingen lagen zum Durchtrennen der Nabelschnur bereit.

In Efes Augen stand das blanke Entsetzen, als ich erklärte, was bevorstand. »Ich werde schneiden, sobald die nächste Wehe kommt. Haltet sie fest.«

Es war seltsam: Die Panik in Efes Gesicht ließ mich schlagartig ganz ruhig werden. Ich glaubte, mir selbst zuzusehen, als ich den Unterleib von Tanisha desinfizierte und die Klinge bereithielt für den einen kurzen Moment, der mir blieb. Niemals zuvor hatte ich mich an solch eine Operation wagen müssen. Dort, wo ich das Heilen gelernt hatte, lebten keine pharaonisch beschnittenen Frauen, deren verstümmelte Weiblichkeit eine normale Geburt zum Alptraum für jede Gebärende und jede verantwortungsvolle Geburtshelferin werden ließ.

Als der erwartete Augenblick da war, führte ich den Schnitt durch. Jetzt konnte ich erkennen, was mir bislang verborgen geblieben war: Der Muttermund war noch nicht weit genug geöffnet. Gegen dieses Problem wusste ich zum Glück Mittel, die ich Efe sogleich herstellen ließ. Für Tanisha viel gefährlicher war die nun erkennbare Verunreinigung unterhalb des Narbengewebes – mit Sicherheit eine Folge der Beschneidung. Während ich den Gebärkanal mit Jod desinfizierte, erklärte ich Bisi, wo jene zerstoßenen Wurzeln des Halskrausenbaumes zu finden waren, die ich brauchte, um den Muttermund weiter zu öffnen. Bisi hatte sie mit Sheabutter zu vermischen. Mit dieser Mixtur bestrich ich den Muttermund und das umliegende Gewebe.

»Tanisha«, sprach ich sie auf Haussa an, »nicht mehr pressen. Atme ruhig und flach.«

Statt Wasser verabreichte Efe der Frau nun löffelweise einen Schuppenrindenbaumtee, um die Geburt zu erleichtern. Wir konnten jetzt nur noch warten und darauf hoffen, dass der gewählte Behandlungsweg der richtige war. Tanisha atmete gleichmäßiger und ruhiger, obwohl sie immer noch starke Wehen hatte. Efe streichelte sanft ihre Hand.

Mama Bisi murmelte leise vor sich hin. Ich konnte sie kaum verstehen. Sie sprach Yoruba, die Sprache ihres Volkes. Es war ein Gebet an die Schutzgöttin Oshun, die Frauen bei Geburten beistehen soll.

Irgendwann begann Tanisha ganz leise zu weinen. »Jetzt wird es gleich so weit sein«, sagte Mama Bisi.

Tatsächlich – der Muttermund war weit geöffnet. Gemeinsam halfen wir Tanisha, eine Hockposition zu finden, in der sie gebären konnte. Nun ging alles unglaublich schnell. Das winzige Kind fand den Weg ins Leben, seinem Zustand nach offensichtlich viel zu früh. Es gab keinen Ton von sich und bewegte sich auch nicht. Haut und Mund hatten einen leicht bläulichen Schimmer. Mama Bisi zögerte keine Sekunde, nahm das hilflose Menschlein hoch und saugte mit dem Mund seinen Schleim ab, um ihm zum Atmen zu verhelfen. Danach durchtrennte sie die Nabelschnur und stimulierte den Kreislauf, indem sie es in heißem Kräuterwasser badete und mit Öl massierte. Anschließend wickelte sie es in die vorbereiteten weißen Baumwolltücher.

»Ein Mädchen«, sagte Mama Bisi. Und ich wusste, wenn jemand es schaffte, der Kleinen den ersten Lebensschrei zu entlocken, dann sie.

Ich musste mich nun um die entkräftete Tanisha kümmern, um die Plazenta zu holen. Da die Nachgeburt sich sehr viel Zeit ließ, führte ich einen Wurzelextrakt des so genannten Wurmbaumes in die Vagina ein, eines mächtigen Baumes, dessen Borke seit alters her in meinem Land als altes Hausmittel bei Wehenschwäche bekannt ist.

Inzwischen war es Mama Bisis Fürsorge zu verdanken, dass unsere Neugeborene die ersten, wenn auch noch sehr schwachen Töne von sich gab. Wir bedeckten Tanishas Leib mit Tüchern, die mit dem heißen wehenfördernden Saft ausgekochter Sheabutterbaumrinde getränkt waren, und massierten ihr sanft den Bauch, um den Uterus zu weiteren Kontraktionen anzuregen, bis wir endlich die Nachgeburt in den Händen hielten.

»Gebt Tanisha viel zu trinken«, mahnte Mama Bisi. »Unsere Kleine hier braucht bald dringend die erste Muttermilch.« Sie lächelte. »Sobald sie weiß, wie sie bei ihrer Mama saugen kann.«

Während ich nun ein Gebräu aus Sheabutterbaumrinde, Hibiskus und einem Wasserextrakt aus frischen, jungen und daher besonders wirkungsvollen Erdnüssen im Heilraum aufkochte, warf ich einen Blick auf das hilflose Geschöpf in den Armen meiner Ziehmama, die mich einst genauso gehalten hatte. Tanishas Neugeborenes wimmerte leise. Es war wichtig, dass das Kind bald an der Mutterbrust trank.

Tanisha ließ sich tapfer die bittere Medizin einflößen, was bestimmt kein Zuckerschlecken war. Die Geburt hatte ihr alle Kraft geraubt. Sie lag völlig apathisch da, bis Mama Bisi ihr die Kleine anlegte, die endlich zaghaft zu saugen begann. Zärtlich blickte Tanisha auf ihre Tochter, war jedoch zu schwach, um sie selbst halten zu können. Bisi, Efe und ich tauschten stumme Blicke. Die Geburt war gut verlaufen. Nun brauchten beide dringend Ruhe, mussten raus aus diesem Raum, in dem es viel zu geschäftig zuging. Gemeinsam begannen wir, Tanisha in saubere Tücher zu wickeln. In die Heilstation durfte sie auf keinen Fall gebracht werden, da dort die Gefahr einer Ansteckung viel zu groß war. Es gab keine andere Möglichkeit, als im Haus Platz zu schaffen.

Draußen hatte sich die Versammlung meiner Gefährtinnen weitgehend aufgelöst. Mama Ada hatte neben dem nervösen Said Musa ausgeharrt. Als ich ihm die frohe Botschaft überbrachte, ergriff er meine Hände. Noch ehe ich verstand, was er vorhatte, küsste er sie.

»Das sollen Sie nicht tun«, wehrte ich ab. »Wir haben unternommen, was jede Hebamme getan hätte, die dazu in der Lage ist.«

»Ich werde Ihnen das nie vergessen. Egal, was Sie jetzt sagen, Frau Egbeme.«

»Wie lange war Ihre Schwester bei Ihnen, bevor Sie sie zu uns gebracht haben?«, fragte ich. Ich wollte die Dauer von Tanishas Wehen herausfinden.

»Sie kam nach Sonnenuntergang«, sagte Said Musa. »Sie schrie die ganze Nacht. Meine Frau wollte, dass ich sie ins Krankenhaus bringe. Doch ich wusste, dass sie dort nicht sicher gewesen wäre.« Ich dachte erst, er spiele auf mangelnde Hygiene an. Nun erklärte er jedoch: »Sie wollen dort keine

Flüchtlinge aus dem Norden. Es gibt noch eine muslimische Klinik. Das konnte ich nicht zulassen.« Er verstummte.

Sie wollen sie töten. Sie hat gesündigt.

So hatte ich Magdalenas kurzen Bericht und Musas Worte bei meiner Ankunft im Ohr. Das Ganze hatte etwas mit Musas Glauben zu tun, das war klar. Jetzt wollte ich nicht weiter fragen. Ich war Heilerin, meine Aufgabe konnte nicht sein, über die Angelegenheiten anderer Religionen zu richten. Außerdem war ich davon überzeugt, Musa würde die gesellschaftlichen Probleme seiner Schwester allein in den Griff bekommen.

Ich bat Musa, am folgenden Tag wiederzukommen und saubere Kleidung für Tanisha mitzubringen. Inzwischen war es später Nachmittag geworden. Magdalena kam mit ihren Schützlingen aus der Schule. Als Josh mich sah, stürmte er auf mich zu.

»Mama, hat sie das Baby?« Offensichtlich hatte sich auch in der Schule inzwischen herumgesprochen, wer die Frau war, die so laut schrie. »Kann ich es sehen?«, drängelte Josh. In unserer Frauengemeinschaft herrschte absoluter Babymangel. Glücklicherweise, wie ich fand. Dass eine HIV-positive Frau ein Kind bekam, war das Letzte, was wir gebrauchen konnten ...

»Später, vielleicht«, versuchte ich ihn vergeblich zu beruhigen.

Josh blickte sich zu seiner kleinen Gruppe um. »Wir wollen alle mit dem Baby spielen.«

»Ich habe euch doch gesagt, dass ...«, begann Magdalena und brach ab. Plötzlich stürmten alle auf einmal los. Mama Bisi war mit dem Neugeborenen auf dem Arm aus dem Heilhaus getreten. Neun Paar Kinderhände streckten sich ihr entgegen, um die Kleine willkommen zu heißen. Mit rührender Zartheit streichelten sie Tanishas Kind.

»Also, Choga Regina, ich weiß ja nicht!« In Magdalenas Stimme schwang unüberhörbar Tadel mit. »Ich habe ihnen extra gesagt, dass ein Neugeborenes sehr empfindlich ist. Und jetzt lässt Mama Bisi zu, dass es alle anfassen. Das kannst du doch nicht erlauben!«

Ihre Empörung war mir unbegreiflich. In meinem Land gehören Kinder den Kindern. Damit ist gemeint, dass sie von Anfang an nicht ausgeschlossen werden, und später erziehen die Größeren die Kleineren. So hatte auch ich es in diesem Haus erlebt, als Mama Ada ihre kleine Tochter Sue ... Aber das war ein anderes Thema; es lag lange zurück, in einer anderen Zeit. Oder doch nicht?

Plötzlich sah ich die kleine Sue wieder in meinen Armen, glaubte ihr zartes Gewicht auf meinem Rücken zu spüren. Damals, nach einer Reise mit Mutter nach Lagos, war ich zurückgekehrt. Und Sue war für immer von uns gegangen. Ich hatte es nicht verstanden. Hatte dieses Erlebnis dazu beigetragen, dass ich überhaupt Heilerin geworden war? Dass ich an diesem Tag ein Baby auf die Welt holen durfte?

»Choga?« Meine Schwester stieß mich sanft an. »Wo bist du?«

»Ich glaube«, sagte ich, »mir wird jetzt erst klar, was geschehen ist. Ich habe einem Menschen geholfen, auf diese Welt zu kommen.« Die Sonne stand bereits tief, ihre Strahlen waren mild und warm. Bevor sie unterging, musste ich ihr danken und sie um Beistand für das Leben bitten, das an diesem Tag in den irdischen Kreislauf eingetreten war.

Said Musa, dieser kräftige Mann, stand neben den Jungen und Mädchen, hilflos, mit hängenden Armen. Jetzt reichte Bisi seiner Tochter Fatima das Baby. Ich fragte mich, ob Herr Musa das Kind auch einmal halten wollte. Wahrscheinlich hatte er Angst, ihm wehzutun. Ich respektierte seine Zurückhaltung, um ihn nicht bloßzustellen. Daher nahm ich Fatima das Baby ab und zeigte es ihrem Vater so, dass er zufassen konnte oder nicht. Er machte keinen Versuch, es zu nehmen. Im Gegenteil, er verschränkte die Arme vor der Brust, die Gesichtszüge versteinert.

Abneigung? Unsicherheit? Oder steckte mehr dahinter?

Das, was er mit »sie hat gesündigt« umschrieben hatte? War die neue Erdenbewohnerin am Ende alles andere als willkommen? Hatte Musa nur das Leben seiner Schwester retten wollen, weil er sich »verantwortlich« fühlte? Und nicht, weil er ihr wirklich helfen wollte? Was bedeutete das für den schutzlosen Menschen, dem wir auf diese Welt geholfen hatten?

Ich reichte die Kleine an Mama Bisi zurück. »Efe soll bei Mutter und Kind bleiben«, flüsterte ich ihr so zu, dass es sonst niemand hören konnte. »Ich muss im Haus einen Platz für die beiden finden. Bereitest du alles vor? Die Sonne lässt uns nicht mehr viel Zeit.«

Meine Lieblingsmama stutzte kurz, bevor sie verstehend nickte. »Welchen Ort willst du nehmen?«, fragte sie.

»Den Baobab hinter den Bougainvilleabüschen«, sagte ich.

»Lisa ist nicht ihre Ahnin«, korrigierte mich Bisi sanft.

»Unser Haus steht unter ihrem Schutz. Wer hier geboren wurde, den wird Mutter nicht zurückweisen«, meinte ich.

»Wir wissen zu wenig über Tanisha«, wendete Mama Bisi ein. »Sie stammt nicht von hier. Wenn wir tun, was du beabsichtigst, knüpfen wir ein enges Band zwischen dieser Frau, ihrem Kind und uns.«

»Die beiden brauchen jeden Beistand, den sie bekommen können«, sagte ich.

»Aber dir ist doch klar, dass Tanisha Muslimin ist?«, fragte Bisi eindringlich.

»Vielleicht ist Allah kein anderer als unser aller Gott? Und nur der Weg der Gläubigen zu ihm ein anderer? Warum sollte er also etwas dagegen haben, wenn wir für Tanishas Baby um seinen Beistand bitten?«

Mama Bisi nickte und zog sich mit dem Kind zunächst ins Heilhaus zurück.

Fatimas Hand streckte sich mir schüchtern entgegen. Sie hielt ein Blatt Papier. »Das hat sie für dich gemalt«, erklärte Magdalena, »vorhin, nach dem Unterricht.«

Musas Tochter hatte die Schule und das angrenzende Heilhaus gezeichnet. Davor standen zwei Frauen, in der Mitte zwischen ihnen ein Kind. Es war ein für ein Mädchen ihres Alters erstaunliches Bild, sogar mit Perspektive und Tiefe. Nur die drei Personen darin waren übergroß dargestellt, vielleicht, weil die junge Künstlerin die Bedeutung dieser Figuren hervorheben wollte.

»Das ist sehr schön«, lobte ich. »Wer ist das denn?«

Fatima tippte auf die Personen. »Du, Lehrerin Magdalena und das Baby. Ihr beide passt auf das Baby auf.«

»Das werden wir auch, Fatima«, antwortete ich.

»Aber das Baby hat auch eine Mama, die es sehr lieb hat.« Magdalena sprach wie eine Lehrerin. »Dazu dich und deinen Papa und deine Mama. Ihr seid doch seine Familie.«

»Wir müssen nach Hause, Fatima, komm jetzt«, sagte Herr Musa und nahm seine Tochter bei der Hand.

Das Ritual

»Du möchtest, dass wirklich beide bei mir im Zimmer schlafen? Für wie viele Tage soll das denn sein?«, fragte Magdalena.

Ein bisschen unangenehm war mir dieses Gespräch schon. Schließlich wollte ich nicht, dass meine Schwester, so kurz nach ihrer Ankunft, das Gefühl bekam, wir hätten keinen Platz für sie. »Ich rechne mit einer Woche«, räumte ich ein. »Wenn alles gut geht, auch weniger. Möglicherweise nur ein, zwei Tage. Je nachdem, wie Tanisha sich erholt, ob ihr Baby kräftiger wird oder wann Musa sie abholen will.«

Meine Schwester wirkte ratlos. »Ich hatte schon lange nichts mehr mit Babys zu tun. Meine Arbeit hat bislang begonnen, wenn die Kinder elf, zwölf Jahre alt waren. Das ist ein kleiner Unterschied.« Magdalena hatte in Bayern an einem Gymnasium Mathematik und Physik unterrichtet.

»Im Heilhaus kann sie nicht bleiben und in den Zimmern der anderen ist kein Platz«, fasste ich noch mal zusammen. »Deswegen meine Bitte.«

Magdalena verdrehte die Augen. »Auf was habe ich mich da bloß eingelassen!«, stöhnte sie.

»Ich weiß keinen anderen Rat«, verteidigte ich mich. Ich mutete ihr also doch zu viel zu. Sie hatte die letzten Jahre ein sehr ruhiges Leben geführt. Vielleicht zu ruhig, dachte ich, sie war gerade mal 43. In diesem Alter hatte meine Mutter mich noch bekommen und ein komplett neues Leben begonnen.

Erleichtert vernahm ich Magdalenas »Okay«. Ich berichtete Mama Ada von meinem Vorhaben und bat sie, dafür zu sor-

124

gen, dass Tanisha und das Baby in die so genannte Bibliothek gebracht wurden.

»Choga«, mahnte Mama Ada, »das müssen wir doch alle gemeinsam beschließen. Wir können nicht einfach jemanden in unser Haus aufnehmen. Dafür gibt es die Station.«

»Ich weiß«, sagte ich und blickte zum Stand der Sonne. Die Zeit drängte. »Lass uns später darüber reden«, bat ich Mama Ada.

Ich führte einige meiner Heilerwerkzeuge mit mir – eine größere Hacke mit schaufelartiger Klinge, eine kurze mit schmaler Schneide – sowie meine kleine Rassel. In meiner Basttasche verwahrte ich ein paar mir wichtige Kraftobjekte, in einer Kalebasse schwappte frisches Wasser aus dem Brunnen. Um den Hals trug ich mein Amulett, das ich nur dann anlege, wenn ich Heilkräuter sammele oder – so wie für Tanisha und ihr Baby – ein Ritual durchführen wollte.

»Holst du Medizin?«, fragte Mama Ada. Ich nickte.

Einen Augenblick zögerte ich, ob ich sie in mein Vorhaben einbeziehen sollte, verwarf den Gedanken aber schnell wieder.

Mama Ada ist ein praktisch denkender und handelnder Mensch, nach wie vor tief im christlichen Glauben verwurzelt. Im Gegensatz zu Mama Bisi, die immer schon neben dem Gott der Christen die *orishas* ihrer Yoruba-Tradition verehrt hat, die Geister der Natur. Gegen den Willen meines Vaters, ihres Mannes. Seit Papa Davids Tod – und wohl wegen ihres zunehmenden Alters – gewann der alte Glaube für Bisi wieder an Bedeutung.

Ich fand Mama Bisi zwischen den Wurzeln des Baobab. Sie saß am Boden, neben sich ein dunkles Bündel, vor sich einige Kauris ausgebreitet. Sie hatte also schon begonnen, das Orakel über Tanishas Baby zu befragen. Schweigend ließ ich mich ihr gegenüber nieder, um ihre Konzentration nicht zu stören, während sie in die Lage der jahrzehntealten, bereits gelblich grauen Kauris vertieft war.

Ich selbst kann das Orakel nur im Zusammenhang mit meiner Heilertätigkeit zu Rate ziehen und nicht, um die Wege des Schicksals in Erfahrung zu bringen. Wenn ich den Ausgang der Befragung wissen sollte, so würde Bisi es mir mitteilen, ansonsten nicht. Das war eine ungeschriebene Regel.

Mama Bisi hob die Augen und blickte mich müde an. »Ich habe zunächst das Orakel über die junge Mutter befragt, deren Kind wir heute zur Welt geholt haben.« Sie seufzte. »Ach, meine Kleine, das wird alles nicht so einfach werden.« Sie nickte bedeutungsschwer. Mir war nicht ganz klar, was sie meinte. Nun beugte sie sich über die Kauris. »Tanisha ist sehr stark. Sie kommt von weit her. Und sie wird bleiben. Hier oder in unserer Gegend – das kann ich nicht genau erkennen. Da ist etwas, was sie aufhält. Sie hat eine große Aufgabe, die große Schmerzen, aber auch großes Glück verursachen wird.« Sie beugte sich vor, nahm alles noch einmal in Augenschein. »Die Kauris sagen mir nicht, wann all das geschehen wird. Es ist ein bisschen verworren.«

Ich war auf diese Aussagen nicht vorbereitet; Tanisha war zu diesem Zeitpunkt nur eine Wöchnerin. Weitaus mehr interessierte mich die Zukunft des kleinen Mädchens. Ich hatte als Kind einmal beobachtet, dass meine Lieblingsmama mit Hilfe ihrer Kauris sogar für Adas Baby einen Namen herausgefunden hatte: Sue.

Nachdem Mama Bisi die Kauris für eine zweite Zeremonie geweiht hatte, warf sie die Muscheln und studierte das Ergebnis ausgiebig. Sie hatte dem Baby zum Atmen verholfen und das verband diese beiden Menschen ohnehin auf Lebenszeit. Ich las auf Bisis Gesicht, dass sie optimistisch in die Zukunft von Tanishas Kind blickte.

»Heute hat der Weg eines Menschen begonnen«, sagte Mama Bisi in einer Art, als hielte sie eine kleine Ansprache, »der seiner Umgebung immer sehr viel Glück bringen wird.« Sie deutete auf die Kauris. »Alle drehen sich mit der geöffneten Seite zu ihr. Das ist ein ganz wunderbares Zeichen. Selbst hier«, sie wies auf einige entfernter liegende Muscheln, »wo ihr Widerstand droht, deutet alles darauf hin, dass er nicht von Dauer sein wird. Ich denke, sie wird ein glücklicher Mensch werden.«

Nach allem, was ich bislang von Tanishas Geschichte wusste, konnte ich mir das nicht so recht vorstellen. Bisi hatte mir niemals wirklich erklärt, wie ihr Orakel zu lesen sei. Ich selbst benutze ein Heilerorakel aus Gegenständen, die mir während meiner dreijährigen Ausbildungszeit bei Ezira im Busch geschenkt worden oder zugefallen waren. Soweit ich weiß, bestehen nur wenige Parallelen zwischen Bisis und meiner Methode.

Meine Lieblingsmama ließ sich nicht aus dem Konzept bringen. »Sieh nur, hier«, meinte sie und deutete auf zwei eng beieinander liegende Kauris, »das sind zum Beispiel Menschen, die sie unterstützen. Doch sie liegen sehr weit entfernt. Das kann zweierlei bedeuten: Diese Menschen werden entweder gehindert, ihr beizustehen, oder das alles wird in sehr ferner Zukunft geschehen. Geschehen wird es auf alle Fälle. Es sieht wirklich gut für sie aus.«

Spontan fiel mir Fatimas Bild ein, auf dem sie Magdalena und mich gezeichnet hatte. Bisi hatte es nicht gesehen. Waren mit dieser Orakelaussage etwa wir beide gemeint?

Bisi schüttelte den Kopf. »Nein, ich sehe euch beide nicht hier drin. Zumindest, wenn du es wärst, würdest du ganz nah bei ihr liegen.«

Sie hatte sich bei diesem Satz wahrscheinlich nichts weiter gedacht. Mich traf jedoch ein kleiner Stich ins Herz. Dieses Orakel beschrieb eine Zukunft, die sich in vielleicht 20 Jahren erfüllen würde.

Ich kenne mein eigenes Orakel nicht. Ich habe Zweifel, dass es mir so viel Zeit einräumt.

Mama Bisi blickte zur Sonne, die in etwa einer halben Stunde untergehen würde. »Lass uns mit dem Schutzritual beginnen.«

Nachdem ich mich durch das Schlagen meiner Rassel in

Trance versetzt hatte, war ich in der Lage, den richtigen Platz zu finden. Er befand sich auf halber Strecke zwischen den Bougainvilleabüschen und dem alten Baobab. Obwohl ich um einiges kräftiger bin als Mama Bisi, musste sie meine Werkzeuge benutzen, um den Boden zu öffnen, in den ich Tanishas Plazenta legen wollte. Diese Aufgabenteilung erforderte nun mal das Ritual: Ich selbst durfte die Erde nicht verletzen, um deren Beistand ich in einem späteren Gebet flehen wollte. Deswegen konnte ich die Zeremonie nicht allein durchführen, sondern brauchte eine Assistentin, die allerdings keine Wissende sein musste.

Zunächst dankte ich der Sonne für ihren Beistand, den sie mir bei der Durchführung meiner Arbeit gewährt hatte, und bat sie, dem Baby Kraft und Gesundheit zu geben. Dann rief ich den Wind, er möge ihr jenen klaren Geist schenken, den sie brauchte, um das Glück zu erkennen, das Bisis Orakel prophezeit hatte.

Denn Glück, so hatte mir die weise Ezira beigebracht, ist nur vollkommen, wenn man die Stunde erkennt, in der es einem zuteil wird. Geht der Moment des Glücks vorbei und man hat ihm nicht für seinen Beistand gedankt, so schlägt das Glück ins Gegenteil um: Aus der Undankbarkeit erwächst das Unglück.

Nun hüllte ich Tanishas Plazenta aus jenem schwarzen Stoffrest, in den sie gewickelt war, und legte sie in die ausgehobene Grube. Ich dankte Mutter Erde, dass sie Tanishas Baby auf diese Welt geschickt hatte, und bat auch sie, dieses Kind, das aus Mutter Erdes Schoß stammte, mit einem langen Leben zu segnen, bevor es wieder dorthin zurückkehrte, woher wir alle kommen und wohin unsere Körper zurückkehren werden. Ich rief den Namen meiner Mutter in jede Himmelsrichtung, nahm aus der mitgeführten Kalebasse einen kleinen Schluck Wasser, den ich auf Mutters Grab spuckte, und wiederholte das Gleiche an der von Bisi inzwischen verschlossenen Stelle, an der sich die Plazenta befand. Abschließend stellte ich die noch fast gefüllte Kalebasse ans Grab und legte einige Bestandteile von Mutters Lieblingsessen dazu: eine Süßkartoffel, eine rote Chilischote, eine Zwiebel und eine Tomate.

Die Sonne war inzwischen hinter dem Horizont verschwunden. Das matte Blau des Himmels wurde von einigen letzten glutroten Streifen beleuchtet. Dieser aufregende Tag ging friedlich schlafen. Bisi und ich beendeten das Ritual mit abschließenden Gebeten; sie rief jene *orishas* an, auf die sie vertraute, und ich bat mit Hilfe meiner Rassel den Abendwind in einem letzten Gebet, dass er sowohl für das Leben von Tanishas Baby Frieden bringen möge als auch für uns.

Dann packten wir zusammen, um heimzukehren. Dabei fiel mir jener schwarze Stofffetzen in die Hände, in den Bisi die Plazenta gewickelt hatte. Niemand trug bei uns Schwarz. Dieses Stück konnte folglich nur von Tanishas Tüchern stammen. Aber warum hatte Bisi es verwendet? Sie würde doch nicht etwas von Tanishas Kleidung abgerissen haben? Das passte nicht zu ihr. Ich habe wohl für solche Kleinigkeiten einen Instinkt, der mich jetzt warnte. Doch ich sagte nichts, sondern untersuchte die auf der Veranda liegenden Tücher der Wöchnerin. Rasch fand ich das betreffende. Es war verschmutzt mit Erde und grauen Spuren von Tierkot, den gleichen, die auch der Fetzen aufwies.

In diesem Augenblick lief Efe mir über den Weg und meinte nebenbei, dass die Tücher morgen gewaschen würden, dann könne Tanisha wieder ihre eigenen Sachen tragen. Ich zeigte meiner Schwester den Stoffrest, der nach Blut und Fruchtwasser roch und natürlich völlig verdreckt war. »Kannst du dich erinnern, woher dieser Fetzen stammt?«, fragte ich.

Efe blickte verlegen zu Boden und machte eine Geste, die auf ihren Schritt wies. »Das hat Tanisha dort getragen. Ich nehme an, sie wollte damit verhindern, dass zu viel Fruchtwasser auslief. Ist das wichtig?«

»Nein, nein, ich wollte es nur wissen«, antwortete ich und ging mit ihr ins Haus.

Natürlich war es wichtig! Wir hatten eine Fremde im Haus, deren Lebensgewohnheiten und Vorgeschichte wir fast nicht kannten, für deren Gesundheit wir aber die Verantwortung übernommen hatten. Wenn diese junge Frau kurz vor ihrer Niederkunft jenen schrecklichen Fehler gemacht hatte, den ich befürchtete, würden ihr und uns schwere Tage bevorstehen.

»Wir sollten in regelmäßigen Abständen ihre Körpertemperatur messen«, sagte ich zu Efe. Sie nickte nur.

Noch bevor ich die alte Bibliothek erreicht hatte, fing mich Mama Ngozi ab. Ich machte gleich den ersten Schritt und entschuldigte mich wortreich für meinen Alleingang.

»Das musst du in erster Linie mit deiner Schwester abmachen. Du solltest mehr Respekt vor ihr haben und sie nicht einfach vor vollendete Tatsachen stellen«, meinte Ngozi streng. »Sie ist nicht daran gewöhnt, so zu leben. Dein Verhalten sollte ihr nicht das Gefühl geben, bei uns nicht willkommen zu sein.«

Ich widersprach nicht; sie hatte Recht. Doch der Anblick, der sich mir in Magdalenas Zimmer bot, schien ihre Worte gleichwohl Lügen zu strafen. Meine Schwester saß im Schneidersitz auf ihrem Bett, den Oberkörper gegen die Stirnseite gelehnt, den Säugling im Schoß. Beide schliefen. Ebenso wie die junge Mutter, die auf der anderen Zimmerseite zusammengerollt auf einer Matte am Boden lag.

Nachdem Bisi, Efe und ich den allabendlichen Tee verteilt hatten, meinte meine Lieblingsmama: »Geh bald schlafen, meine Kleine. Du siehst ziemlich müde aus. Und mach dir keine Sorgen wegen Tanisha und des Babys. Die beiden müssen sich vor allem ausruhen. Wenn Magdalena Hilfe braucht, werden wir sie schon hören. Wir sind ja alle im Haus.« Sie lächelte. »Dies ist schließlich nicht unser erstes Baby.«

Ich kehrte ins Heilhaus zurück, richtete noch schnell die Zutaten für die Medizin des folgenden Tages und setzte mich danach auf meine Matte. Ich hatte mir inzwischen angewöhnt, die von Magdalena mitgebrachte Kladde regelmäßig zu benutzen. Inzwischen waren schon viele Blätter mit Notizen voll geschrieben. Sie begannen mit Magdalenas Ankunft, die erst drei Wochen zurücklag. Die Niederschrift der Ereignisse des abgelaufenen Tags würde viel Raum in Anspruch nehmen. Wie immer teilte ich das Blatt mit einem senkrechten Strich in zwei Hälften. Auf die rechte schrieb ich, welche Medizin ich in welcher Menge verwendet hatte, links war der Raum für die übrigen Schilderungen. Ich begann damit, das aktuelle Datum in die Mitte zu setzen, den 6. September 2001. Es war der Tag, an dem Tanishas Baby zur Welt gekommen war.

Bevor ich meine Eintragungen abschloss, schrieb ich in die rechte Spalte meinen Behandlungsplan für die nächsten Tage: Gegen Kindbettfieber vorbeugende Medizin geben.

Die Weigerung

Said Musa knetete seine kräftigen Hände und blickte angestrengt zu Boden. »Ich muss Tanisha mitnehmen«, wiederholte er. »Sie darf unter keinen Umständen hier bleiben.«

Dass seine Schwester erst am Vortag eine schwere Geburt
überstanden hatte, hatte ich ihm bereits gesagt. Auch, dass sie
und das Neugeborene dringend Schonung brauchten. Meine
Argumente hatten seine Meinung nicht geändert; missachten
durfte ich seinen Wunsch dennoch nicht. Aus Rücksicht auf
meine Gefährtinnen war es unmöglich, den Mann ins Haus zu
lassen. Also beschloss ich, die Wöchnerin selbst von dem
Wunsch ihres Bruders zu unterrichten.

Ich zog Mama Ada zu Rate, die sich mit den Traditionen von
Tanishas Volk besser auskannte. Gemeinsam setzten wir uns neben das Lager der jungen Frau. Die Anstrengung stand ihr nach
wie vor ins Gesicht geschrieben, wenngleich die vergangene
Nacht so ruhig verlaufen war, wie Mama Bisi es vorausgesagt
hatte. So sanft wie möglich trug ich Musas Anliegen vor.

Sie reagierte mit panischem Zittern. »Bitte nicht!«, flehte
Tanisha. Leider gelang es uns nicht, wesentlich mehr als das
aus ihr herauszubringen. Sie wirkte völlig verängstigt.

»Gut«, sagte ich, »dann bleibst du hier. Mach dir keine Sorgen. Ich werde deinen Bruder überzeugen.« Mama Ada und
ich gingen hinaus.

»Wir wissen eigentlich zu wenig, um uns in Tanishas Schicksal einzumischen«, meinte meine Patentante. »Dennoch müssen wir ihren Wunsch respektieren. Jede Wöchnerin hat es ver-
dient, dass man sie in Ruhe zu Kräften kommen lässt.«

Herr Musa erwartete mich neben seinem Lastwagen. Er blieb sehr gefasst, während ich mehrere medizinische Gründe aufzählte. Dann sagte er: »Ich hätte meine Schwester nicht zu Ihnen bringen dürfen. Das war ein großer Fehler.«

»Sie waren doch so glücklich, dass alles so gut verlaufen ist.«

»Darum geht es nicht, Frau Egbeme. Sie kennen die Leute nicht, die Tanisha suchen. Wenn die erfahren, dass sie bei Ihnen ist, dann gibt es viel Ärger«, meinte er.

Ich erinnerte mich an die Ankunft der jungen Frau, die solchen Wirbel ausgelöst hatte. Und an meine Patientinnen, die das alles mitbekommen hatten: Zu verheimlichen war also nichts mehr. Doch das durfte mich jetzt nicht beeinflussen. »Ihre Schwester hat einem Menschen das Leben geschenkt«, sagte ich. »Eine größere Leistung gibt es nicht. Dahinter müssen alle anderen Fragen zurückstehen.«

Herr Musa fuhr sich mit beiden Händen durchs Haar. »Verstehen Sie doch, Frau Egbeme, ich muss meine Schwester mitnehmen. Man erwartet das von mir. Sie hat gesündigt.«

»Was auch immer sie getan hat«, entgegnete ich, »rechtfertigt nicht, dass Sie als ihr Bruder Tanishas Leben aufs Spiel setzen. Wenn sie sich etwas hat zuschulden kommen lassen, kann sie dazu doch genauso gehört werden, sobald sie sich erholt hat.« Dann fragte ich sanft: »Können Sie mir nicht sagen, um was es wirklich geht?«

Er schüttelte den Kopf. »Sie würden es nicht verstehen«, sagte er. »Sie sind Christin.«

Ich widersprach nicht, sondern meinte nur: »Ich bin ein Mensch, ebenso wie Sie. Und wie Ihre Schwester. Können wir das nicht einfach als Grundlage für eine Verständigung nehmen?« Da er unnachgiebig blieb, setzte ich hinzu: »Als Sie gestern hierher kamen, müssen Sie doch auch so empfunden haben. Was ist denn seitdem geschehen?«

»Ich bin zu der Einsicht gekommen, dass ich etwas getan habe, das ich nicht hätte tun dürfen«, antwortete er schlicht. Dann ging er zum Heilhaus hinüber.

Ich folgte ihm. »Es tut mir Leid, Herr Musa, aber ich kann Ihnen nicht gestatten, dort hineinzugehen.« Obwohl sich Tanisha inzwischen im Farmhaus befand, was er nicht wissen konnte, verstellte ich ihm den Weg. Aus Prinzip.

»Entschuldigung, Frau Egbeme«, sagte er kleinlaut. »Ich bin sehr erregt. Aber verstehen Sie doch, ich habe keine andere Wahl!«

»Wenn es um religiöse Grundsätze geht, so versichere ich Ihnen, dass ich Tanishas Wünsche berücksichtigen werde«, versprach ich.

Abrupt drehte er sich weg. Er bot das Bild eines Mannes, der von etwas anderem getrieben wurde als von seinen eigenen Entscheidungen. Ich hatte seine Hilfsbereitschaft erlebt, als es um den Bau des Heilhauses, der Schule und der Mauer gegangen war. Deshalb begriff ich nicht, wieso er sich nun völlig gegensätzlich verhielt.

»Sie müssen mit mir sprechen«, versuchte ich einen neuen Anlauf, »und mir die Zusammenhänge erklären. Bitte!«

»Ich werde Fatima mitnehmen«, erklärte er kurz und bündig und eilte auf die Schule zu.

Fatima war seine Tochter; in diesem Fall waren mir die Hände gebunden, da ich nicht wie bei Tanisha die Verantwortung für ihr Wohlergehen trug. Ich wendete nur ein: »Warum wollen Sie das Kind in diesen Konflikt einbeziehen? Sie lernt doch so schön und fühlt sich bei uns wohl.« Wie zur Bestätigung erklang aus dem Gebäude fröhliches Kinderlachen.

Musa hielt für einen Moment inne, und ich dachte schon, ich hätte ihn überredet. Aber er gab sich einen Ruck, öffnete die Tür und rief etwas auf Haussa in den Raum. Sekundenlang herrschte Ruhe. Kurz darauf kam Fatima artig heraus, ging mit gesenktem Kopf zum Lastwagen und kletterte auf die Ladefläche.

»Darf Fatima wiederkommen?«, erkundigte ich mich.

»Das geht nicht«, sagte Musa.

Als der Wagen fortfuhr, blickte das Kind nicht einmal mehr

auf. Drinnen forderte Magdalena ihre Schüler auf, ruhig zu sein, dann kam sie zu mir.

»Was war das jetzt?«, fragte sie auf Deutsch.

Ich stöhnte. »Musa wollte eigentlich Tanisha abholen. Ich habe mich geweigert. Dann hat er ohne Erklärung Fatima zu sich gerufen.«

»Er war wohl verärgert wegen Tanisha«, mutmaßte Magdalena.

»Dabei hat er doch die Schule selbst gebaut, damit seine Tochter unterrichtet werden kann!«, sagte ich.

»Der Islam hat einige ziemlich kategorische Vorschriften. Vielleicht weht der Wind aus dieser Richtung«, überlegte Magdalena.

»Und warum fällt Musa das erst jetzt ein?«, meinte ich ratlos.

»Gute Frage!« Sie kehrte zu ihrer Arbeit zurück.

»Deine Schwester hat Recht«, befand Mama Ada, »es liegt mit Sicherheit an den Vorschriften des Korans. In Fatimas Fall kann es durchaus sein, dass sie nicht mit Jungen gemeinsam unterrichtet werden darf. Zumindest, wenn man den Koran streng auslegt. Das war schon in meiner Kindheit so, Choga. Manche Mädchen wurden von ihren Eltern grundsätzlich nicht zur Schule geschickt. Mit 14 wurden sie verheiratet und du hast sie nie wieder gesehen. Das nennen die Muslime *Purdah*: Eine Frau bleibt ihr Leben lang im Haus. Bis sie eine alte Frau geworden ist.«

»Sie wird doch um ihr ganzes Leben betrogen!«, protestierte ich aufgebracht.

Ada lächelte mich nachsichtig an. »Ach, Kind, weißt du eigentlich, woher das Wort Harem kommt?«

»Wie meinst du das?«

»Im Arabischen bezeichnet *al-haram* alles, was verboten ist«, antwortete sie.

»Dann war Papa Davids ...«, begann ich.

»Richtig«, unterbrach Mama Ada mich, »der verbotene Bereich. Niemand hatte Zutritt. Haben wir uns dort deswegen etwa unwohl gefühlt?«

»Ganz im Gegenteil«, stimmte ich zu, »bis ich acht war, empfand ich es als den schönsten Ort auf Erden.« Nun deutete ich auf unsere im Sonnenlicht ruhende Farm. »Bis ich das hier kennen lernen durfte. Als ich dann wieder in den Harem musste, war ich sehr unglücklich.«

»Wir können nur hoffen, dass es Fatima nicht genauso ergehen wird«, sagte Ada nachdenklich. »Trotzdem verstehe ich Musas Verhalten ebenso wenig wie du. Der Mann machte mir den Eindruck eines ausgesprochen liberalen Muslims. So wie eigentlich alle, die wir hier kennen gelernt haben. Was hat ihn umschwenken lassen?«

Am Nachmittag bekamen wir die Antwort. Herr Musa arbeitete schon seit einigen Wochen an der neuen Moschee in Jeba. Fatima hatte sie selbst gezeichnet. Meine Schwester zeigte mir das Blatt. »So ein begabtes Kind«, bedauerte sie. »Das Mädchen ist überdurchschnittlich intelligent, sie rechnet jetzt schon bis 1000. Wenn Fatima von nun an zu Hause eingesperrt würde, das wäre ein Verbrechen!«

Doch Musas Moscheebau erklärte immer noch nicht die Frage, warum er sich ausgerechnet jetzt so radikal verhielt. Leider war es unmöglich, mit Tanisha darüber zu sprechen. Ihre Lippen waren wie versiegelt, und ich hielt es für besser, die Dinge auf sich beruhen zu lassen, bis sie von sich aus reden wollte. Dann könnte ich immer noch das Gespräch mit ihrem Bruder suchen. Ich beschränkte mich auf meine Heilerinnenrolle und war beruhigt, dass Tanishas Heilung Fortschritte machte und das Baby sich gut entwickelte.

Am nächsten Tag blieb Fatima wie erwartet dem Unterricht fern und auch ein anderes Mädchen kam nicht. Die letzte Schülerin aus dem Ort wurde am Nachmittag von ihrer Mutter abgeholt. Ich bekam die Angelegenheit nur deshalb mit, weil Josh auf der Suche nach Mama Ada war. Er sollte sie zu

Magdalena bringen, damit sie beim Übersetzen half. Mit den Eltern der beiden anderen Schülerinnen hatte ich nie etwas zu tun gehabt. Magdalena wartete, bis ich meine Patientinnen versorgt hatte, danach trafen wir uns mit Ada an unserem Lieblingsplatz bei den Bougainvilleabüschen.

»In Jeba wird gegen uns Stimmung gemacht«, trug meine Schwester das Ergebnis des Gesprächs vor. »Es gibt dort einige muslimische Anführer, die den Leuten jeden Kontakt mit uns verboten haben.«

»Wegen Tanisha?«

»Die Mutter, mit der Ada und ich gesprochen haben, hat weder Tanishas Namen erwähnt noch ihre Geschichte«, sagte Magdalena.

»Sie hat nur gesagt, Christinnen dürften ihre Tochter nicht erziehen. Der Koran würde das verbieten«, ergänzte Ada.

»Das ist wenigstens eine klare Aussage«, versuchte ich zu scherzen.

»Warum ausgerechnet jetzt, Choga Regina?«, stieß Magdalena aufgebracht hervor. »Das wussten die doch alle schon vorher.«

»In Jeba hat es früher auch Muslime gegeben, selbst wenn sie eine Minderheit stellten«, sagte Mama Ada. »Der unterschiedliche Glaube war niemals ein Thema. Aber Schwester Ngozi hat schon vor Wochen erzählt, dass die Christen die Muslime anpöbeln und deren Gottesdienste stören. Erinnerst du dich, Choga? Das war, kurz bevor Magdalena kam. Damals haben wir mit dem Mauerbau begonnen.« Ich stimmte ihr zu. »Vielleicht ist das jetzt die Antwort«, vermutete Ada. »Das hat womöglich gar nichts mit uns persönlich zu tun, die Stimmung ist ganz allgemein feindlicher geworden.«

»Was ist eigentlich mit dieser Mauer?«, fragte Magdalena. »Warum habt ihr die nicht fertig gebaut?«

»Wir sind gegen Mauern. Wir haben lange genug hinter einer gewohnt«, stellte Mama Ada kurz und bündig fest.

Magdalena warf uns einen amüsierten Blick zu. »Entschuldigt bitte, aber das ist ja wohl Unsinn. Seht euch doch mal an, wie die Menschen hier leben. Um jedes Grundstück ist eine Mauer gezogen. Noch dazu hier draußen, wo alles so offen ist. Ich fände das auch sicherer.« Sie seufzte. »Zu dumm, dass wir Streit mit Musa haben. Der hat schließlich ein Bauunternehmen. In null Komma nix würde das Ding stehen.«

»Das hatten wir schon«, warf ich ein.

»Wie bitte?«, hakte Magdalena nach, und ich erklärte ihr, dass Musa und seine Frau unsere Mauer für eine prima Idee gehalten und seine Leute sie gemeinsam mit unseren Gefährtinnen hochgezogen hatten. Nun war sie völlig sprachlos. Gelegentlich ließ es sich eben doch nicht verbergen, dass wir beide völlig unterschiedliche Leben geführt hatten. Für sie war eine Mauer etwas Nützliches, während ich darin etwas ganz anderes sah ...

Mama Ada nahm den Faden unseres Gesprächs wieder auf. »Wenn die Anführer der Muslime unsere Gemeinschaft mit einem Verbot belegt haben, dann werden wir das sehr schnell merken.« Sie blickte mich an. »Wie viele muslimische Frauen sind in der Heilstation?« Ich antwortete, dass derzeit zwei Patientinnen dort wohnten, die noch längerer Betreuung bedürften. Die eine hatte Malaria, die andere ein kompliziertes Unterleibsproblem. »Richte dich darauf ein, dass sie abgeholt werden«, prophezeite Ada.

Ihre Weissagung erwies sich schon gegen Abend als richtig. Obwohl es bereits dämmerte, knatterte ein Moped den Farmweg von Jeba aus herauf. Ein älterer Mann, den ich noch nie zuvor gesehen hatte, forderte unumwunden, dass ich seine Frau »herausgeben« solle. Es war ausgerechnet die an Malaria erkrankte Patientin.

»Dann müssen Sie Ihre Frau aber unverzüglich ins Krankenhaus bringen«, warnte ich ihn. »Sie hat noch fast 40 Grad Fieber.«

»Warum haben Sie sie nicht gesund gemacht?«, fragte er ungeduldig.

Die Patientin war erst zwei Tage zuvor gebracht worden. Zwar hätte ich mit den Mitteln der Natur ein Fieber durchaus in so kurzer Zeit senken können, doch ich hielt ein behutsames Vorgehen für besser.

Meine Heilmethode beruht auf der Erkenntnis, dass die Pflanze ausgleicht, was der Körper nicht an eigenen Abwehrmitteln zur Verfügung zu stellen vermag. Zwar gibt es Mittel wie die Blätter des Garnbaums, die Fieber innerhalb von Stunden senken, angewendet werden sie jedoch nur bei lebensbedrohlichen Krisen.

Aber sollte ich dem Mann das jetzt erklären? Es hätte ihn wohl kaum interessiert.

Efe und ich führten die Schwerkranke nach draußen. Ich gab ihr noch eine den Kreislauf stärkende Medizin, obwohl die unmöglich so rasch wirken konnte. Kurzerhand löste der treu sorgende Ehemann vom Gepäckträger seines Mopeds einen Strick, mit dem er wahrscheinlich sonst das Brennholz festzurrte – und band sich seine Frau gewissermaßen auf den Rücken.

Bisi eilte zwar noch herbei und machte die Erstattung unserer Auslagen geltend, doch da war sie an den Falschen geraten. »Meine Frau ist immer noch krank, warum soll ich dann bezahlen?«, schnaubte der Mann empört und ließ uns in einer Wolke aus Abgasen zurück.

»Mit dem möchte ich nicht verheiratet sein«, kommentierte Magdalena kopfschüttelnd, als ich die Geschichte später in der Hofküche erzählte, wo die Frauen das Essen für den folgenden Sonntag vorbereiteten.

Mama Ngozi schälte Yamswurzeln und meinte ungerührt: »Da haben wir hier schon ganz andere Dinge erlebt.«

»Es gibt gute Gründe, weshalb bei uns keine Männer leben«, pflichtete Mama Ada bei. Und dann begannen meine Gefährtinnen, sich gegenseitig Geschichten über die Gefühllosigkeit der Männer zu erzählen. Das Thema reichte leicht für die ganze Nacht.

Die Zerreißprobe

Am nächsten Morgen, einem Sonntag, versorgte ich gerade in Magdalenas Zimmer Tanisha, als Josh hereinplatzte. In seinem Gefolge die übermütige Hope.

Bevor er etwas sagen konnte, rüffelte ihn Magdalena, die noch im Bett lag. »Josh, ich habe dir schon oft genug gesagt, dass du erst anklopfen sollst!«

»Wir klopfen nie. Das ist nur bei deinem Zimmer so«, meinte mein Sohn.

»Tu bitte, was Magdalena sagt. Nur weil das niemand macht, heißt das nicht, dass es nicht richtig wäre«, sagte ich. In meinem Land klopft in der Tat kein Mensch an eine Zimmertür, falls es überhaupt welche gibt. Aber ein paar europäische Manieren konnten meinem Sohn nicht schaden.

Endlich trug Josh vor, worum es ging. »Da draußen steht ein komischer Mann. Der will meinen Vater sprechen. Ich habe gesagt, dass ich keinen habe. Da hat er gesagt, ich soll meinen Großvater holen. Und ich hab gesagt, dass ich keinen Großvater habe. Dann wollte er, dass ich meinen Onkel hole. Und ich ...«

Magdalena verdrehte die Augen. »Josh, nun komm endlich zur Sache.«

»Ich soll Mama holen«, murrte mein Sohn und trollte sich samt Hund. Ich ging gleich mit.

Als wir hinauskamen, lehnte der Besucher mit verschränkten Armen an seinem Auto, das mitten im Hof stand. Hinter dem Steuer saß ein Fahrer. Der Mann trug einen Turban, dessen eines Ende ihm majestätisch über die Schulter fiel, und ein bodenlanges, graues Gewand. Ich dachte nur, dass der letzten muslimischen Patientin wenigstens erspart blieb, wie ein Bündel Holz abtransportiert zu werden.

Als Erstes traf mich sein abschätziger Blick. Dann deutete der Fremde auf Hope. »Ein Hund gehört nicht ins Haus«, schleuderte er mir anstelle einer Begrüßung entgegen.

Ich war zu verblüfft, um etwas zu entgegnen.

»Leben Sie hier allein?«, lautete seine erste Frage. Ich verneinte. Es war zwar Sonntagmorgen, dennoch herrschte schon reges Leben. Meine Gefährtinnen liefen emsig umher, um die Vorkehrungen für die Speisung zu treffen. »Wo sind die Männer?«, präzisierte er nun.

Glücklicherweise hatte mein redseliger Sohn den mit dem Fremden geführten Dialog recht ausführlich wiedergegeben. So blieb es mir also erspart, durch meine übliche Taktik, die Halbwahrheit zu sagen, einen bösen Fehler zu begehen. »Unsere Männer sind gestorben«, antwortete ich daher nur. Meine Geduld war erschöpft. »Das geht Sie jedoch nichts an. Sagen Sie bitte, was Sie hierher führt.«

Er nannte seinen Namen, Alhaji Muhtari Ahmed, und gab sich als Anführer der Muslime zu erkennen, als *liman*. Ich hatte noch nie eine solche Islam-Autorität getroffen. Allerdings bin ich die Tochter eines Mannes, der eine Kirche gegründet hat, die zu seinen Lebzeiten mehrere Tausend Mitglieder umfasst hatte. Ich sah deshalb keinen Grund, vor Ehrfurcht im Erdboden zu versinken. Mir war nur mulmig, denn das dominante Auftreten des *limans* versprach richtigen Ärger.

»Ich bin gekommen, um selbst in Augenschein zu nehmen, wie Sie leben«, meinte er jetzt. »Denn Sie stehen im Ruf, Menschen heilen zu können. Aber Sie haben eine an Malaria erkrankte Frau nicht gesund gemacht. Sie sind eine Betrügerin. Wir werden Sie vor Gericht stellen.«

Ich schnappte nach Luft.

»Es ist jedem Muslim verboten, sich von Ihnen behandeln zu lassen oder gar sein Kind in Ihre Schule zu schicken«, fuhr er fort. »Wir fordern Sie auf, alle Frauen, die hier noch festgehalten werden, auf der Stelle herauszugeben.«

Der Mann hatte so energisch gesprochen, dass Hope zu bellen begann und sich zwischen ihn und mich drängte. »Hope, sei still«, befahl ich. Was meine junge Hündin leider nicht beeindruckte. Angesichts der Unverschämtheit dieses Fremden fehlte meiner Stimme wohl die nötige Durchsetzungskraft. Nun legte Hope erst richtig los und sprang an dem sich bedeutsam gebenden Mann hoch. »Josh, bitte nimm Hope!«, rief ich und packte sie. Als er vor mir stand, bat ich meinen Sohn auf Deutsch, dass er sofort Ada, Bisi und Ngozi herbringen solle. Er spurtete los.

»Ich brauche eine Erklärung, dass Sie berechtigt sind, meine Patientinnen mitzunehmen«, trug ich möglichst beherrscht vor.

»Meine Autorität genügt. Tun Sie, was ich sage«, verlangte er.

Was für eine Dreistigkeit, dachte ich und riss mich zusammen. Dieser Mann hatte möglicherweise beachtlichen Einfluss. Andererseits war mir die Geschichte mit dem vorgeblichen Marktchef, der Efe und Lape geschlagen hatte, eine Warnung. Vielleicht war auch dieser Muslim hier ein Schwindler. Oder er neigte zu Gewalt. Ich entschloss mich zu argumentieren.

»Die Malaria-Patientin war gerade mal zwei Tage hier, meine Behandlung hingegen auf mindestens zwei Wochen angelegt. Wenn der Ehemann sie früher abholt, können Sie mir nicht vorwerfen, ich hätte die versprochene Heilung nicht erbracht. Damit stellen Sie die Dinge auf den Kopf. Und wenn ich Ihnen meine anderen Patientinnen auslieferte, würden Sie es möglicherweise genauso machen. Sie müssen also verstehen, dass ich Ihren Wunsch zurückweisen muss«, schloss ich.

Er ging nicht darauf ein, sondern rückte endlich damit heraus, worauf ich insgeheim die ganze Zeit gewartet hatte: »Sie halten hier eine Frau fest, die gesucht wird. Sie soll in Kaduna vor Gericht gestellt werden. Sie haben nicht das Recht, diese Frau hier zu behalten.«

»Ich habe Herrn Musa bereits erklärt, dass ...«

»Alles Vorwände!«, stieß der *liman* empört hervor. »Sie schützen eine Frau, die sich vor Gericht verantworten soll.«

Ada, Bisi und Ngozi traten geschlossen neben mich. Ada hatte die letzten Worte offensichtlich mitgehört. »Diese Frau hat vor drei Tagen ein Baby bekommen«, sagte sie gewohnt ruhig. »Soweit ich die Vorschriften der Scharia kenne, darf sie ohnehin keiner Strafe zugeführt werden, solange sie ihr Kind stillt.«

»Wer sind Sie?«, fragte der *liman* brüsk.

»Wir«, meldete sich Mama Ngozi zu Wort, »sind jene, die entscheiden, was hier geschieht. Sie befinden sich auf einem Privatgrundstück. Und wir verlangen, dass Sie jetzt gehen.«

Bevor er sich in seinen Wagen zurückzog, um wegzufahren, drohte er, Tanisha mit der Polizei abzuholen. Dies veranlasste uns dazu, noch vor unserem üblichen Gottesdienst eine Versammlung abzuhalten. Unsere Empörung schweißte uns zusammen, und am Ende beschlossen wir, was Mama Ngozi vorschlug. Noch an diesem Nachmittag sollte die Mauer weitergebaut werden. Obwohl Sonntag war, der einzige Tag, an dem meine nach wie vor bibeltreuen Gefährtinnen sonst nicht arbeiteten.

Mit dem Ende des Gottesdienstes machten wir uns daran, die Speisung abzuhalten. Doch zu unserer Überraschung erschien an diesem Tag nicht ein einziger Mensch!

»Das kann nicht an diesem fanatischen Muslimchef liegen«, folgerte Mama Ada. »Es geht etwas vor sich.«

Während wir uns daranmachten, die Mauer zu errichten, meinte Magdalena: »Zu dumm, dass die Batterien meines Weltempfängers leer sind. Ausgerechnet die habe ich nicht eingepackt. Vielleicht berichten sie etwas in den Nachrichten. Das letzte Mal, als ich reingehört habe, war von Unruhen in Jos die Rede.« Das lag nun zwei Tage zurück. Sie berichtete, dass es in Jos zu Morden gekommen sei. Christen und Muslime seien über die Einführung der Scharia in Streit geraten.

In unserem Bundesstaat, *Plateau State*, leben überwiegend Christen, die das islamische Gesetz ablehnen.

»Das kann nicht der Grund dafür sein«, meinte ich, »dass die Leute nicht mehr zu uns kommen.«

Wenig später überbrachte Josh die Nachricht, dass nun auch die letzte muslimische Patientin abgeholt würde. Ihre Mutter, eine betagte Frau, war zu Fuß zu uns gekommen. Es hatte keinen Zweck, mit ihr über die Unsinnigkeit ihres Vorgehens zu streiten. Ich nutzte dennoch die Gelegenheit, um sie zu fragen, ob in Jeba etwas Ungewöhnliches vor sich gehe.

»Junge Männer schließen sich in Gruppen zusammen und ziehen grölend durch die Straßen. Die beruhigen sich sicher bald wieder«, sagte sie.

Ich gab ihr wenigstens noch etwas Medizin mit, damit ihre Tochter nicht allzu starke Schmerzen bekam, wenn die Behandlung einfach abbrach.

Sie schlug die Augen nieder, nahm die Arznei und gab mir Geld. »Sie sind eine gute Frau«, meinte sie. »Aber ich muss mich dem Wort des *limans* fügen.« Darauf konnte ich nichts erwidern. Zu sehr erinnerte mich das an meinen Vater und vor allem an den einst mit mir verheirateten Felix. Es scheint wohl im Wesen nigerianischer Männer zu liegen, von Frauen absoluten Gehorsam zu verlangen. Wie glücklich konnten wir uns schätzen, in unserer Oase das tun zu dürfen, was wir Frauen für richtig hielten.

Im Heilhaus war nun nur noch eine Bäuerin verblieben, weder Christin noch Muslimin. Ein problemloser Fall, der höchstens noch einen Tag in Anspruch nahm. Sobald sie entlassen war, wollte ich Tanisha auf die Station verlegen, damit Magdalena endlich wieder ihr Zimmer für sich hatte.

Als ich Mama Bisi meine Pläne mitteilte, schüttelte sie den Kopf. »Ich weiß nicht, Choga, ob das eine gute Idee ist. Wenn dieser *liman* Tanisha holen will, wird er das auch tun. Dann ist sie bei uns im Haus sicherer.«

»Glaubst du wirklich, der macht das?«, fragte ich ungläubig.

Bisi blickte mich nachdenklich an. »Was hätte dein Vater getan, wenn es um eine von uns gegangen wäre?«

»So siehst du Papa David heute?«, fragte ich erstaunt. Bis zu diesem Augenblick hatte nur ich diese Parallelen gezogen.

»Dein Vater war ein sehr energischer Mann, der sich niemals von einer Gruppe wehrloser Frauen hätte fortschicken lassen wie ein dummer Junge«, meinte sie und setzte bedeutungsvoll hinzu: »Nur schade, dass diese Mauer nicht fertig ist. Nicht mal ein Tor gibt es. Damit fängt Ada morgen erst an.«

Als ich Wasser holte, traf ich Mama Ngozi am Brunnen. Auch sie hatte den halben Tag mitgeholfen, die Mauer zu bauen. »Das geht viel zu langsam. Die Steine sind einfach zu schwer«, klagte sie. »Die Mauer jetzt zu bauen nutzt nichts mehr.«

»Was sollen wir sonst tun?«, fragte ich.

Mama Ngozi blickte mir fest in die Augen. »Wenn der *liman* es verlangt, wirst du ihm das Mädchen übergeben«, sagte sie. Sie ließ meinen Protest nicht zu. »Willst du ernsthaft die Sicherheit unserer Gemeinschaft aufs Spiel setzen, Tochter? Du kennst diese Menschen nicht, weißt nicht, zu was sie fähig sind. Ebenso wie Mama Ada habe ich in meiner Jugend eine Zeit lang weiter im Norden bei den Muslimen gelebt. Ihre Gesetze sind unerbittlich. Sie werden auf das, was ein paar schwache Frauen sagen, gewiss nicht hören!«, mahnte sie. »Wenn er wiederkommt, werden wir ihm das Mädchen geben.«

»Was wird mit Tanisha geschehen?«

»Das weiß ich nicht. Ebenso wenig, wie wir alle wissen, wie groß jene Sünde ist, die sie auf sich geladen hat.«

»Mama Ngozi, du bist eine gläubige Christin. Wie kannst du so sprechen? Die Bibel sagt …«, begann ich.

»Erzähl mir nicht, was in der Bibel steht!«, unterbrach sie mich barsch. »Das weiß ich besser als du, die du dem Glauben des eigenen Vaters abgeschworen hast! Sprich also nicht mit einer Zunge, die nicht die deine ist.«

Noch am Vormittag hatten wir alle wie eine Frau zusammengestanden. Mama Ngozis Worte machten mir deutlich, dass uns nun die größte Gefahr ins Haus stand, die mir denkbar schien. Unsere Gemeinschaft könnte über das mir wichtigste Gebot, die Nächstenliebe, zerbrechen. Denn eines stand für mich fest: Niemals würde ich einen Menschen verraten, dessen Leben mir anvertraut war. Am eigenen Leib hatte ich erfahren, was diese Liebe bedeutete. Ihr verdankte ich mein Leben. Meine Mutter, Bisi und Ada hatten mir zur Flucht aus dem Harem verholfen, als ich mit Josh schwanger war. Dafür hatten sie unter Felix zu leiden gehabt. Jahrelang. Es war meine Pflicht, diese selbstlose Liebe weiterzugeben.

»Diese Farm hat meine Mutter gegründet«, sagte ich langsam. »Ich werde nicht dulden, dass ihr Andenken mit Füßen getreten wird. Und das alles nur aus einem einzigen Grund, noch dazu dem kläglichsten, den ich kenne: Angst.« Niemals zuvor hatte ich einer älteren Frau gegenüber solche Worte gebraucht.

»Andere magst du damit beeindrucken«, antwortete Mama Ngozi verbittert. »Ich aber höre, dass aus dir die Unvernunft und der Hochmut der Jugend sprechen. Ich werde mit den Ältesten reden, anschließend werden wir dir unseren Beschluss mitteilen. Du wirst dich ihm beugen.« Sie drehte sich um und ging gebückt, aber festen Schrittes zurück zum Haus.

Wie üblich verteilten Efe und ich später die Medizin. »Was ist dort oben los?«, fragte meine Schwester. Sie meinte Ngozis und Funkes Zimmer, in dem diese beiden sich mit Ada und Bisi besprachen. Ich hatte mir vorgenommen, über den Wortwechsel am Brunnen so lange kein Wort zu verlieren, bis die Ältesten mir die Entscheidung mitteilten. Efe kannte mich zu gut, um mir nicht anzumerken, dass mich etwas Schwerwiegendes bedrückte. Ich wollte sie nicht mit ungeklärten Problemen belasten und murmelte irgendwelche Gründe.

Als wir in Magdalenas und Tanishas Zimmer kamen, bot sich uns ein Bild fast familiären Friedens. Meine Schwester las,

Josh hatte sich neben Tanishas Matte gelegt. Das Baby umklammerte einen seiner Finger. Der Anblick war so überwältigend, dass ich spürte, wie sich in meinem Hals ein dicker Kloß bildete.

»Sie heißt Faraa«, sagte Josh. »Das hat Tanisha gesagt.«

Die junge Mutter blickte mit leicht verklärtem Blick auf ihr Kind. »Faraa heißt die Fröhliche«, sagte sie. »Denn ich möchte, dass sie immer glücklich ist.«

»Das wollen wir auch«, brachte ich gerade noch heraus, bevor ich Efe meine Kanne in die Hand drückte. »Mach bitte weiter«, sagte ich und eilte hinaus. Ich setzte mich auf die Veranda, wo nur ein schwaches Licht brannte, verbarg mein Gesicht in den Händen und weinte los. Mama Bisi hatte in ihrem Orakel gesehen, dass Tanishas Kind Glück bringen würde; die junge Mutter hatte es ebenfalls gespürt. Und wir sollten sie einem ungewissen Schicksal überantworten?

Nach einer Weile kam Magdalena zu mir und setzte sich schweigend neben mich. »Was ist los?«, fragte sie. »Wollen sie Tanisha fortschicken?«

»Woher weißt du das?«

»Wir haben heute gemerkt, dass es zu lange dauern wird, diese Mauer zu bauen. Die Zeit läuft uns davon. Also müssen wir eine andere Lösung finden«, kombinierte Magdalena mit der Logik einer Mathematiklehrerin.

»Wenn das beschlossen wird, Magdalena, dann werde ich auch gehen.«

»Was redest du da? Das hier ist das Lebenswerk unserer Mutter, Choga Regina!«

»Eben«, antwortete ich. »Niemals werde ich akzeptieren, dass wir ihre Ideale verraten. Niemals! Egal, was geschieht.«

»Und wo willst du hin? Du hast einen Sohn. Josh ist ...«

»Ich werde mit ihm, Tanisha, dem Baby und jeder, die uns begleiten will, nach Lagos zurückkehren. Ich bin sicher, dass Amara uns aufnehmen wird.«

»Das ist dein Ernst, nicht wahr?«, sagte Magdalena nach

langem Schweigen leise. »Lieber Himmel, ich wusste nicht, dass du so dickköpfig sein kannst.«

Seite an Seite warteten wir, bis die vier Ältesten kamen. Obwohl es eigentlich Mama Bisis Aufgabe gewesen wäre, jetzt für die anderen drei zu sprechen, überließ sie es Ngozi, den Beschluss zu verkünden.

»Wir sind der Meinung, dass die junge Muslimfrau unsere Farm verlassen muss«, erklärte Mama Ngozi. »Ihre Anwesenheit ist ein Risiko für uns alle. Hier leben kranke Kinder und Frauen. Ihr Leben zu beschützen, das ist unsere Aufgabe. Die junge Frau hat eine eigene Familie, die für ihre Sicherheit und ihr Wohlergehen sorgen wird. Wir werden sie morgen nach Jeba zu Herrn Musa bringen. Das ist dann der vierte Tag nach der Geburt. Sie ist jung und stark genug.«

»Ihr wollt sie fortschicken, obwohl der *liman* nicht wiedergekommen ist?«, fragte ich erstaunt. Damit hatte ich überhaupt nicht gerechnet.

Ngozi nickte. »Das ist unser Beschluss. Wir dürfen nicht den Zorn der Muslime heraufbeschwören, indem wir uns ins Unrecht setzen. Herr Musa wollte seine Schwester abholen und du hast es ihm verweigert. Als Bruder hat er das Recht, seine Schwester einzufordern. Das ist das Gesetz des Islam. Die junge Frau kennt dieses Gesetz und sie wird sich ihm unterwerfen.«

»Sie heißt Tanisha«, sagte ich kraftlos. »Nenn sie nicht einfach junge Frau. Sie ist ein Mensch, der sich in unserer Obhut befindet.«

»Sie hat sich dank deiner Pflege wirklich gut erholt«, sagte nun Mama Bisi. »Kind, denk doch mal an Joshua und all die anderen. In Jos haben die Muslime Häuser angezündet und Menschen erschlagen. Das muss uns eine Warnung sein. Auch wenn es in Jeba noch ruhig ist.«

Mama Ada nickte bedächtig. »Männer wie der Muslimführer sind wie eine Chilischote. Du weißt erst, wie scharf der Chili ist, wenn du ihn probiert hast. Aber dann ist es zu spät. Und wir haben ihn herausgefordert.«

»Wir sind ohne Schutz hier draußen«, hakte Mama Ngozi nach, »du hast alles getan, um unsere Mauer zu verhindern. Weil du zu jung bist, um die Verantwortung zu tragen.«

Ich stand langsam auf. »Vielleicht bin ich jung und mache Fehler. Aber auch ihr seid dabei, einen schweren Fehler zu begehen.« Bevor ich weitersprach, holte ich tief Luft. Es fiel mir schwer zu sagen, was ich mir vorgenommen hatte. Sie alle brauchten meine Kenntnisse als Heilerin. Ich durfte sie ebenso wenig im Stich lassen wie Tanisha.

»Choga, meine Schwester, bitte, sprich es nicht aus!«, hörte ich Magdalena sagen. »Lass uns überlegen, ob wir nicht eine andere Lösung finden. Oder schlaf zumindest erst einmal eine Nacht darüber.«

»Nein, sie sollen es jetzt wissen, Magdalena. Sie sollen meine Entscheidung ebenfalls überdenken können.« Der Viererrat wechselte verständnislose Blicke. »Ich werde Tanisha fortbringen. Wie ihr es wollt. Aber ich werde nicht zurückkommen.«

»Dann gehe ich auch mit«, sagte Mama Bisi sofort. »Ich lass dich nicht allein. Das habe ich deiner Mutter in der letzten Minute ihres Lebens versprochen. Und ich werde es auch halten.«

»Wir werden uns nie trennen, das haben wir uns geschworen.« Mama Ada nahm Bisis Hand und ergriff gleichzeitig meine.

»Hört auf!«, rief Magdalena. »Seid ihr denn alle verrückt geworden? Niemand wird irgendwohin gehen. Wir werden eine andere Lösung finden. Es gibt immer eine! Und jetzt gehe ich schlafen. Mir wird schon etwas einfallen.«

Seite an Seite

Mein Blick wanderte über das nach dem vielen Regen satte Grün des Kräutergartens. Die Stauden hatten sich prächtig entwickelt, die Knospen waren kurz davor aufzuplatzen, die ersten Früchte reif. Die Natur war bereit für einen neuen Kreislauf.

Konnte ich all das aufgeben? Zulassen, dass die Schätze, die Mutter Erde für meine Gefährtinnen, ihre Kinder und mich bereithielt, ungenutzt blieben, um ihres und mein Leben zu erhalten? Durfte ich all das opfern für eine ungewisse Zukunft in einer ungeliebten Stadt aus Stein und Blech, Abgasen und Abfällen? Ich befühlte die Feuchtigkeit des Bodens, rupfte mechanisch Unkraut aus, ohne darüber nachzudenken, wie unsinnig diese Mühe war, wenn ich meine Drohung vom Vorabend wirklich wahr machen wollte.

»Wie geht es dem Baby?«

Ich war so tief in Gedanken versunken, dass ich entsetzt hochschrak. Vor mir stand Fatima. Sie trug ein großes schwarzes Tuch um Kopf und Schultern. Obwohl der Morgen noch sehr kühl war, lief sie barfuß zwischen den Kräutern hindurch.

»Kind, was tust du hier?«, fragte ich hilflos und blickte mich um. Galt das Verbot des *limans* auch für diesen Ort? Wir waren allein. Trotzdem fand ich, dass jedes Risiko vermieden werden sollte. »Geh lieber zurück, Fatima. Deine Eltern werden sich Sorgen machen.«

»Meine Mama würde so gern ein Baby haben. Tanisha hat ein Baby. Ist es gesund?«, erkundigte Fatima sich.

»Beiden geht es gut«, beruhigte ich sie. »Mach dir keine Sorgen.« Plötzlich durchzuckte mich ein Gedanke. »Bist du von selbst gekommen? Oder hat dich deine Mama wieder zu mir geschickt?«

»Ich habe von dem Baby geträumt«, sagte das Mädchen mit niedergeschlagenen Augen. »Ich habe mich aus dem Haus geschlichen und hinter den Felsen dort auf dich gewartet. Du gehst doch immer hierher.« Ihre ausdrucksstarken Augen musterten mich fragend. »Mama Choga, warum darf ich nicht mehr mit Josh in die Schule gehen? Habe ich etwas Böses getan?«

»Das ist ganz sicher nicht deine Schuld. Hab ein wenig Geduld, Fatima. Ich bin sicher, dass du bald wieder zu uns kommen kannst«, antwortete ich. Doch im selben Augenblick erschrak ich über meine Worte, da sie von einer Hoffnung sprachen, die ich selbst nicht hatte.

Bevor die Kleine zurücklief, rief sie: »Ich werde wieder hier auf dich warten!« Ich blickte ihr nach, bis sie hinter den Felsen verschwunden war. Knappe 15 Minuten trennten mich vom Hof der Musas. Dennoch war es eine Ewigkeit.

Ich fragte mich, was mich davon abhielt, einfach zu Musa zu gehen. Wenn er mir verspräche, Tanisha in seinem Haus zu behalten – nicht zu behalten: zu verstecken, korrigierte ich –, könnte ich behaupten, dass die junge Frau fortgegangen sei. Über Fatima könnte ich Kontakt zu ihr halten und ihr Arznei zukommen lassen. Träume? Unrealistische Hirngespinste? Oder eine Hoffnung? Dieser Unsinn konnte doch nicht ewig so weitergehen! Hier war doch früher alles so friedlich gewesen ...

Jemand klopfte an die Tür des Heilhauses. Das konnte nur Magdalena sein; alle anderen riefen meinen Namen und warteten draußen. Ich ließ sie eintreten und fuhr fort, die Kräuter zu zerstampfen. Amaras Prinzipien erschienen mir angesichts all des Durcheinanders mit einem Mal weniger wichtig.

»Ich glaube, ich habe die Lösung«, begann meine Schwester. »Ngozi ist eine alte Frau, die Angst hat«, fuhr sie fort, »wäre Tanisha eine Christin, würde sie sich anders verhalten.« Ich stimmte zu. »Aber so muss dieser Störenfried weg.« Meine Schwester lächelte hinterhältig. »Sie müsste nur sehen, dass Tanisha geht. Das würde ihr doch schon reichen, oder? Und nun zu diesem Muslimchef. Jetzt stell dir einmal vor, Ngozi erklärt dem im Brustton der Überzeugung, Tanisha wäre fort. Weggeschickt. Als Begründung könntest du sagen: ›Sie war kräftig genug, um allein zu gehen. Ich bin Heilerin, wenn die Menschen gehen, hört meine Arbeit auf.‹«

»Aber wo ist sie dann?«, fragte ich gespannt.

Magdalena umfasste mit einer Geste das Heilhaus. »Na, hier! Du hast doch allen verboten, dein Reich zu betreten.«

»Bisi und Efe sind andauernd in diesem Raum«, wandte ich ein.

Sie grinste frech. »Denen ist ein mildtätiger Schwindel gewiss lieber, als mit dir nach Lagos zu wandern. 1000 Kilometer! So ein Unsinn.« Bevor sie zum Unterricht aufbrach, meinte sie optimistisch: »Denk darüber nach. Wenn du einverstanden bist, werden wir heute Abend ein nettes Versteckspiel inszenieren.«

Wir hatten keine gemeinsame Kindheit haben dürfen, uns erst als erwachsene Frauen kennen gelernt. Jetzt tat es gut zu spüren, dass wir Seite an Seite standen. Magdalenas manchmal recht dominante Art tat mir ganz gut: Sie war genau in den Momenten entscheidungsfreudig, wenn ich es nicht war. Ihre offene, geradlinige Art fand auch bei meinen Gefährtinnen Anklang: Für sie war Magdalena eine Respektsperson. So etwas wie ein Fels in der Brandung, auf den man sich verlassen konnte.

Ich brachte die Medizin zu meinen Gefährtinnen und den Kindern, danach brachen die jungen Frauen auf, um die Mauer weiterzubauen. Ich untersuchte währenddessen Tanisha. Sie gefiel mir gar nicht; sie hatte deutlich erhöhte Temperatur. Auch Mama Bisi wirkte besorgt.

»Fieber am vierten Tag nach der Geburt«, murmelte sie nachdenklich. »Das heißt nichts Gutes. Wenn das so bleibt, kann das Mädchen unmöglich fortgeschickt werden.« Damit zerfiel Magdalenas Vorschlag wie ein trockenes Blatt in der Sonne!

Die vorbeugende Medizin, die ich Tanisha gegen das befürchtete Kindbettfieber verabreicht hatte, hatte lediglich die Immunabwehr gestärkt. Einen Antibiotikaersatz, der nun ratsam war, hatte ich vorbeugend nicht geben wollen, um die Muttermilch nicht zu belasten. In der Nähe unseres Brunnens steht ein Blutbaum, ein schnell wachsender Strauch. In aller Eile sammelte ich einige ungeöffnete Knospen davon; sie sind das Mittel der ersten Wahl, um Bakterien abzutöten, die vom Kindbettfieber herrühren. Ich zerdrückte sie in Palmöl und schob die Mixtur Tanisha in den Mund. Stieg ihre Temperatur weiter, so musste ich eine stärkere Medizin einsetzen, die jedoch ein unter diesen Bedingungen kaum lösbares Problem aufzuwerfen drohte: Die junge Mutter dürfte ihr Neugeborenes nicht mehr stillen.

»In dem Fall brauchen wir eine Amme«, stellte Mama Bisi fest.

Eine Amme für das Baby einer Frau, die in unserem Haus nicht mehr willkommen war! Undenkbar! Jemand würde nach Jeba laufen müssen, um Fläschchen und Trockenmilch zu besorgen. Ich hatte keine Ahnung, wo im Ort es beides gab.

Während Mama Bisi Tanisha betreute, hatte ich mich um die Bäuerin zu kümmern, deren Entlassung bevorstand. Sie wurde von zwei älteren Frauen abgeholt, die ich höflich und nichts ahnend fragte, ob der Weg zu uns beschwerlich gewesen sei und sie Stärkung brauchten.

Eine der Frauen blickte mich erstaunt an: »Ja, weißt du denn nichts, Heilerin? Baut ihr nicht deshalb eure Mauer?«

Dann begann sie zu erzählen, dass sie beide von Süden aus zu uns unterwegs gewesen waren. »Immer mehr Menschen kamen uns aus Jeba entgegen. Frauen, Kinder, Alte. Sie schleppten, was sie nur tragen konnten. Wir fragten: ›Wohin wollt ihr?‹ Und sie sagten, dass sie aus Jeba fliehen. Dort werden wohl die Menschen erschlagen und die Häuser angezündet.«

»Ihr müsst euch irren«, widersprach ich. »Jeba ist ein friedlicher Ort. Was ihr erzählt, das hört sich an, als wäre dort ein Krieg.«

Die alte Frau nickte heftig. »Genauso ist es, Heilerin! Es herrscht Krieg. Die Muslime gehen seit dieser Nacht mit Hackmessern auf die Christen los und die Christen schlagen zurück. Oder vielleicht ist es auch umgekehrt. Die Flüchtenden sagen, es lägen schon viele Tote in den Straßen.« Sie beugte sich zu mir vor und setzte nachdrücklich hinzu: »Die Kirchen und die Moscheen brennen!«

Was die Frau berichtete, klang so unvorstellbar, dass ich es kaum glauben mochte. Doch wenn sie Recht hatte, war der Krieg um die Scharia von Jos aus zu uns nach Jeba gekommen.

»Baut eure Mauer schnell und baut sie hoch!«, mahnte die alte Frau.

Meine Patientin winkte ab. »Sie werden der Heilerin nichts tun. Dies ist ein sicherer Ort. Aber du solltest trotzdem wachsam sein, Heilerin!«

Wenig später brachen die drei Frauen auf, sie liefen querfeldein nach Südosten, fort von Jeba. Ihre roten Kopftücher leuchteten fröhlich in der Sonne. Ich packte meinen Feldstock und machte mich unverzüglich auf in Richtung Jeba.

Auf dem Weg dorthin gibt es einen Punkt, der etwas erhöht liegt. Von dort aus kann man bis weit in die Ebene blicken. Bei klarem Wetter erkennt man die Straßen, die auf die Ortschaft zulaufen, an deren Kreuzung sie gegründet wurde.

Eine riesige Menschenmenge bewegte sich in gemächlichem Tempo Richtung Süden. Aus der Distanz wirkte der Anblick friedlich wie eine Ameisenstraße. Wir lagen weit abseits dieses Stroms ...

Meine Gefährtinnen hatten Wochen zuvor ausgerechnet auf

der Jeba zugewandten Seite mit dem Mauerbau begonnen. Als ich nun zurückkehrte, konnte ich durch die leichte Steigung nicht die Häuser unseres *compound* erkennen, sondern nur die Mauer. Sie strahlte ein trügerisches Gefühl von Sicherheit aus. Während unten im Ort unzählige Menschen die Hölle auf Erden erleben mochten. Viele hätten sicher Hilfe nötig, meine Hilfe. Ob sie den Weg zu mir finden könnten? Ich hoffte inständig, dass der Hass die Rasenden nicht dazu brachte, auch noch das Krankenhaus zu zerstören ...

»Wo kommst du denn her?«, fragte mich Mama Ada. Sie zimmerte ein solides Hoftor. Als ich gegangen war, hatte sie wahrscheinlich gerade Holz geholt. Ich berichtete ihr, was ich wusste. »Du musst es den anderen sagen«, meinte meine Patentante. »Wir müssen uns darauf einrichten, dass Menschen zu uns kommen, die Unterschlupf suchen, Choga.«

Ich fand alle meine Gefährtinnen an einem Abschnitt der Mauer vor. Sie hatten eine Kette gebildet und reichten sich gegenseitig Steine an. Der entstandene Wall wirkte solide; sie hatten von Musas Bauarbeitern einiges gelernt. Sollte ich wirklich tun, was Ada mir aufgetragen hatte? Ich entschied mich dagegen. Meine Gefährtinnen gaben ohnehin ihr Bestes. Wenn ich ihnen die Hiobsbotschaft überbrachte, würde sie alle nur eine lähmende Angst überkommen. Ich fand es besser, für sie gemeinsam mit Efe eine stärkende Mahlzeit zu kochen.

Efe stürzte mir bereits im Hof entgegen. »Tanishas Fieber steigt immer weiter!«, rief sie mir zu. »Wir geben ihr stündlich die Blutbaumknospen, doch sie helfen nicht.«

Als ich in ihr Zimmer kam, hatte Tanisha bereits begonnen zu phantasieren. Wir verabreichten ihr zwar die immer vorrätigen getrockneten Blätter des Garnbaums, allerdings greifen die, über einen längeren Zeitraum eingenommen, die Nerven an. Die Behandlung von Kindbettfieber mit Mitteln aus der Natur musste sofort beginnen. Wenn es mir nicht gelang, innerhalb der nächsten 24 Stunden die richtige Medizin zu finden, die die Bakterien abtötete, würde Tanisha sterben.

Die Arznei, auf die ich setzte, waren die Blüten des Nachtbaums. Sie springen erst nach Sonnenuntergang auf und müssen roh gegessen werden. Die nächstgelegenen Bäume, von denen ich wusste, waren in meinem Tempo etwa eine Stunde entfernt am Rand eines kleinen Hains, von dem die Menschen sich erzählten, dass dort Geister wohnten. So hatte ich es als Kind schon gehört und mich unbewusst wohl niemals von diesen Schauermärchen befreit.

In der alten Bibliothek herrschte helle Aufregung; Mama Bisi trug die kleine Faraa auf dem Arm. Überraschenderweise war auch Mama Ada gekommen, die ich zuvor noch am Tor gesehen hatte. Ich begriff den Grund für ihre Anwesenheit sehr schnell. Tanisha redete ununterbrochen. Sie sprach Haussa, wenn auch sehr undeutlich.

Ada hörte aufmerksam zu, dann blickte sie uns besorgt an: »Ich habe mir so etwas fast schon gedacht«, flüsterte sie. »Sie soll ausgepeitscht werden.« Mit einer Sanftheit, die gar nicht zu ihr passte, strich Ada mit ihrer großen Hand der Fiebernden übers Haar. »Ihr drohen 180 Schläge mit dem Stock. Es ist unfassbar.«

Im ersten Moment war niemand von uns zu einer Reaktion fähig. »Wie viel?«, fragte Mama Bisi. »180 Schläge? Hast du das richtig verstanden, Schwester?«

»Das überlebt ja kein Mensch!«, stieß Efe hervor.

Ich sagte nicht, welche Bilder meine Phantasie zeichnete: geplatzte Gefäße, gerissene Sehnen und Muskeln, möglicherweise Brüche. Wie groß war Tanishas Verbrechen, dass eine solch unvorstellbare Misshandlung angemessen sein konnte?

Ada fasste ihre Erkenntnisse in einem Satz zusammen: »Sie wurde schwanger, obwohl sie nicht verheiratet ist.«

»Das ist alles?«, empörte sich Efe.

Mama Ada nickte bedächtig. »Musa hat gesagt, dass seine Schwester aus Kaduna geflohen ist. Dort haben sie vor ein paar Monaten die Scharia eingeführt. Das heißt, islamisches Recht wird über die Gesetze des Landes gestellt. Es ist lange her, dass ich mich mit den Regeln des Korans beschäftigt habe, über 40 Jahre«, meinte Mama Ada. »Aber daran wird sich nichts geändert haben: Frauen haben kaum Rechte.«

Ganz leise sagte Efe nun: »Tanisha hat das Baby doch nicht ganz allein gemacht! Fragt denn niemand danach?« Sie sah unsere ratlosen Gesichter. »Ich bekam auch ein Kind, das nicht von meinem Mann war. Und damit lag seiner Meinung nach der Fehler bei mir. Sogar ich habe mich irgendwann schuldig gefühlt. Erst hier habe ich verstanden, dass mein Leben mir gehört und keinem Mann.« Sie befeuchtete die Lippen der fiebernden Tanisha mit etwas Wasser. »Mama Ada, sag ihr, dass sie hier sicher ist.«

»Das muss ich nicht. Sie spürt es, Efe.«

Keine von uns brachte mehr ein Wort hervor. Wir wussten, was zu tun war. Mochte Tanishas Fall auch anders sein als Efes und meiner, die Auswirkungen wiesen durchaus Parallelen auf.

Ada und Efe blieben bei Tanisha. Bisi und ich verließen mit dem Baby gerade das Zimmer, als Magdalena vom Unterricht zurückkam. »Wie geht es unserer jungen Mutter?«, fragte sie. »Hat sie sich so weit erholt?« Ich setzte sie ins Bild.

»Kindbettfieber, wie ist das möglich? Hast du nicht auf Sterilität geachtet, Choga?« Nun berichtete ich meine Erkenntnisse über den verschmutzten Stofffetzen, mit dem Tanisha selbst in ihrer Hilflosigkeit oder ihrem Unwissen die Krise heraufbeschworen hatte. »Eigentlich müsste sie ja ins Krankenhaus«, überlegte Magdalena, verwarf ihre Überlegung jedoch selbst sofort wieder. »Bleibt sie hier, stirbt sie, bringen wir sie fort, wird sie zwar mit Antibiotika behandelt aber später ausgepeitscht. Was für ein Irrsinn geht in diesem Land vor!«

»Sie wird nicht sterben«, widersprach Mama Bisi mit fester Stimme. »Choga findet sicher die richtige Medizin. Das Problem ist momentan vielmehr die kleine Faraa. Wir haben keine Muttermilch für sie.«

»In Jeba wird es doch gewiss Trockenmilch geben!«, rief Magdalena.

»Ich fürchte«, sagte ich, »dass wir darauf nicht bauen können.« Dann erzählte ich, was ich wusste und gesehen hatte.

»Ich werde es trotzdem versuchen«, entgegnete Magdalena. »Ich bin Weiße. Mir werden sie schon nichts tun.«

»Du bist ein guter Mensch«, sagte Mama Bisi. »Aber bedenke, dass du dein Leben aufs Spiel setzt. Du wirst hier gebraucht. Bevor du gehst, möchte ich, dass wir uns beraten. Immerhin haben wir gestern Abend den Beschluss gefasst, dass Tanisha uns verlassen soll.«

»Nach allem, was wir jetzt wissen, könnt ihr das doch nicht mehr aufrechterhalten!«, protestierte Magdalena.

Nach einer schlichten Mahlzeit, mit der sich die vom Mauerbau geschwächten Gefährtinnen gestärkt hatten, stellte Mama Bisi – die kleine Faraa wie zufällig auf dem Arm – die neue Lage dar.

»Gerade jetzt ist die Gefahr groß, dass die Muslime Rache nehmen werden, weil wir ihnen die junge Frau nicht ausgeliefert haben«, trug Mama Ngozi vor. »Tochter Choga, dein Verhalten ist unverantwortlich. Du bringst uns alle in Gefahr.«

Ich blickte niemanden an, als ich sagte: »Wer Tanisha an ihre Verfolger ausliefert, lässt zu, dass eine Unschuldige so lange verprügelt wird, bis sie vielleicht sogar stirbt. Wer das will, muss das mit sich selbst und Gott ausmachen.«

Da schwieg sogar Mama Ngozi betreten.

Nun machte Magdalena ihren am Morgen mir gegenüber geäußerten Vorschlag, allerdings in einer vereinfachten Variante. »In Zeiten wie diesen halte ich eine Lüge für das geringere Übel. Verglichen mit der Billigung eines Verbrechens«, erklärte sie. »Wenn der *liman* noch einmal kommen sollte, können wir ihm sagen, dass Tanisha in der Nacht geflohen ist, während alle schliefen.« Sie blickte in die Runde. »Sie hat gehört, dass wir sie loswerden wollen, und ist heimlich gegangen. Das hat Tanisha, soweit wir wissen, ja schon mal gemacht. Demnach würde es zu ihr passen.«

Mama Ada brachte die Sache wieder einmal auf den Punkt:

»Die Fische streiten nicht darum, wie viele Zähne im Maul eines Krokodils sind.«

Es gab keinen Widerspruch, also teilte Magdalena den anderen ihren Entschluss mit, nach Jeba aufzubrechen.

»Du kennst dich dort nicht aus«, erklärte Mama Ngozi. »Ich werde dich begleiten.«

Magdalena fand in der allgemeinen Verblüffung als Erste die Sprache wieder: »Wirklich? Das ist …«, sie wusste offensichtlich selbst nicht mehr, wie sie sich ausdrücken sollte, »… sehr großherzig von dir«, meinte sie schließlich.

»Kehrt aber bitte um, sobald ihr merkt, dass es dort zu gefährlich ist«, bat ich meine deutsche Schwester nachdrücklich.

»Choga Regina«, entgegnete sie leidenschaftlich, »das Baby stirbt, wenn wir keinen Erfolg haben!«

Bevor ich sie ziehen ließ, versprach ich ihr, Tanisha in die nunmehr leere Heilstation zu verlegen, damit Magdalena wieder ihr Zimmer für sich hatte.

Sie schüttelte energisch den Kopf. »Lieber ziehe ich in die Schule. Tragt mein Bett dorthin und meine Sachen auch. Wenn jemand nach Tanisha sucht, dann zuerst im Heilhaus.« Sie grinste. »Dann war der ganze Stress umsonst.« Ich wusste, dass sie einen Scherz gemacht hatte, um sich unsere bedrohliche Situation wenigstens auf diese Weise von der Seele fern zu halten.

An Mama Ngozis Seite lief sie kurz darauf in Richtung Jeba. Zwei Frauen, wie sie schon rein äußerlich kaum unterschiedlicher sein konnten: die eine groß und kräftig, die andere gebeugt und ausgemergelt. Ich dachte, dass es wirklich erstaunlich ist, welche Menschen das Schicksal manchmal einen schweren Weg gemeinsam gehen lässt. Und ich flehte, dass wir nicht einen Fehler begangen hatten, den wir nicht wieder gutmachen konnten.

Mama Ngozis weiße Tücher wehten sanft im Wind. Hoffentlich verbarg sie wenigstens ihr silbernes Kreuz unter der Kleidung …

Nachtwanderung

Ich kehrte ins Heilhaus zurück und stellte meine Utensilien zusammen, um eine Stunde vor Einbruch der Dämmerung selbst aufzubrechen. Es war ein weiter Weg bis zu dem Hain, wo die Nachtbäume wuchsen, deren wohlschmeckende Knospen ich Tanisha sofort nach meiner Rückkehr verabreichen musste. Bevor ich die Farm verließ, besprach ich mit Mama Bisi und Efe, wie sie Tanisha behandeln sollten. Bisi trug das Baby mit sich herum. Josh folgte ihr wie ein kleiner Schatten; sobald sie die Hände frei haben wollte, nahm er ihr Faraa ab.

»Wie du damals mit Sue«, meinte Mama Bisi. Dann schafften sie und Ada Magdalenas Bett in die Schule hinüber. »Du hast eine wunderbare Schwester«, stellte Bisi gerührt fest. »Wie ...«

»Ja, wie Mama Lisa«, führte ich den Satz meiner gelegentlich recht harmoniebedürftigen Lieblingsmama zu Ende.

Bevor ich ging, drückte ich Josh einen Kuss auf die Stirn. »Mama, hol lieber Medizin für Tanisha!«, meckerte er, gar nicht harmoniebedürftig.

Ich rief Hope und trottete mit ihr los, meine Grabhacke in der einen, den Feldstock in der anderen Hand. Ich fühlte mich so unwohl wie schon lange nicht mehr. Die weise Ezira hatte mich gelehrt, keine Medizin aus einer Gegend zu holen, in die ich ungern ging. Sie würde unter Umständen wirkungslos sein, weil sich die Abneigung auf meine Fähigkeit als Heilerin übertrug. Aber ich wusste wahrhaftig keine andere Arznei als diese!

Hope, inzwischen ein halbes Jahr alt, lief manchmal so weit

voraus, dass ich sie kaum mehr sehen konnte. Vor allem Magdalena hatte in den letzten Wochen gelegentlich mit ihr geübt, besser folgen zu lernen. Sie kehrte auf mein Rufen auch stets zurück. Plötzlich hörte ich ein wütendes Bellen, auf das Hope antwortete. Anscheinend war sie auf einen oder mehrere Hunde gestoßen, die in der Gegend umherstreunten. Um mich sorgte ich mich weniger; Menschen taten sie meiner Erfahrung nach nichts. Ein junger Hund, der fast schon zärtlich behütet auf einer Farm lebte, würde gegen die Streuner allerdings keine Chance haben.

Ich rief nach ihr und endlich kam sie zurück. »Was war los, Hope?«, fragte ich und erntete einen Blick aus jungen Hundeaugen, die nicht verstanden. Ich untersuchte das Tier nach einer möglichen Verletzung, konnte aber nichts finden. Die Hündin hatte sich wohl doch schnell genug in Sicherheit gebracht.

Ich ging vorsichtig weiter und wir näherten uns bald einer Senke. Hope wurde auffallend unruhig, zog den Schwanz schließlich ein und lief nun hinter mir her. Dort drinnen lauerte also etwas, vor dem sie sich fürchtete. Vielleicht hatten die Hunde, die sich in der Vertiefung verbargen, Welpen. Dann konnten sie sehr unangenehm werden. Ich hielt meinen Feldstock bereit, um mich notfalls verteidigen zu können.

»Bleib!«, befahl ich Hope. Sie sah ohnehin nicht danach aus, als ob sie auf weitere Abenteuer aus wäre. Bäuchlings kauerte sie am Boden, die Ohren angelegt, harrte sie aus und knurrte leise. Ich legte die Hacke neben ihr ab, denn dieses Werkzeug darf nur zum Graben verwendet werden und nicht etwa, um sich damit zu verteidigen – selbst im Notfall nicht. Ich ging langsam weiter, bis ich in die Senke hinabsehen konnte.

Es war mindestens ein Dutzend Hunde unterschiedlichster Rassen und Größen. Zwei Anführer wendeten die Köpfe in meine Richtung, die Ohren angelegt, die Zähne gefletscht, die Mäuler blutverschmiert. Zwischen ihnen lagen Leichen, Fetzen von rot gemusterten Tüchern waren überall verteilt.

Entsetzt wich ich zurück. Instinktiv blickte ich mich um. War jemand in der Nähe? Jetzt erst entdeckte ich die Schleifspuren. Auf dem ockerfarbenen Boden und an den Halmen der Gräser klebte Blut. Die Hunde hatten ihre Opfer an den geschützten Ort gezerrt. Allmählich konnte ich klarer denken: Der erste Blick auf das Massaker hatte mir mehr als einen Körper gezeigt. Konnte es sein, dass diese Tiere derart ausgehungert waren, dass sie sich an eine ganze Gruppe Menschen herangewagt hatten? Von so etwas hatte ich noch nie gehört!

Mein Herz raste, dennoch ging ich an den Rand der Senke zurück. Es waren drei Frauen, entsetzlich zugerichtet. Am Hals einer der Toten klaffte eine lange glatte Wunde, wie sie kein Tier reißen kann, sondern nur ein scharfes Messer. Ich konnte den Blick nicht vom Gesicht dieser Frau abwenden. Tagelang hatte ich sie gepflegt und vor ein paar Stunden erst verabschiedet.

»Du solltest trotzdem wachsam sein, Heilerin!«, hatte sie mich gewarnt, bevor sie mit ihren Mitfrauen aufgebrochen war.

Ich zog mich langsam zurück. Der Schock ließ mich davongehen wie eine Marionette, die nichts empfinden kann.

»Corn, komm«, sagte ich und marschierte los. Erst nach ein paar Schritten bemerkte ich, dass mir der Hund nicht folgte, und realisierte, dass ich Hope mit dem Namen meines treuen, schon vor Jahren gestorbenen Corn angesprochen hatte.

»Hope!«, rief ich nun, »bitte komm!« Sie sprang erleichtert auf mich zu und ich umarmte sie. Der arme Hund wusste wohl nicht, wie ihm geschah, als ich meinen Kopf an sein Fell drückte und zu weinen begann. Hope leckte mir das Gesicht. In meinem Kopf wirbelten Fragen durcheinander, von denen ich wusste, dass mir niemand eine Antwort darauf geben würde. Wut und Ohnmacht rangen miteinander und wurden besiegt von der sich jäh meldenden Angst.

Hielten sich die Verbrecher, die drei harmlose Frauen ermordet hatten, etwa noch in der Nähe auf? Auf Hopes Reaktion konnte ich wenig geben, sie war ohnehin völlig verängstigt. Der letzte Schein der Sonne, meiner Beschützerin, war verglommen. Die Dunkelheit begann ihr Tuch über das Land zu werfen, das ich so liebte und dessen Bewohner mich immer wieder vor Rätsel stellten, die ich nicht verstand.

Ich lauschte in die beginnende Nacht hinein und hörte nur das Zirpen der Grillen und den Wind, der mit dem Laub der zu dunklen Schattengespenstern verzerrten Büsche spielte. Wohin sollte ich gehen? Zurück? Ohne Medizin? Ohne rettende Hilfe für Tanisha? Tiefer hinein in die Nacht? Ich dachte an Magdalena und Ngozi, die irgendwo weiter nördlich unterwegs waren. Dort, wo die Menschen in Panik vor jenem Grauen flohen, über das ich gestolpert war. Es war sinnlos, an meiner Aufgabe zu verzweifeln. Ich musste weiter. Glücklicherweise konnte ich mich auch diesmal auf meinen Orientierungssinn verlassen und fürchtete eines gewiss nicht: mich zu verlaufen. Vor unliebsamen Begegnungen würde Hope mich warnen. Doch meistern müsste ich sie dann allein ...

Meine Wanderung gab mir Gelegenheit, über die Vorkommnisse der vergangenen vier Tage nachzudenken. Ich sah mich auf der Veranda den vier Ältesten unserer Gemeinschaft gegenüberstehen und verkünden, dass ich fortgehen wollte. Wie dumm ich doch gewesen war! Welcher Hochmut aus mir gesprochen hatte! Das Schicksal der drei heimtückisch erschlagenen Frauen machte es mir jetzt deutlich. Meinen eigenen Sohn hatte ich in diesen unsicheren Zeiten einer Reise quer durch das ganze Land aussetzen wollen. Und nun lief ich mit bangem Herzen durch die Nacht.

Eines von Mama Adas Sprichwörtern fiel mir ein: Ein Fisch im Brunnen wird niemals ein Fisch im Meer sein können. Wie wahr! Ich gehörte dorthin, wo ich leisten konnte, was meine Kräfte ermöglichten.

Hope und ich kehrten nach langen Stunden zurück, mein Beutel war gefüllt mit den süßlich duftenden Blüten des Nachtbaums. Wir mussten in der Dunkelheit lange suchen, bis wir jene noch offene rückwärtige Stelle in der Mauer fanden, durch die wir in den *compound* gelangen konnten. Ich lief direkt zum Farmhaus, um Tanisha die Knospen zu bringen.

Die alte Bibliothek war voller Menschen. Mama Bisi, Mama Ada und Mama Ngozi waren dort, und ich dachte im ersten Moment: Gott sei Dank, Magdalena und Ngozi sind wieder heil zurück aus Jeba! Dann stutzte ich. Ngozi hielt ein Baby im Arm. Dort, wo bislang Magdalenas Bett gestanden hatte, lag auf einer Schlafmatte eine blutjunge Frau, einen Säugling an der Brust. Mit leicht ungelenken Bewegungen schob sie das Kind immer wieder an sich heran. Ngozi hatte jemanden mitgebracht, das verstand ich sofort, und in Tanishas Zimmer einquartiert.

»Das ist Nana«, erklärte nun Mama Bisi. »Nana ist eine Freundin von Schwester Ngozis Enkelin. Sie hat sich bereit erklärt, Faraas Amme zu sein.«

Das war natürlich viel besser als Trockenmilch, keine Frage. Gleichzeitig rührte mich Ngozis unglaublicher Meinungsumschwung. Eine junge Christin stillte das Baby jener Muslimin, die Ngozi am Morgen desselben Tages noch aus dem *compound* hatte vertreiben wollen ...

Dank der fiebersenkenden Garnbaumblätter war Tanishas Temperatur nicht mehr im lebensgefährlichen Bereich. Ich konnte ihr die mitgebrachten Blüten problemlos verabreichen. Bevor ich mich auf die Suche nach Magdalena machte, dankte ich Mama Ngozi.

Aus müden Augen sah sie zu mir auf. »Jeba brennt, Tochter Choga. Wir müssen beten, dass wenigstens unser Haus verschont bleibt.«

»Schwester Ngozi hat einige ihrer Verwandten mitgebracht«, sagte Mama Ada. »Wir mussten sie in der Heilstation unterbringen. Es ist der einzige Ort, an dem sie alle bleiben können.«

»Ist jemand verletzt?«, erkundigte ich mich.

Die drei alten Frauen schüttelten die Köpfe. »Gott hat seine schützende Hand über sie gehalten«, meinte Ngozi. »Aber keine von ihnen weiß, wo ihre Männer sind.«

Ich legte mein Werkzeug im Heilhaus ab und blickte durch die Verbindungstür zur Station hinein. Im Schein der winzigen Kerosinlampe erkannte ich die Umrisse von ein paar Menschen. Es herrschte eine unheimliche Stille, als ob niemand zugegen wäre. Als sich meine Augen an das dämmrige Licht gewöhnt hatten, sah ich kleine Kinder und junge Frauen sowie ein paar ältere. Keine von ihnen schlief, sie sahen mich schweigend an.

Sollte ich sie willkommen heißen? Ihnen eine gute Nacht wünschen? Ich blieb stumm wie sie, sprachlos vor Hilflosigkeit. Ich nahm meine Kladde mit aus dem Heilhaus, um mich später damit auf die Veranda zu setzen, wo ich Tanishas Behandlung und die Entdeckung auf meiner Nachtwanderung notieren wollte.

In der Schule gab es kein Licht; Magdalena schlief aber nicht. Sie hatte auf mich gewartet. Wir setzten uns auf die Veranda, wo sie von dem Unvorstellbaren zu erzählen begann, das sie gesehen hatte.

»Ich begriff ziemlich schnell, dass es sinnlos war, nach Jeba hineinzugehen«, sagte sie. »Viele Häuser waren verrammelt, manche verlassen, einige vom Feuer zerstört oder geplündert. Es war gespenstisch. Ausgebrannte Autowracks standen auf der Straße. Ich sah ein verkohltes Gebäude, und Ngozi meinte, das sei eine christliche Kirche gewesen. Aber was sollten wir machen ohne diese Trockenmilch? Da sagte Ngozi, sie müsse unbedingt wissen, wie es ihren Töchtern gehe. Also umrundeten wir die Stadt. Es wurde dunkel. Choga, was ich da gesehen habe, werde ich nie vergessen. Berge von Leichen. Einfach so abgelegt, als hätte der Teufel persönlich aufgeräumt. Dazwischen stromerten Hunde umher. Ich habe Steine geworfen. Da sind sie zwar weggelaufen, doch die kommen sicher wieder.«

Meine entsetzliche Entdeckung war also kein Einzelfall. Betreten schwieg ich. Sollte ich erzählen, dass ich vorgehabt hatte, am nächsten Morgen zur Polizei zu gehen, um meine Entdeckung zu melden? Wer würde sich dafür jetzt noch interessieren?

»Endlich erreichten wir das Haus der ältesten Tochter«, fuhr Magdalena fort. »Darin waren etwa zehn Menschen, alle völlig verängstigt. Sie sahen uns an wie Gespenster. Doch sie waren alle gesund. Sie wollten trotzdem mitkommen auf die Farm. Sie seien dort sicherer, meinten sie. Ich überzeugte sie zu bleiben, wo sie waren, und sich ruhig zu verhalten. Dann das nächste Haus, das der jüngeren Tochter Rose. Es war nicht mit hohen Mauern gesichert wie das erste. Nur ein paar Bretter drum herum. Die waren alle niedergetreten worden. Das Haus, eher eine Hütte, war komplett verwüstet. Ngozi begann zu schluchzen und rief die Namen ihrer jüngsten Tochter und ihrer Enkelin. Wir fanden die beiden ein paar Hütten weiter hinter den Mauern des Nachbarn. Gottlob war niemandem etwas wirklich Ernsthaftes zugestoßen. Wir haben natürlich alle hierher gebracht.«

Magdalena beendete ihren Bericht mit einem schweren Seufzen. »Choga, was ist das für ein Land? Warum verlaufen hier Auseinandersetzungen gleich so blutrünstig? Haben die Leute denn keine Achtung vor dem Leben?«

»Ist das denn nur in meinem Land so?«, fragte ich. »Tun die Europäer so was nicht?«

»Ja, doch, das mag schon sein. In Nordirland ermorden sich sogar die Christen gegenseitig«, räumte sie nach einer längeren Pause ein. »Vielleicht ist das keine Frage der Hautfarbe, sondern einfach in den Menschen drin. Immerhin können sie etwas, wozu Tiere nicht in der Lage sind: hassen.«

Bevor sich Magdalena zurückzog, sagte sie: »Wir sollten den Generator die Nacht über laufen lassen. Es ist sonst so dunkel und still hier draußen.« Es war der einzige Hinweis darauf, dass sie Angst hatte.

Ada hatte schon eine Woche zuvor die Verlegung der von Magdalena mitgebrachten Elektroleitungen abgeschlossen, aber es fehlten noch Lampen und Birnen, weshalb wir im Haus Kerosinleuchten benutzten. Auf der Veranda gab es jedoch elektrisches Licht. Ich rückte den Korbsessel unter die moderne Lichtquelle und nahm meine Kladde auf den Schoß. Nachdem ich alles niedergeschrieben hatte, lehnte ich mich zurück; ich war viel zu aufgewühlt, um mich hinzulegen.

Vielleicht, dachte ich, ist es ohnehin besser, die Nacht hier draußen zu verbringen. Jemand sollte Wache halten. Das gleichmäßige Geräusch des Generators war ich nicht gewohnt; es überdeckte die Stimmen der Nacht. Sie kannte ich seit meiner Kindheit, wusste einzuschätzen, wie weit die umherstreunenden Hundemeuten entfernt waren, kannte das schrille Aufjaulen der Katzen oder das gelegentliche Kreischen eines Affen. Das Brummen des Motors verwischte diese mir vertrauten Laute.

Ich ging noch einmal hinein, um nach Tanisha zu sehen. Das Licht im Zimmer brannte. Mama Bisi und Mama Ngozi hatten sich zu den beiden jungen Frauen und ihren Babys gelegt.

Bisi war noch wach. »Geh schlafen«, flüsterte sie, »zwei Omas schaffen das schon.«

In der Empfangshalle blickte Hope mich schwanzwedelnd an.

»Na, dann komm«, murmelte ich und nahm sie mit auf die Veranda. Mit einem Satz war der Hund auf meinem Schoß, drehte sich im Kreis, um die beste Schlafposition zu finden, und kuschelte den Kopf in meine Kleidung. Groß und schwer war Hope geworden. Ich drückte sie an mich und versuchte, mich zu entspannen. Aber sie schreckte mehrmals hoch und schlug an. Irgendetwas ging da draußen vor sich. Ich fühlte mich unbehaglich. Gut 24 Stunden zuvor hatte ich damit gedroht fortzugehen. Jetzt wünschte ich mir das Gegenteil: eine hohe Mauer, die uns alle schützte ...

Der Angriff

Mama Ngozi erwies sich als eine resolut handelnde Person. Sie schickte ihre Verwandtschaft gemeinsam mit unseren jungen Frauen zum Mauerbau, bevor die Sonne richtig aufgegangen war. Es war sehr kühl und meine Glieder waren nach der im Freien verbrachten Nacht völlig steif. Efe, Bisi und ich versorgten Tanisha und Nana sowie ihre Babys in der Bibliothek. Nana, unsere Amme, erhielt zur Steigerung des Milchflusses einen Tee aus der Rinde des Fruchtbarkeitsbaums. Der große Baum wächst zwar nicht bei uns in der Nähe, doch ich hatte stets getrocknete Rinde im Heilhaus, da ich sie ebenfalls als Pulver gegen Hautausschlag verwendete. Tanishas Temperatur war, nachdem wir die wegen ihrer Nebenwirkungen riskanten Garnbaumblätter abgesetzt hatten, wieder leicht gestiegen, die Nachtbaumknospen schienen aber die Bakterien des Kindbettfiebers zu bekämpfen. Erst danach konnte ich mich daranmachen, den Tee für meine Gefährtinnen und die Kinder zu bereiten. Efe und ich verteilten ihn auf der »Baustelle«.

»Wir arbeiten auch, gib uns ebenfalls von deinem Tee«, verlangte Ngozis Tochter Rose.

»Später«, sagte ich, »ihr bekommt anderen Tee.«

»Wir wollen aber diesen Tee!«, verlangte Rose.

»Ihr seid nicht krank«, wies Efe sie zurecht.

Ngozis Tochter, eine wie ihre Mutter sehr schlanke Frau von schätzungsweise 40 Jahren, machte runde Augen. »Ihr seid krank? Ihr seht aber nicht krank aus. Was habt ihr denn?«

»Nichts«, sagte ich hastig, »das ist nur vorbeugend, damit niemand krank wird.«

»Wir mussten unsere Häuser verlassen. Und du willst uns nichts geben, damit wir gesund bleiben?« Rose ließ ihre Steine fallen und ging auf mich zu, um mir die Kanne aus der Hand zu nehmen. »Euch geht es gut, wir hingegen brauchen Hilfe!«

»Lass das«, sagte ich, »wer welchen Tee bekommt, das bestimme ich. Deine Verwandten sind gleich dran.«

Efe war mit der Verteilung fast fertig, als ihr eine junge Frau den Becher entriss, den sie gerade an Lape reichen wollte.

Mama Ada hatte mir in Lagos einmal ein Sprichwort gesagt, das ich nie vergessen hatte: Der Bettler ist wie ein Dornbusch. Wenn du nicht Acht gibst, bleibst du an seinen Dornen hängen. Doch in unserem Fall waren die Verhältnisse ungleich komplizierter. Ngozis Verwandtschaft wusste offenkundig nichts von unserer Infektion. Damit jede Gefahr einer Ansteckung vermieden wurde, mussten wir ab sofort Situationen wie diese vermeiden.

Ich sah Ngozis Tochter streng an. »Wir sind glücklich, dass wir euch Unterschlupf gewähren dürfen«, meinte ich, »doch dies ist nicht euer Haus. Ihr werdet euch freundlich verhalten. Nur so werden wir uns verstehen.«

Das Gesicht der um einiges älteren Frau wurde hart. »Meine Mutter hat mir schon gesagt, dass du hier das Wort führen willst. Aber du bist jünger als ich. Behandle mich gefälligst mit Respekt.« Demonstrativ griff sie nach meinem Becher und der Teekanne. Ich drehte mich schnell genug zur Seite.

Meine Gefährtinnen ließen nun die Arbeit ruhen, und ehe ich begriff, was vor sich ging, standen sich zwei Gruppen gegenüber: meine Gefährtinnen hinter mir, Ngozis Verwandte hinter Rose.

»Beruhigt euch«, sagte ich. »Wir haben genug Tee. Efe und ich werden ihn sofort bringen.«

»Du willst uns schlechten Tee geben!«, stieß Rose hervor. »Wir wollen den anderen Tee.«

Darauf konnte ich mich schon deshalb nicht einlassen, weil ich nicht genügend Zutaten hatte, um derartige Mengen zuzubereiten. Den Grund dafür konnte ich unmöglich nennen; offensichtlich hatte Ngozi ihre Tochter niemals über unsere Infektion aufgeklärt. Hätte ich das in diesem Moment nachgeholt, hätten die von den Auseinandersetzungen im Ort ohnehin bis aufs Blut gereizten Frauen wahrscheinlich völlig durchgedreht.

»Lape, Florence und Elisabeth werden euch zu unserer Küche bringen. Dort seht ihr, dass wir einen guten Tee machen. Und eine Mahlzeit wird inzwischen auch fertig sein. Kommt mit, esst und trinkt«, sagte ich so versöhnlich, wie ich es vermochte. Einerseits taten mir die von den Wirren verängstigten Menschen Leid, andererseits spürte ich auch einen ziemlichen Zorn auf ihr forderndes Benehmen. Wahrscheinlich hätte die praktisch denkende Ngozi sie lieber in der Heilstation lassen sollen, anstatt sie mit unserem Mauerbau zu behelligen.

Wir waren auf der noch unbefestigten Rückseite des Grundstücks gewesen und betraten nun den Hof. Dort standen Ada, Bisi, Funke und Ngozi vor jenem Tor, das Ada gestern noch fertig gestellt hatte. Es war mit Feldsteinen verklemmt. Auf der anderen Seite befanden sich einige Männer, hinter denen ein Auto parkte.

Ausgerechnet jetzt, während wir mit unseren Besucherinnen einen überflüssigen Streit austrugen, war der *liman* zurückgekehrt.

»Was will dieser Mann hier?«, flüsterte Ngozis Tochter mit unüberhörbarer Panik in der Stimme.

»Er wird wieder gehen«, beruhigte ich sie und bat meine *Schwestern,* Rose und die übrigen Frauen zur Küche zu führen. Ich hielt Efe zurück. »Geh jetzt langsam in die alte Bibliothek und sorge dafür, dass dort alles ganz ruhig bleibt!« Ich marschierte mit Magengrimmen zum Tor, als ich bemerkte, dass die Besucherinnen, entgegen meiner Aufforderung, zur Küche zu laufen, wie ein Haufen aufgeschreckter Hühner zum Farmhaus rannten. Hoffentlich, betete ich, geht das gut!

Am Tor war inzwischen ein heftiger Wortwechsel entbrannt. Mama Bisi zitterte am ganzen Körper.

»Habt ihr alles so gesagt, wie wir es besprochen haben?«, flüsterte ich ihr zu. Sie nickte tapfer.

Liman Ahmed hob seinen Stecken und deutete auf mich. »Du dort, zeig uns dein angebliches Heilhaus. Wir wollen sehen, dass du nicht die Frau versteckst, die wir suchen.«

Mama Bisi umklammerte meine Hand. Ich verstand ihr stummes Signal und erwiderte: »Die Ältesten haben alles gesagt.«

Der *liman* hob seinen Stock und stieß ihn gegen das Tor. »Öffnet es«, befahl er den fünf oder sechs Männern, die ihn begleiteten.

Mama Ngozi stürmte nach vorn und stemmte sich gegen das Tor. Ada, Bisi, Funke und ich taten es ihr gleich. »Wir verbieten euch einzutreten. Dies ist ein Haus ehrenwerter Frauen. Ihr habt nicht das Recht, unseren Frieden zu stören!«, rief Mama Ngozi den Angreifern entgegen.

Hinter mir hörte ich jetzt Magdalenas Stimme: »Um Himmels willen, was geht hier vor?« Sie rief ihren Schülern zu, unter denen sich an diesem Tag auch zwei von Ngozis Verwandten befanden, dass sie in der Schule bleiben sollten. Wenige Augenblicke später stand sie an unserer Seite. Wir waren zwar nur Frauen, unsere Verzweiflung machte uns jedoch ebenso stark wie die von außen gegen das Tor drückenden Männer. Ada hatte gründlich gearbeitet – die Pforte hielt stand.

Der *liman,* der selbst tatenlos zugesehen hatte, trat nun zur Seite. »Nehmt das Auto«, befahl er seinen Leuten.

Wir sechs Frauen wechselten entsetzte Blicke. In Richtung Farm rief Ngozi auf Haussa, dass sofort alle Frauen zum Tor kommen sollten. Mama Adas kräftige Stimme wiederholte die Aufforderung auf Englisch. Einige meiner Gefährtinnen waren noch hinten in der Küche gewesen, die anderen an der Mauer, die Besucherinnen im Haus. Letztere streckten neugierig die Köpfe aus der Haustür, ohne sich weiter zu rühren. Schließlich waren alle meine *Schwestern*, bis auf Efe, am Tor versammelt, gegen das nun das Auto anfuhr.

»Wir sind stärker als dieses Auto«, raunte Magdalena mir zu. »Solange wir hier stehen, haben die da keine Chance.«

Nun sah ich Josh aus der Schule stürmen, hinter ihm alle anderen Kinder. »Josh, geht ins Farmhaus, schnell! Und bleibt drin, bis wir euch sagen, dass ihr rauskommen dürft!«, rief ich ihm zu.

»Wir wollen euch helfen!«, schrie Josh zurück.

»Dann nimm alle und bleib im Haus. Und schaff Hope auch rein!« Die Hündin bellte wütend an unserer Seite.

Die Kühlerhaube des Autos wies bereits erhebliche Beulen auf, dennoch gab der Fahrer nicht auf. Wir wähnten uns schon als Siegerinnen. In diesem Moment stürzte Ngozi neben mir zu Boden. Sie blutete aus einer Wunde an der Stirn. Da flog auch schon der zweite Stein, er verfehlte mich nur knapp, weil ich mich zu Ngozi hinuntergebeugt hatte.

»Hilf mir hoch!«, befahl Ngozi.

»Bleib unten. Das ist zu gefährlich.«

»Ich werde niemals weichen!« Ngozis Stimme überschlug sich. Sie rappelte sich auf. »Ihr Bastarde habt das Haus meiner Tochter zerstört!«, rief sie den Männern entgegen.

Dann packte sie jenen Stein, der sie selbst getroffen hatte, und schleuderte ihn mit voller Wucht gegen die Windschutzscheibe des Autos. Das war das Signal, das die Situation eskalieren ließ. Nun flogen die Steine, die wir so mühsam zu einem Wall aufgeschichtet hatten, wild durch die Luft. Es war eine stumme Schlacht, niemand sprach, niemand klagte. Obwohl ich sah, dass Blut über Lapes Gesicht lief, verteidigte auch sie uns mit zusammengepressten Lippen.

Aus dem Auto holten die Angreifer zwei lange Buschmesser und gingen auf uns zu. Boshaft grinsend schwangen sie ihre Waffen, denen wir nichts entgegenzusetzen hatten. Wir hatten keine Wahl; wir mussten das Tor aufgeben. Die Männer stießen es einfach um. Obwohl wir uns mit den Steinen zu verteidigen versuchten, kamen sie immer näher, und wir wichen zurück zum Haus. Es war zum Verzweifeln: Ich gab mir solche Mühe – trotzdem traf ich nicht einen dieser Männer! Meine Angst ließ mich völlig versagen, Tränen der Wut und der Ohnmacht stiegen in mir auf.

»Alle ins Haus«, kommandierte Ada.

»Ich werde nicht weichen!«, schrie Ngozi zurück. »Ich weiß, wann ich dem Teufel ins Gesicht sehe. Und ich werde nicht vor ihm zurückschrecken.« Bisi und Ada versuchten, sie fortzuzerren, doch sie stieß beide von sich. »Bastarde!«, schrie sie immer wieder. »Wer waren eure Mütter, dass sie euch nicht lehrten, Respekt vor Frauen zu haben?«

Inzwischen standen wir alle auf der Veranda zusammengedrängt. Nur Ngozi verharrte mitten im Hof; wir riefen ihr zu, dass sie zurückkommen solle. Dann nahm sie den letzten Stein, der noch dort lag, und hob ihn auf. Sie schleuderte ihn direkt in Richtung des *liman*, verfehlte ihn aber um mehrere Meter. Jetzt stürmte einer der beiden Männer mit dem Buschmesser auf Ngozi zu und holte aus.

»Nein!«, schrien wir wie aus einem Mund.

Mama Ngozi fiel in den Staub, ohne ein weiteres Wort gesagt zu haben. Unter unseren entsetzten Blicken riss der *liman* ihr das weiße Tuch vom Leib und wickelte es um seinen Stock. Ich begriff wohl ebenso wenig wie die anderen, was er vorhatte. Er schien sich zurückzuziehen. Den umwickelten Stecken schwenkte er dabei wie eine Trophäe. Er blickte um sich, als ob er Maß nähme, dann entzündete er das wie eine Fahne lose herabhängende Ende von Ngozis Tuch.

»Bitte, bitte nicht!«, flehte Mama Bisi ganz leise.

Sie ahnte wohl längst, was gleich geschehen würde, während ich noch wie gelähmt gaffte. Einer der Begleiter riss ein weiteres Tuch von Ngozis Kleidern und umwickelte damit meinen Feldstock, den ich fallen gelassen hatte.

Plötzlich bemerkte ich Magdalena, die sich durch unsere Gruppe nach vorn schob. Sie sprach den *liman* auf Englisch an: »Wir haben Ihre Macht gesehen. Gehen Sie jetzt. Sie haben bereits genug angerichtet.« Mit entschlossenen Schritten näherte sie sich dem Anführer, der sie mit einem ironischen Lächeln betrachtete. Ich weiß nicht einmal, ob er überhaupt verstand, was sie sagte, oder ob es ihm gleich war.

»Lass es, Magdalena!«, rief ich ihr laut in unserer Muttersprache zu. »Komm zurück. Er tut dir weh. Bitte, bitte, komm!«

Jetzt wendete sich Mama Ada leise an meine *Schwestern:* »Ihr müsst ganz ruhig bleiben. Es wird gleich brennen. Verlasst das Haus durch den Hinterausgang. Geht zur Küche, nehmt Töpfe, Kalebassen, Eimer. Macht alles voll mit Wasser, so schnell ihr könnt, und bildet eine Kette. Wenn ihr alle helft, dann schaffen wir es. Wir haben das alles aufgebaut und wir werden es retten. Bleibt ruhig!« Dann ging sie voran, alle folgten.

Im Hof redete Magdalena immer noch auf den *liman* ein. Doch der Mann hörte nicht auf sie, rief etwas und im nächsten Moment flog ausgerechnet mein eigener mit Ngozis Tuch umwickelter Feldstock durch die Luft. Er sah aus wie ein Blitz, als er geradewegs auf das trockene Palmwedeldach des Heilhauses niederging.

»Meine Kräuter, meine Medizin, wir brauchen sie!«, schrie ich wie von Sinnen und wollte losstürmen. Die beiden Männer mit den Messern standen zwischen mir und dem Heilhaus, und so zerrte Mama Bisi mich zurück.

Nun hielt der *liman* seinen lichterloh brennenden Stecken mit zufriedenem Grinsen ans Dach der Station. Es brannte sofort. Die Schule schien ihn nicht zu interessieren, stattdessen zündete er das Dach unserer kleinen Kirche an. Anschließend gab er einen Befehl und die Männer zogen sich zu ihrem ramponierten Wagen zurück.

Ich war längst beim Heilhaus angekommen, stürmte hinein und warf durch die geöffneten Fenster hinaus, was ich ergreifen konnte. Ich spürte die von oben drängende Hitze nicht, sondern rettete in diesen Sekunden völlig planlos, was ich zu fassen bekam. Dann packten mich Adas starke Hände.

»Der Gaskocher!«, schrie meine Patentante. »Raus! Gleich fliegt alles in die Luft!«

Die rote Flasche stand neben meinem winzigen Herd, auf dem ich den Tee zubereitet hatte. Ada zerrte mich ins Freie, zog mich zum Haus. Aber es geschah nichts! Ich wollte zurück, während Ada mich mit eisernem Griff zurückhielt. Und dann knallte es, die Explosion drückte die Steine der Außenwand nach außen, während gleichzeitig eine meterhohe Stichflamme emporschoss.

Ohnmächtig musste ich mit ansehen, wie alles niederbrannte und schließlich in sich zusammenfiel. Obwohl sich meine Gefährtinnen jede erdenkliche Mühe gaben, rannten und schleppten, blieb von dem ganzen Flachbau nur eine Ruine übrig, die schlimmer aussah als das Haus, das wir anderthalb Jahre zuvor vorgefunden hatten. Die nur aus Holzstämmen und Lehm errichtete Schule, in der Magdalenas Sachen und ihr Unterrichtsmaterial gelegen hatten, existierte überhaupt nicht mehr. Die Verbrecher hatten sie nicht anzünden müssen; die Flammen waren in Sekundenbruchteilen übergesprungen. Sie war viel zu dicht am Heilhaus erbaut worden. Unsere kleine Kirche hatten wir gar nicht erst zu löschen versucht. Dafür reichten weder unsere Kräfte noch die Anzahl der Personen aus.

Irgendwann setzte Regen ein. Warum war der nicht früher gekommen?

In der Eingangshalle hatte sich eine traurige Versammlung gebildet. Viele hatten vom Ruß verdreckte Gesichter, manche waren verletzt. Aus Stoffresten legten Bisi und ich Verbände an. Es waren glücklicherweise keine Brandwunden, sondern durch Steinwürfe verursachte Blessuren. Die alte Küche im Haus, das unbeschädigt geblieben war, diente wieder als Heilküche, in der ich zerstreut Arznei bereitete, die ich aus den Büschen rings um unser Haus herstellte.

Mama Ngozis Leichnam war auf ihre Schlafmatte gebettet worden, ihr Körper mit frischen weißen Tüchern bedeckt und das Kreuz, das ihr so wichtig gewesen war, in die gefalteten Hände gelegt worden. Ihr ausgemergeltes Gesicht wirkte nun völlig entspannt. Ihre Verwandten hatten sich betend und weinend im Kreis um sie niedergelassen, ein ewiges Licht brannte ebenso wie ein paar Kerzen. Das alles wirkte sehr feierlich und andächtig.

Mir fiel jedoch auf, dass sich die Gruppe seltsam angeordnet hatte. Sie wandten uns den Rücken zu, als wollten sie Ngozi abschirmen. Von unseren Gästen schien eine gewisse Feindseligkeit auszugehen; ich war jedoch zu beschäftigt, um weiter darüber nachzudenken.

»Schwester Ngozi war eine gläubige und tapfere Frau«, sagte Mama Bisi. Wir beteten gemeinsam, dass sie Erlösung finden möge. Ich sprach die Worte mit, doch unter meine Trauer mischten sich andere Gedanken: Ngozi war eine Frau mit felsenfesten Prinzipien gewesen. Niemals bereit zu weichen. Dennoch hatte sie geholfen, Tanishas Baby zu retten. Hatte sie sich deswegen dem *liman* entgegengestellt? Oder aus Überzeugung?

Eine Antwort darauf würde es niemals geben.

»Wir haben unser Haus behalten«, sagte Mama Ada in ihrer kleinen Ansprache. »Alles andere werden wir wieder aufbauen. Ihr dürft jetzt nicht verzweifeln. Wenn wir den Mut sinken lassen, dann haben diese Verbrecher gewonnen.«

Dieser Tag hatte unsere Kräfte überfordert. Meine Gefährtinnen und Ngozis Verwandtschaft verzogen sich mit gesenkten Köpfen, um sich einen Platz zum Schlafen zu suchen. Wir mussten eng zusammenrücken. Nur die Kinder schienen die Enge im früheren Salon für ein neues Abenteuer zu halten. Ich setzte mich gemeinsam mit Bisi und Magdalena in ihre Mitte und stellte mich ihren Fragen, auf die wir zumeist keine Antwort wussten.

Liebe, Rücksicht und Verzeihen wurden in unserem Haus

als oberste Grundsätze gelehrt. An diesem Tag hatten die Kinder erleben müssen, wie Erwachsene diese Ideale mit Füßen traten. In der Halle hielt Rose Totenwache bei ihrer Mutter. Sie sah kurz zu mir auf; ihr Blick war abweisend. Ihre Mutter, eine körperlich kleine Frau, hatte bis zum letzten Atemzug Größe bewiesen. Ich hingegen hatte jetzt nicht die Kraft, mich zu ihrer Tochter zu gesellen, um die gemeinsame Trauer zu einem versöhnenden Gespräch zu nutzen.

Zum Schlafen zu aufgewühlt, zog ich mich nach draußen auf den Lehnstuhl zurück. Dort lag meine Kladde, so ziemlich der einzige Gegenstand, der mir nun noch gehörte. Am Vorabend hatte ich den Stift darin liegen lassen.

Dienstag, 11. September 2001, schrieb ich auf die leere Seite und wusste nicht mehr weiter.

Trauer und Hoffnung

Zwei Teekannen hatte ich gehabt, eine blaue und eine rote. Sie waren dickbauchig und schwer gewesen. Irgendwie waren sie in dieses Haus gekommen, ich hatte nie gefragt, wie. Sie waren einfach da, ständig in Gebrauch, morgens, mittags, abends. Wer Efe, Bisi oder mich mit den Teekannen sah, wusste: Jetzt kommt Mama Chogas Tee und der hält uns gesund. Nun lagen diese Kannen im Schutt, zerbrochen.

Ein Gebrauchsartikel?

Ein Gegenstand, der uns überleben half! Neue Kannen zu besorgen – allein der Gedanke verbot sich von selbst.

Solch scheinbare Kleinigkeiten führten mir vor Augen, was geschehen war. Mörser, Reibebretter, Messer, Kalebassen, Heilutensilien wie die Grabhacke, zeremonielle Instrumente wie meine Rassel, die ich einst von meiner Lehrerin Ezira bekommen hatte – all das gab es nicht mehr. Und dann die vielen sortierten, ordentlich aufgehängten und verwahrten Kräuter, Rinden, Wurzeln und Früchte. Die materiellen Grundlagen meiner Arbeit waren in weniger als einer Stunde, die das Feuer gewütet hatte, verschluckt worden.

Jeder, außer natürlich Ngozis Verwandten, wusste, was dieser Verlust bedeutete. Ada, Bisi und Efe durchsuchten die Trümmer und freuten sich über jeden Tiegel, der noch als solcher zu erkennen war. In der früheren Küche führte jeder Handgriff zu der Erkenntnis, wieder ganz von vorn anfangen zu müssen. Viele Grundlagen für die Arzneien waren nicht so schnell zu ersetzen. Wenn ich ständig unterwegs wäre, könnte ich einiges sammeln; das war mir alles völlig klar.

Mich umfing jedoch eine Dumpfheit, wie ich sie zuletzt in den schlimmsten Zeiten in diesem Haus erlebt hatte: nach der Vergewaltigung durch den mit mir verheirateten Felix. Damals hatte ich tagelang gar nichts tun wollen. Solch eine Depression drohte mich nun wieder zu lähmen. Josh kuschelte sich an mich, er brauchte eine starke Mutter, um das Grauen, das er erlebt hatte, verkraften zu können. Gedankenverloren streichelte ich ihm übers Haar, und wenn er mich etwas fragte, hatte ich nicht zugehört.

Ich bin Heilerin, sicher, ich weiß, welche Pflanzen den Schleier heben können, der sich über die trauernde Seele gelegt hat.

Ich bin auch ein Mensch, der innere Stärke braucht, um eine Heilerin sein zu können.

Mama Chogas Tee? Ein paar Tage würden wir sicher auch ohne zurechtkommen. Der den Milchfluss anregende Tee, den Nana brauchte, um zwei Säuglinge zu stillen? Ich würde ihn morgen machen. Tanishas fällige Aufbaunahrung? Erst musste das Fieber weiter sinken.

Für alles fand ich Ausreden, floh vor der Verantwortung, die mich niederdrückte wie eine übermächtige Last. Meistens saß ich auf der Veranda, sah dem niedergehenden Regen zu, dachte gleichzeitig an die Bewässerungsanlagen der Felder, das Telefon, das wir unbedingt brauchten, den nötigen Wiederaufbau des Heilhauses und der Schule, ja, und auch der Kirche. Dabei hatte ich stets die Ruinen im Blick, die sich immer weiter mit Wasser voll sogen. Wer auch immer zu mir kam, erhielt dieselbe Antwort: dass ich Ruhe brauchte, um nachzudenken.

Meine Gedanken kreisten um die stets gleichen Fragen. Weitermachen oder aufgeben? Was nutzten all die Anstrengungen, die Gesundheit meiner Gefährtinnen und der Kinder zu erhalten, wenn es eines einzigen brennenden Stocks bedurfte, um all das zunichte zu machen? Was ging in solchen Männern vor, die mit Gewalt versuchten, anderen Menschen ihren Willen aufzuzwingen?

Nach Mama Ngozis trauriger Beisetzung, die bei den Bougainvilleabüschen in strömendem Regen stattfand, träumte ich von ihr. Ich sah sie vom tödlichen Hieb getroffen in den Staub fallen und hatte selbst das Messer geführt. Welche Schuld traf mich an ihrem Tod? Wäre all das zu verhindern gewesen, wenn ich nicht genauso wie Ngozi auf meinen Prinzipien beharrt hätte? Ihre letzten Worte hatten vom Respekt gesprochen, der ihr so wichtigen Tugend, die sie mir gegenüber eingefordert hatte. Wahrscheinlich hatte ich zu wenig Achtung vor ihr gehabt, sie nur für einen Störenfried gehalten. Jetzt merkte ich, dass gerade Ngozi mir immer fehlen würde. Eben weil sie meine Ansichten beharrlich in Frage gestellt hatte. Alle anderen waren so lieb zu mir, nannten mich »Choga, unsere Heilerin«. Ngozi jedoch hatte mich so gesehen, wie ich auf diese Welt gekommen war – als Mensch. Mit Fehlern, mit einer Menge Irrtümer und mit Hochmut.

Ich missachtete den Regen und wollte wohl noch tiefer in meinem Selbstmitleid versinken, indem ich durch die Trümmer stapfte. An der Türschwelle zum Heilhaus waren meine Kraftobjekte im Boden vergraben. Mit bloßen Händen scharrte ich das unversehrt gebliebene Tongefäß aus dem festgestampften Lehmboden. Während ich die kleinen Stöcke, Flussmuscheln, Steine und Krebspanzer in Händen hielt, wurde mir klar, dass das Wichtigste nicht verloren gegangen war: mein Wissen. Doch meine Verfassung machte es nutzlos wie diese Gegenstände, die erst durch mein Ritual zu Kraftobjekten wurden.

Schließlich stand ich in den Überresten der Kirche. Mit Wehmut erinnerte ich mich an die Debatte zwischen meinem Vater und meiner Mutter, die vor über 13 Jahren ihrem Bau vorausgegangen war. Nach einer guten Ernte hatte meine Mutter Saatgut und Bewässerungssysteme kaufen wollen, Papa David aber hatte auf der Errichtung einer Kirche bestanden. Bisis Sohn Jo hatte dann für den Altar einen schwarzen Jesus am Kreuz geschnitzt. Ausgerechnet dieses Kreuz lag, vom

Regen blank gewaschen, fast unversehrt inmitten von verkohlten Resten. Nur den Querbalken, die erste Schnitzarbeit, die ich mit Jo gefertigt hatte, hatte das Feuer geschwärzt.

Ich trug das Kreuz mit dem schwarzen Jesus durch den Regen zum Haus, wuchtete es die Stufen der Veranda hinauf und in die Eingangshalle hinein. Ich nahm mein Tuch vom Kopf und begann, Kreuz und Figur damit trockenzuwischen. Ein ziemlich sinnloses Unterfangen mit einem nassen Stück Stoff. Erst half Efe mir, dann Bisi und schließlich rieben wohl ein Dutzend Frauen an dem Kreuz herum.

»Das ist nicht schlimm, dieses kleine angekohlte Stück. Da setze ich etwas dagegen. Dann sieht man später nichts mehr«, meinte Mama Ada.

»Ich weiß nicht«, überlegte ich laut, »vielleicht sollte es so bleiben.«

»Du hast Recht«, stimmte Bisi zu, »das Kreuz erinnert auch an die Auferstehung.«

Mehr musste sie nicht sagen. Denn das einzige Stück, das aus den in Schutt und Asche verwandelten Gebäuden aufgetaucht war, sollte uns von nun an und für immer an etwas erinnern: Die Hoffnung, dass die Menschen irgendwann zur Vernunft kommen, durften wir niemals verlieren. Wir stellten das Kreuz neben die Eingangstür. Wer immer es ansah oder das Haus verließ, dem war es eine Mahnung zum Neuanfang.

Da sämtliche Heilerwerkzeuge unbrauchbar oder ganz verbrannt waren, musste ich mich mit Feldgerät und Haushaltsmessern behelfen, die ich jedoch zuerst den Elementen weihen musste, bevor ich sie ihrem neuen Zweck zuführen durfte. Meine Gefährtinnen schnitzten aus Ästen Mörser, fertigten aus Kokosschalen Behälter und aus Kürbissen Kalebassen. Kannen und Tiegel setzten ihrer Handwerkskunst naturgemäß Grenzen.

Darum beschloss Magdalena, nach Jeba zu gehen, um dort in Erfahrung zu bringen, ob es bereits wieder Waren zu kaufen gab. »Ich muss es einfach versuchen«, sagte sie. »Du brauchst so unendlich viele Dinge, die hier nicht hergestellt werden können.« Nach wenigen Stunden kehrte sie zurück. »Es ist sinnlos. Die Geschäfte sind geschlossen, die Menschen sind nicht zurückgekehrt. Nur ein paar fliegende Händler verkaufen Waren zu absolut unverschämten Preisen.« Wenigstens zwei Teekannen hatte sie mitgebracht. Und eine Erkenntnis: »Wir müssen das Leben hier auf andere Beine stellen. Unser Neubeginn muss anders aussehen als zuvor.«

»Wie meinst du das?«, fragte ich.

»Wir leben hier viel zu rückständig. Die Gewalt hat uns total überrascht. Weil wir abgeschnitten sind von allem, was ich zum Beispiel aus Deutschland kenne. Das fängt damit an, dass dieses Telefon in der alten Bibliothek nicht funktioniert.«

»Die Leitung ist vor Jahren zerstört worden. Es kostet ein Vermögen, eine neue legen zu lassen«, erklärte ich.

»Es gibt inzwischen Mobiltelefone«, entgegnete sie. Ich ließ mir erst mal erklären, was das ist: ein Handy.

»Außerdem brauchen wir ein Auto«, fuhr meine deutsche Schwester fort, schränkte aber gleich ein: »In Jeba ist weder das eine noch das andere zu bekommen. Dafür muss ich wohl nach Jos fahren.«

Ich glaubte, nicht richtig zu hören. »Das ist viel zu gefährlich!«, widersprach ich. Und dann setzte ich hinzu: »Es ist ja nicht so, dass du Unrecht hast. Aber wer soll das alles bezahlen?«

Sie verschwand und kehrte mit einer kleinen Plastikkarte zurück, von der sie mir erklärte, dass dieses unscheinbare Stück Bargeld sei. »Ich habe alle meine Dokumente noch am Tag meiner Ankunft in der alten Bibliothek verwahrt.« Sie zeigte mir ihren Pass und die Kreditkarte. »Mehr als das ist mir nicht geblieben. Doch das reicht.« In unserer Gemeinschaft sind solche Mittel des – inzwischen kenne ich den Ausdruck – bargeldlosen Zahlungsverkehrs selbst heute weitgehend unbekannt.

Nachdem Magdalena mir all das erklärt hatte, was in ihrer Heimat schon Schulkinder wussten, begriff ich zumindest, dass auch »unbares« Geld irgendwoher kommen musste. »Du kannst doch nicht all das für uns bezahlen, Magdalena. Das ist viel zu teuer«, protestierte ich.

Sie blieb gelassen. »Doch, das kann und werde ich. Ich bin gekommen, um zu helfen. Ich bin ein Teil eurer Gemeinschaft geworden. Du glaubst doch nicht, ich kann in diesem Augenblick tatenlos zusehen und mich darüber freuen, dass mein gespartes Geld sicher auf der Bank liegt. Jetzt wird es gebraucht und nicht irgendwann. Du hattest mir mal von dieser Händlerin erzählt, bei der du Mutters Kleidung verkaufen konntest«, berichtete meine couragierte Schwester. »Die will morgen gemeinsam mit zwei anderen Händlerinnen nach Jos aufbrechen. Diesen dreien werde ich mich anschließen.«

»Die wollen wirklich nach Jos fahren?«, stammelte ich entgeistert.

Magdalena lächelte verschmitzt. »Na ja, ich habe ihrer Entscheidungsfreudigkeit etwas nachgeholfen. Für die Kosten komme ich auf, sobald ich eine Bank gefunden habe. Dafür werden sie mir helfen, mich zu orientieren.«

»Und wie kommt ihr dorthin?«

»Auf der Ladefläche eines Lastwagens«, verkündete meine Schwester. Ich lobte schüchtern ihre Unerschrockenheit. Da setzte sie hinzu: »Meine Malariatabletten sind übrigens auch verbrannt.« Ich konnte keinen Zusammenhang zwischen Lastwagen, Jos und Malariaprophylaxe erkennen; die mutige Magdalena erklärte mir auch den. »Ich vertraue ab sofort deinen Heilkünsten und du meinem Organisationstalent. Okay?«

Am nächsten Morgen zog Magdalena los. Da ihre eigene Garderobe bis auf jene Stücke verbrannt war, die sie im Unterricht getragen hatte, lieh sie sich unsere afrikanischen Tücher. Während ich ihr nachblickte, dachte ich, dass sie sich ziemlich rasch in eine Afrikanerin verwandelt hatte. Nur ihr fester, schneller Gang verriet, dass unter der Kleidung eine zu allem entschlossene Deutsche steckte. Sie war die Einzige von uns, die sich nicht unterkriegen ließ.

Meine scheue Schwester Efe, die innerhalb so kurzer Zeit den dritten Schicksalsschlag verkraften musste, drückte ihre Bewunderung für Magdalenas Stärke stellvertretend für uns so aus: »Sind die Deutschen denn alle so hart im Nehmen?«

Der Schock des Erlebten ließ irgendwann langsam nach. Doch die Chance zu einem Neuanfang, alles gar größer wieder aufzubauen, als es gewesen war, erforderte die vorausschauende Energie eines gesunden Menschen wie Magdalena. In mir war diese Kraft nicht; die Zerstörungen verdeutlichten mir stattdessen meine Grenzen. Ich wollte keine neue Heilstation aufbauen; ein Neuanfang musste anders aussehen. Kleiner, bescheidener, nur noch auf unsere Verhältnisse zugeschnitten. Es war wie einst mit Musas Welpen: Ich konnte nur Hope retten, nicht den ganzen Wurf.

Ich hatte den *compound* seit dem Angriff nicht verlassen. Es war zwar ringsum alles ruhig geblieben, dennoch hatte ich Angst davor, neue schreckliche Entdeckungen zu machen. Wenigstens in den Kräutergarten musste ich gehen. Eine Woche war vergangen, seitdem ich die Frauen und Kinder zum letzten Mal mit dem stärkenden Tee versorgt hatte.

Die ganz kleinen Kinder husteten, andere bekamen Schnupfen. In den viel zu beengten Wohnverhältnissen breitete er sich rasend schnell aus, griff bereits die ersten Erwachsenen an. Mit einem neuen, von Bisi provisorisch aus Raphiabast gefertigten Heilerinnenbeutel zog ich los, um die entsprechenden Zutaten zu besorgen. Auf dem Weg zum Garten lief ich über unsere nicht mehr gepflegten Felder, die mir klar machten, dass die Folgen des Unglückstags wesentlich schlimmer waren, als ich bislang angenommen hatte. Außer Magdalena hatte sich niemand mehr hinausgewagt.

Meine Naturapotheke hatte meine lange Abwesenheit ebenso wenig verziehen. Wildwuchs griff überall um sich. Die harte Arbeit tat mir trotzdem gut. Jedes Unkrautbüschel, das ich auf den Haufen warf, glich einem Stück Enttäuschung, von dem ich mich befreite. Jeder wilde Trieb, den ich abschnitt, ermahnte mich, auf den Weg der Heilerin zurückzufinden. An diesem Nachmittag verteilten Efe und ich zum ersten Mal wieder den wichtigen Tee. Zwar fehlten zwei die Immunabwehr stärkende Bestandteile, doch ich hoffte, dass allein von diesem ersten Anzeichen der Normalität ein positives Signal ausging.

Am Abend kehrte Magdalena wohlbehalten aus Jos zurück. Sie berichtete, dass nur einige Viertel der Stadt noch zu meiden waren. Sie hatte eingekauft, so viel sie tragen konnte. Vor allem die wichtigen kleinen Gerätschaften, mit denen ich meine Medizin zubereite, waren ein Segen.

Außerdem hatte sie ein Mobiltelefon erstanden. Sie hatte es in Jos sofort ausprobiert, um ihre Tochter Kati in Amerika anzurufen. Jetzt erzählte sie mir, dass eine Woche zuvor muslimische Attentäter das World Trade Center in New York zerstört und das Verteidigungsministerium der USA angegriffen hatten. Plötzlich erkannte ich, dass unser eigenes Schicksal in Zusammenhang mit dem Geschehen in Teilen der Welt stand, von denen ich nicht mal eine Vorstellung hatte. Glücklicherweise war Kati viele Tausend Kilometer von den Terroranschlägen entfernt gewesen.

Leider hatte meine nicht an Afrika gewöhnte Schwester bei ihrer Neuerwerbung etwas Entscheidendes nicht bedacht: Obwohl sie mit ihrem Handy rings um unser Haus sämtliche Standorte austestete, bekam sie kein Netz. Somit blieb das Gerät ein uneingelöstes Versprechen auf Anschluss an die weite Welt. Zumindest als liebevoll behandeltes Spielzeug war es jedoch sehr begehrt und piepte wundervoll. Magdalena hatte außerdem ein kleines Radio erstanden, das jenes beim Feuer zerstörte ersetzte. Zunächst war der kleine Kasten ein bestauntes Wunder, mit dem sich tatsächlich drei unterschiedlich stark rauschende Sender empfangen ließen, zu deren Musik die Kinder vergnügt tanzten.

Wir lernten schnell, dass Fortschritt nicht immer ein Gewinn ist; zumindest wenn man Gäste im Haus hat, für die Radio und Mobiltelefon Neid erweckende Gegenstände sind. Zunächst bat Ngozis Tochter meine Schwester noch recht höflich um Geld, damit sie ihr Haus wieder aufbauen könne.

Magdalena kam etwas ratlos zu mir. »Wie viel soll ich Rose denn geben? Ich kann ihr doch nicht das Haus bezahlen!«

Diese Frage überforderte mich ebenfalls. Was ging meine Schwester das Problem dieser ihr fremden Frau an? Wir halfen ohnehin schon, indem wir die ganze Verwandtschaft bei uns wohnen ließen. Ganz so hartherzig wollte ich jedoch auch nicht sein und meinte: »Hast du denn überhaupt noch Geld, das du abgeben kannst?« Schließlich drückte Magdalena Rose ein paar Scheine in die Hand. Ich sah zufällig, dass sie kurz darauf blickte und sich entfernte.

Am nächsten Morgen war das Radio verschwunden. Es tauchte nie wieder auf.

Zu diesem Zeitpunkt hatte ich bereits ganz andere Sorgen. Ausgerechnet Josh bekam als Erster hohes Fieber! Dabei hatte ich nicht mal mehr Bisis altes Holzhörrohr, vom neuen Stethoskop, das Magdalena mitgebracht hatte, mal ganz abgesehen. Wenn er jetzt eine Lungenentzündung bekam, würde mir gar nichts anderes übrig bleiben, als ihn ins Krankenhaus zu bringen. In welches? Gab es das in Jeba überhaupt noch? Ich behandelte ihn vorsichtshalber gleich mit Brustwickeln und ausgekochten Blutbaumwurzeln und hoffte, dass sie wirkten. Ich holte ihn aus dem mit Kindern voll gestopften früheren Salon und ließ ihn bei Bisi und mir im Obergeschoss schlafen. Ada zog solange mit Mama Funke zusammen.

Um Tanishas Genesung brauchte ich mir dagegen keine ernsten Sorgen mehr zu machen; sie war wirklich eine Kämpferin. Leider hatte ich viel zu wenig Zeit für sie und überließ es weitestgehend Efe, sich um die jungen Mütter und die Babys zu kümmern. Denn bei ihnen hatte sich Rose einquartiert, der ich lieber aus dem Weg ging.

Mama Funke hatte den Platz Ngozis eingenommen und kümmerte sich um unsere Flüchtlinge, die sie zum Essenkochen einteilte. Ada begann gemeinsam mit meinen *Schwestern*, die Überreste der Trümmer zu beseitigen. Magdalena hielt den Schulunterricht in der Eingangshalle ab. Zumindest waren die Kinder beschäftigt. In gewisser Weise fanden wir in unser altes Leben zurück; alle hatten Aufgaben, die sie auf Trab hielten. Das glaubte ich jedenfalls.

Die kluge Schildkröte

Eines Nachmittags stand Rose in Bisis, Joshs und meinem Zimmer. Sie platzte ohne Vorwarnung los: »Deinetwegen musste meine Mutter sterben!«, schrie sie und funkelte mich wütend an. Ich begriff kein Wort. Mein erster Gedanke galt Josh, der von dem nun Folgenden nichts mitbekommen durfte. Er war ohnehin fiebrig und geschwächt. Ich rappelte mich hoch, doch Roses Redefluss schwappte über unsere Köpfe hinweg.

»Dein Sohn hat Aids. Ihr alle habt die Krankheit des Teufels!«, kreischte sie. »Auf diesem Haus liegt ein Fluch. Weil ihr nicht lange leben dürft, wollt ihr, dass alle anderen mit euch sterben!«

Ich war derart vor den Kopf gestoßen, dass ich überhaupt nicht mehr wusste, was ich entgegnen sollte. Aus welcher Unwetterecke war dieser Sturm über uns hereingebrochen? Ich schob die Rasende aus dem Zimmer und bugsierte sie auf den oberen Treppenabsatz. Unten in der Eingangshalle sah ich Nana stehen, ihr eigenes Kind auf dem Rücken. Verwirrt blickte sie zu uns hinauf. Glücklicherweise war sonst niemand im Haus; Magdalena war mit den Kindern losgezogen, um eine Stelle in der ramponierten Mauer auszubessern, die anderen waren auf dem Feld oder in der Küche.

»Rose, beruhige dich«, bat ich. »Wie kommst du auf solche Anschuldigungen?«

»Was tust du so scheinheilig, du Hexe! Ich habe eure Geheimnisse herausgefunden! Meine Mutter musste sterben, weil du eine Muslimin versteckst! Diese Frau hat es mir selbst

188

gestanden. Deshalb sind die Männer gekommen. Und du hast es zugelassen. Eine alte Frau in den Tod getrieben hast du! Aber damit nicht genug«, zeterte Rose, »eine Christin lässt du ein unehelich geborenes Muslimkind stillen. Das Schlimmste ...«

Weiter kam sie nicht. »Schweig!«, stieß Mama Bisi nun hervor, während ihr ganzer Körper vor Wut bebte. »Du undankbare Frau! Du trittst das Andenken deiner Mutter mit Füßen. Schwester Ngozi war uns eine geschätzte Gefährtin. Sie wusste, was in diesem Haus vor sich geht. Es braucht nicht ausgerechnet dich, um sie zu verraten.«

»Ach, dann habt ihr sie also mit eurer Seuche angesteckt! War das der Grund, weshalb sie nicht bei ihrer Familie leben wollte? Weil sie sich schämte?«, schrie Rose.

»Kriech in das Loch zurück, aus dem du herausgekrochen bist, du Schlange«, sagte Mama Bisi mit fester, aber ruhiger Stimme. »Wir wollen dich hier nie wieder sehen.«

»Glaubst du denn, wir bleiben hier noch eine Stunde?« Sie spuckte auf die Treppe. »Hexenhaus. Verflucht mögen alle sein, die sich nach Sonnenuntergang noch darin aufhalten.«

Nach wie vor hielten wir drei uns auf dem oberen Treppenabsatz auf, ich mit dem Rücken vor jener Tür, hinter der Josh lag. Mit meinem Körper versuchte ich die bösen Worte von seinen Ohren fern zu halten. Meine kleine Lieblingsmama, fast genauso groß wie die etwa 30 Jahre jüngere Rose, stand dicht vor der Rasenden.

»Möge jedes einzelne deiner Worte zu dir zurückkommen«, sagte Mama Bisi nun kaum hörbar. Diesem auf Englisch gesprochenen Satz schickte sie nun etwas in ihrer Muttersprache Yoruba hinterher. Die Worte waren so undeutlich, dass ich nichts verstand.

Die Augen von Ngozis Tochter zogen sich vor Wut zu Schlitzen zusammen und weiteten sich dann vor Schreck. Hektisch drehte sie sich um und hastete die Treppe hinunter. Etwa auf der Hälfte kam sie ins Stolpern, versuchte sich zu fangen, griff ins Leere und stürzte die letzten fünf oder sechs Stufen hinab, ohne einen einzigen Laut von sich zu geben. Nana wich entsetzt zurück und stieß einen spitzen Schrei aus, ihr Baby begann zu schreien.

Wie versteinert starrte ich auf den verrenkten Körper hinab, der sich nicht rührte. Ohne sich zu mir umzublicken, ging Mama Bisi die Stufen gemächlich hinab, trat auf die verschreckte Nana zu.

»Bette Rose auf die Seite, gleich hier neben der Treppe«, sagte Mama Bisi. Nana tat, wie ihr befohlen wurde. »Lege die Hand an ihren Hals und fühle, ob ihr Herz schlägt.«

Nana nickte.

»Nach Sonnenuntergang darf sie dieses Haus verlassen. Und keine Minute früher«, meinte Mama Bisi, packte Nana an der Hand und führte sie zurück in die alte Bibliothek.

Ich blickte immer noch auf Rose hinunter, die sich nicht rührte. Vor Jahren hatte ich einen Schwur getan: jedem zu helfen, der meine Hilfe braucht. Doch zunächst kehrte ich zu Josh zurück. Er saß aufrecht auf der Schlafmatte und blickte mich an, als wäre ich ein Gespenst.

»Müssen wir wirklich alle sterben, Mama?«, fragte er. »So wie der kleine Jo?« Er streckte die Arme nach mir aus. »Ich will aber noch nicht sterben, Mama. Ich habe doch nur einen starken Husten. Ich werde wieder gesund. Und du wirst auch nicht sterben, Mama.«

Ich drückte seinen warmen Körper an mich und wiegte ihn ganz sanft. »Das waren nur die Worte einer dummen Frau, Josh. Sie hat Unsinn geredet, weil sie selbst ganz durcheinander ist. Das musst du nicht so ernst nehmen, wie es sich anhört. Dumme Menschen reden oft dummes Zeug. Mama Bisi hat Rose weggeschickt. Du wirst sie nicht mehr wiedersehen«, versprach ich.

Doch ich war selbst ziemlich verwirrt. Ich hatte meine Lieblingsmama immer als eine verzeihende, verstehende und gütige Frau gekannt. An diesem Nachmittag hatte ich erlebt, dass sie auch eine andere Seite hatte, die sie niemals zeigte. Jetzt war jedoch nicht der Zeitpunkt, um darüber nachzudenken.

Mama Bisi kam nach wenigen Minuten zurück, ruhig und ausgeglichen wie immer. Sie brachte ein mildes, die Körperharmonie wiederherstellendes Beruhigungsmittel mit.

»Vielleicht sollte Josh das jetzt erst mal nehmen«, sagte sie. Ich wartete, bis er zwischen uns eingeschlafen war.

»Ich muss nach ihr sehen«, flüsterte ich Bisi zu.

»Ja, das musst du«, pflichtete sie mir leise bei. »Rede nicht mit ihr, egal, was sie sagt. Behandle sie, aber schweig, meine Kleine.« Sie blickte mich ernst an. »Ich habe Lisa geschworen, dass ich dich beschützen werde. Sie wusste, wie ich das meine.«

Wir hielten uns noch eine Weile an den Händen, dann schickte sie mich nach unten.

Rose war wieder zu sich gekommen, doch sie stand unter schwerem Schock. Sie ließ es nicht zu, dass ich sie untersuchte. Also setzte ich mich auf die unterste Treppenstufe und wartete. So fand uns Magdalena, die mit ihrer ausgelassenen Kinderschar zur Tür hereinstürmte. Ein Blick auf Rose, die sich inzwischen aufgesetzt hatte und sich gegen die Wand lehnte, genügte, um die Kinderstimmen verstummen zu lassen.

»Was ist geschehen?«, fragte Magdalena, vorsichtshalber gleich in unserer Muttersprache.

»Sie ist die Treppe ein paar Stufen hinuntergefallen«, antwortete ich entsprechend meiner Methode, die unangenehmere Hälfte der Wahrheit zu unterschlagen.

Magdalena musterte mich, wie Mutter es getan hätte. »Choga Regina, hier ist doch mehr passiert, als dass diese Frau die Treppe hinuntergefallen ist. Wir wissen alle, dass mit ihr nicht gut Kirschen essen ist.«

»Was heißt das?«, fragte ich, denn so weit reichten meine Deutschkenntnisse nun wirklich nicht.

»Rose ist eine unangenehme Frau, die nur Ärger macht. Das war schon mein erster Eindruck. Aber da brauchte sie wirklich

Hilfe.« Sie fixierte Rose wie eine Lehrerin die ungehorsame Schülerin. »Inzwischen denke ich, dass die liebe Verwandtschaft sich besser um ihre eigenen Hütten kümmern sollte. Die Leute stecken die ganze Zeit zusammen und futtern wie die Mäuse auf dem Speicher. Und unsere Vorräte schwinden. Bei aller Christenpflicht zur Nächstenliebe: Wir sollten sie ermuntern, bei sich selbst nach dem Rechten zu sehen.« Sie lächelte mich verschmitzt an. »Ist das jetzt ein schlechter Zeitpunkt, ihr das zu sagen?«

»Mama Bisi hat gemeint, sie darf erst nach Sonnenuntergang das Haus verlassen«, erklärte ich und sah, dass es jetzt so weit war.

»Was hat sie sich denn getan? Sie sieht mehr verstockt als ernsthaft verletzt aus.«

»Das werden wir sehen, wenn sie sich bewegt. Ich bin hier auch schon mal vor ein paar Monaten gestürzt. Mir war's eine heilsame Warnung«, sagte ich.

»Vielleicht ist nicht jeder so lernfähig wie du«, kommentierte sie und versuchte Rose auf die Beine zu helfen.

»Du bist eine gute Christin. Was tust du nur in diesem Haus?«, zischte Rose meine Schwester an.

Magdalena sagte auf Deutsch: »Ganz die Alte.« Um dann auf Englisch fortzufahren: »Hast du dir wehgetan, Rose?«

Ngozis Tochter antwortete nicht, sondern humpelte in die alte Bibliothek. Sie brauchte nicht lange, um ihre Sachen zu packen, und war eben im Begriff, zur Tür hinauszugehen, als Mama Bisi von ihrem Zimmer aus die Treppe herunterkam.

»Warte«, rief sie ihr nach, was Rose ignorierte. Da sagte Mama Bisi: »Bleib stehen oder du wirst es bereuen!« Nun endlich hielt Ngozis Tochter inne. Bisi erreichte sie und führte sie am Oberarm auf die Terrasse. Die beiden Frauen standen noch kurz zusammen, wobei Bisi sprach und Rose mit gesenktem Kopf zuhörte. Dann verschwand die Jüngere, um ihre Verwandtschaft zu holen.

»Ein guter Ratschlag für den Weg?«, erkundigte sich Magdalena, die immer noch nichts von der Auseinandersetzung ein paar Stunden zuvor wusste.

»Ich habe ihr eine kleine Fabel zum Abschied mitgegeben, die meine Mutter mir erzählte, als ich ein Kind war.« Mama Bisi lächelte in sich hinein. »Ihr wisst ja, wie wir alten Frauen so sind. Je älter wir werden, umso besser erinnern wir uns an unsere Jugend.«

Dann begann sie: »Es waren einmal eine Schildkröte und eine Schlange. Die Schildkröte hatte ein Haus, die Schlange war nackt. Es war Nacht und der Leopard suchte wieder einmal Beute.

›Ich bin schutzlos‹, sagte die Schlange. ›Schildkröte, lass mich in dein Haus.‹

›Ich gewähre dir Unterschlupf‹, sagte die Schildkröte, ›aber du musst versprechen, mir nichts zu tun.‹

Die Schlange versprach es und die Schildkröte ließ sie in ihr Haus.

Als der Leopard vorbeikam, fand er nur die Schildkröte vor. Er warf sie gegen einen Stein, um ihren Panzer zu zerbrechen. Dabei fiel die Schlange aus dem Panzer heraus. Der Leopard machte sich sofort daran, die Schlange zu fressen.

Da rief die Schlange wütend: ›Du hast mich betrogen, Schildkröte!‹

Die Schildkröte antwortete: ›Wenn du nicht aushältst, dass der Leopard dich gegen einen Stein wirft, dann darfst du keinen Panzer tragen, sondern musst dich in der Erde verkriechen, sobald der Leopard jagt.‹«

Am Abend schrieb ich auf der Veranda in meine Kladde. Meine Lieblingsmama gesellte sich mit ihrer Decke zu mir. »Nun frag, meine Kleine. Efe ist oben bei Josh«, ermunterte sie mich.

»Ich wusste nicht, dass du zu solchen Dingen fähig bist, Mama«, sagte ich.

»Wir Schildkröten werden oft unterschätzt.« In der Dunkel-

heit konnte ich sie so mild lächeln sehen, wie ich es an ihr liebe.
»Genau darin liegt unsere Stärke.«

»Rose kann uns schaden«, gab ich zu bedenken. »Sie wird überall erzählen, dass wir so leben, weil wir an einer ansteckenden Krankheit leiden, vor der wir uns mit Hexenkräften schützen.«

Mama Bisi zog sich die Decke wie einen Panzer um die Schultern. »Ich weiß, meine Kleine«, meinte sie nachdenklich. »Wir werden in Zukunft achtsam sein müssen.«

»Wie sollen wir das machen?«, fragte ich ratlos.

Wahrscheinlich hatte die alte Ngozi unsere Situation viel klüger als ich vorausgeahnt. Unser Schicksal verurteilte uns zu einem Leben hinter hohen Mauern wie in Vaters Harem. Alles andere war ein schöner Traum gewesen, der mit der Wirklichkeit nichts zu tun hatte. Es mutete wie Hohn an, dass mich ausgerechnet die Folgen unserer Hilfsbereitschaft zu dieser Erkenntnis brachten.

Schicksalsfragen

Noch in derselben Nacht bekam Josh so hohes Fieber, dass er phantasierte. Gleichzeitig hatte er schwere Atemprobleme. Er aß kaum noch und hustete ununterbrochen. So vielen Menschen hatte ich helfen können, nun ließ mich ausgerechnet die Krankheit meines eigenen Kindes an meinen Fähigkeiten als Heilerin zweifeln. Wieso war es mir nicht gelungen, seine Lungenentzündung zu verhindern? Gleichzeitig fiel auch Efe komplett aus; die Sorge um Josh hatte sie verdrängen lassen, dass sich bei ihr selbst eine Lungenentzündung entwickelt hatte.

Tanisha war wieder kräftig genug, um ihre Faraa selbst zu stillen. Sie und Efe tauschten die Quartiere. Wir gestalteten die alte Bibliothek zu einer Intensivstation um. Josh und Efe bekamen nun stärkste Medizin, doch unsere größte Sorge galt der Atmung. Beide mussten ständig heiße Kräuterdämpfe inhalieren. Ada bastelte aus den Stämmchen junger Bäume zwei Gestelle, die wir über den Schlafmatten errichteten und mit Tüchern bedeckten. So entstanden zwei kleine Zelte, in denen in unterschiedlichsten Gefäßen ständig mit Kräutern versetztes heißes Wasser dampfte.

Es war ein unglaublicher Aufwand, der ein regelrechtes Schichtsystem für die Betreuung erforderte. Die Organisation, die dafür notwendig war, klappte jedoch perfekt. Irgendwann registrierte ich halb unbewusst, dass sich die in ihre schwarzen Tücher gehüllte Tanisha, das Baby auf dem Rücken, in unsere Betreuungskette eingegliedert hatte. Es war so normal, dass niemand darüber ein Wort verlor.

Ohne meine Apotheke war ich darauf angewiesen, ständig

frische Kräuter zu besorgen. Gleichzeitig war es unmöglich, neue Vorräte anzulegen. Entweder stellte ich die Medizin zusammen, oder ich beschaffte gerade die Zutaten. Diese Hektik ließ mich gar nicht erst zum Nachdenken darüber kommen, dass es mein eigenes Kind war, um dessen Leben ich kämpfte. Wahrscheinlich war ich auch froh, dass für meine Gefühle gar kein Platz mehr war. Ich hätte womöglich völlig versagt, wenn ich die Angst zugelassen hätte, Josh zu verlieren. Nur in meinen Träumen konnte ich diese Panik nicht verdrängen. Also sorgte ich dafür, dass es keine Zeit zum Träumen gab. Ich legte mich erst dann auf die Matte zwischen Josh, Efe und Bisi, wenn mir die Augen im Laufen zufielen.

»Amara hat versprochen, wenn wir Hilfe brauchen, kommt sie«, sagte Magdalena während ihrer Schicht.

Ich hörte kaum zu und meinte nur: »So eine lange Fahrt ist jetzt viel zu gefährlich.«

Magdalena verrichtete ihre Arbeit ungerührt weiter. »Sobald du sie angerufen hast, will sie losfahren.«

Jetzt wurde ich hellhörig. »Moment mal, heißt das, du hast bereits mit ihr telefoniert?«

»Choga, wir schaffen es nicht allein. Wir brauchen Hilfe. Vor allem fehlen dir die nötigen Kräuter.« Beiläufig hatte ich ihr erzählt, dass ich eine nur im Süden des Landes im Regenwald wachsende Kletterpflanze ebenso schmerzlich vermisste wie jenen Samen, mit dem ich sowohl Malaria als auch Lungenentzündungen behandeln konnte. »Amara ist bereit. Doch sie wird nur kommen, wenn du sie darum bittest. Mein Wort genügt ihr leider nicht, sonst wäre sie wohl schon hier.«

Keine Heilerin macht sich auf den Weg zu ihrer Kollegin, wenn sie nicht ausdrücklich vor ihr darum gebeten worden ist. Das ist – so würde es wohl Ngozi ausgedrückt haben – eine Frage des Respekts. Unangemeldetes Auftauchen könnte in dem Sinne missverstanden werden, dass die eine der anderen nicht zutraut, ihre Probleme selbst zu lösen. Auf Wunsch ist man natürlich sofort zur Stelle. Hat man dann zusammengefunden, gilt die alte Weisheit: Ein Freund ist wie eine Leiter, die auf der anderen steht ...

»Wenn du das nächste Mal zum Kräutergarten gehst, sag mir Bescheid«, meinte Magdalena.

»Ja, ja«, antwortete ich, ohne mich zu fragen, wieso. Das erklärte sich, als Magdalena wenig später auf jene Felsen deutete, die zwischen meinem Kräutergarten und Musas Haus liegen. Wir stiegen auf den höchsten Punkt, dort holte Magdalena ihr Handy hervor. Erstaunt sah ich zu, wie sie Amaras Nummer eingab.

»Du willst hier telefonieren?«, erkundigte ich mich verblüfft.

»Ich habe lange gesucht, wo der beste Standort ist«, sagte meine Schwester und drückte mir das Gerät in die Hand. Verunsichert blickte ich mich um, ob ich an irgendetwas erkennen konnte, woher Amaras Stimme zu mir kam.

»Ich brauche deine Hilfe«, sagte ich unumwunden, als ich sie hörte.

»Magdalena hat mir erzählt, was bei euch los ist«, antwortete die alte Heilerin. Mit vielen warmherzigen Worten drückte sie aus, wie Leid es ihr tue, dass wir in die Auseinandersetzungen verwickelt worden waren. Dann bat sie mich um eine Aufzählung meiner Wünsche. Als ich geendet hatte, meinte sie: »Das habe ich fast alles. Ich werde schnellstens zu euch kommen.«

Ich stammelte ein »Danke« in den Hörer, gab ihn an Magdalena zurück und sank auf den Boden. Meine Schwester sprach noch eine Weile mit Amara, setzte sich dann neben mich und legte mir den Arm um die Schulter.

»Weiß Herr Musa eigentlich, was hier los ist?«, fragte sie.

»Ich glaube kaum«, meinte ich. »Nach dem, was geschehen ist, gilt unsere kleine Oase für Muslime als *haram*. So hat Ada mir das Wort *verboten* übersetzt. Außerdem wird er annehmen, dass Tanisha auf und davon ist. Das wäre ja auch ganz gut.«

»All das wäre nicht geschehen, wenn Musa seine Schwester nicht zu uns gebracht hätte«, überlegte Magdalena.

»Wer weiß?«, entgegnete ich. »Vielleicht war es einfach unser Schicksal. Frag mich mal in einem Jahr. Wenn wir uns dann umsehen, kennen wir die Antwort.«

Jetzt war es an meiner deutschen Schwester, mich ratlos anzusehen. »Bist du etwa Fatalistin?«

»Meine Lehrerin Ezira hat immer gesagt: Das Leben gleicht einer Suche. Oft finden wir etwas und wissen nicht, wozu es gut ist. Wir legen es beiseite und entdecken es später neu. Plötzlich können wir es für genau den Zweck gebrauchen, für den wir etwas gesucht haben, während wir auf das gestoßen sind, das wir nun brauchen.« Magdalena ordnete meinen komplizierten Satz in Gedanken. Ich musste unwillkürlich lachen. »Hast du das mit Fatalistin gemeint?«

Sie schüttelte den Kopf. »Nein, was du sagst, ist etwas anderes. Aber es ist sehr einleuchtend. Es hat nur einen großen Haken: Man muss viel Zeugs sammeln!«

»Nein, nicht viel«, widersprach ich, »nur das richtige.«

»Und woran erkennst du, was richtig ist?«

»Es kommt zu mir, spricht mich in gewisser Weise an«, erklärte ich.

»Du musstest doch erst mal zu diesen Dingen kommen, die dich dann, wie du sagst, ansprechen. Wie geht das? Per Zufall?«

»Die christliche Kirche nennt es Fügung. Das ist wohl kein schlechtes Wort. Ich würde es Führung nennen. Die Energie der Suchenden wird dorthin geleitet, wo sie verstärkt wird.« Wir saßen nach wie vor auf den Felsen. »Darum ist das hier wahrscheinlich ein geeigneter Ort, um zu telefonieren. Die Energie kann dich hier gut erreichen.«

Meine deutsche Schwester wies mich nachsichtig darauf hin, dass, für unsere Augen unsichtbar, im All Satelliten die Frequenzen weiterleiteten: »Das nennt man Technik.«

»Vielleicht haben Technik und Spiritualität irgendwo Gemeinsamkeiten«, sinnierte ich.

Magdalena schüttelte sich, als wollte sie meine tief schürfenden Gedanken abwehren. »Von Musa habe ich aus einem ganz einfachen Grund gesprochen«, sagte sie. »Ich möchte zu ihm gehen und ihn um seine Geräte bitten. Für mich gilt diese Grenze nicht, die zwischen dir und ihm verläuft. Ich bin die Lehrerin aus Deutschland.«

»Wenn du meinst, dann mach das.«

»Das klingt aber wenig begeistert!«, wunderte sich meine Schwester. »Ich kann es wenigstens mal versuchen. Sein Haus ist doch nicht weit, hast du gesagt. Hier irgendwie über die Felder, oder?« Ich zeigte ihr den Weg. »Ich schaffe das schon, lass mich mal machen!«, rief sie mir zu und spazierte mit energischen Schritten los.

Es verging nicht viel Zeit, bis sie den Kopf zur Tür der »Krankenstation« hereinsteckte. Ich huschte aus dem Zimmer, damit Josh das Gespräch nicht mit anhörte. An Magdalenas Gesichtsausdruck war leicht zu erkennen, dass sie keinen Erfolg gehabt hatte.

»Ich habe ihn getroffen und ihm erzählt, dass abgebrannt ist, was er mit aufgebaut hat«, berichtete Magdalena. »Er schien wenig verwundert.« Sie sah mich ratlos an. »Ich bin an diesen Klotz von Mann nicht herangekommen. Der war so abweisend, Choga! Vielleicht bin ich es auch falsch angegangen. Ich weiß es nicht. Auf jeden Fall behauptet er, seine Geräte seien alle im Einsatz.« Sie stöhnte. »Dabei stehen sie im Hof.«

»Hast du Fatima gesehen?«, fragte ich.

Meine Schwester verneinte. Bevor ich zu Josh und Efe zurückkehrte, ergänzte sie noch mit ironischem Unterton: »Ach so, eines hat er noch gesagt – es tue ihm Leid.«

»Das tut es mir auch«, bekräftigte ich. Ich meinte allerdings weniger Musa. Mir tat es für Magdalena Leid. Wahrscheinlich begann sie zu begreifen, dass deutscher Elan in Afrika durchaus an Grenzen stoßen kann.

Wie üblich war ich am nächsten Morgen im Kräutergarten, als ich zu meiner grenzenlosen Überraschung Said Musa auf den Felsen sitzen sah. Er erwartete mich geduldig. Dort oben, glaubte er wohl, würde das Verbot des Muslimführers nicht verletzt. Als ich näher kam, erhob er sich. Die schweren Hände wussten nicht, wo sie sich verstecken sollten. Er lächelte hilflos.

»Sie sind sicher enttäuscht, dass ich den Wunsch Ihrer Schwester ausgeschlagen habe«, begann er. »Ich bitte Sie auch nicht, das zu verstehen, Frau Egbeme. Aber ich muss hier weiterleben. Wir sind gerade erst aus Kaduna weggezogen und haben von vorne angefangen. Ich musste mich entscheiden. Entweder helfe ich Ihnen und Ihren *Schwestern,* oder ich versuche mit den Menschen in Jeba zurechtzukommen. Beides geht nicht. Es sei denn, ich baue bei Ihnen und muss dann woanders ein neues Leben beginnen.« Er hob die Schultern. »Das kann ich nicht. Ich würde mich ruinieren.«

»Im Grunde sind wir beide Opfer von Umständen, die wir nicht zu verantworten haben«, sagte ich, immer noch mit der Hoffnung auf eine Aussöhnung.

»Nachbarn dürfen Nachbarn so etwas nicht antun. Da gebe ich Ihnen Recht. Einen Ausweg weiß ich dennoch nicht. Sie haben Fatima das Leben gerettet und meine Frau ...« Seine Worte versiegten.

Jetzt erinnerte ich mich! »Wir haben ja bei ihr die Behandlung begonnen. Schlägt das Mittel an?« Ich rechnete kurz nach. Es war knapp drei Monate her, seitdem ich Frau Musa das gemahlene Pulver der Nüsse des Fruchtbarkeitsbaums gegeben hatte, um eine Schwangerschaft herbeizuführen.

Die Augen des kräftigen Mannes füllten sich mit Tränen, seinen muskulösen Körper durchlief ein Beben. »Meine Frau ist schwanger«, stieß er hervor. »Sie glaubt, dass es ein Junge wird!«

Erst jetzt begriff ich, welcher Kampf in Said Musa tobte. Endlich war sein Wunsch nach einem Sohn in greifbare Nähe gerückt. Da die letzten Schwangerschaften mit Fehlgeburten geendet hatten, hatte er sich überwinden müssen, mich erneut um Hilfe zu bitten. Damit ich für einen glücklichen Ausgang sorgte. Ausgerechnet ich!

Männer und ihr Wunsch nach Söhnen, dachte ich. Said Musa vergoss sogar Tränen darüber, dass er seinen Stolz besiegt hatte. Während er noch nicht einmal nach seiner Schwester Tanisha gefragt hatte.

Sollte ich ihn etwa fortschicken? Ich zog es nicht einmal in Erwägung. Die Behandlung seiner Frau hätte ebenso gut ein Fehlschlag werden können, da sie mich kein einziges Mal mehr aufgesucht hatte. Dass es dennoch geklappt hatte, begriff ich als Wink des Schicksals. Nicht als das Los dieses Mannes, der trotz seiner Kraft zu schwach war, um sein Leben in die eigenen Hände zu nehmen. Nein, als jenes des Ungeborenen und seiner Mutter. Männer in diesem Land ließen sich nicht selten scheiden, wenn der männliche Nachkomme ausblieb. Das war nun einmal so. Es lag nicht an mir, das zu ändern.

»Ich werde Ihrer Frau die Arznei geben, die sie braucht. Schicken Sie Fatima heute Abend hierher«, bat ich. Ihn selbst wollte ich nicht wieder sehen. Dann fiel mir noch etwas ein. »Was ist eigentlich aus den Welpen von damals geworden?« Er schien nicht gleich zu verstehen. »Der Nachwuchs von Ihrem Hofhund«, verbesserte ich.

»Ich habe sie nicht vergiftet!«, antwortete er entschieden. »Ich habe sie ausgesetzt.«

Am liebsten hätte ich entgegnet: So, wie Sie es mit Tanisha gemacht haben. Eigentlich, dachte ich, war es gleich, ob die Männer Felix, Papa Sunday, Musa oder *liman* Ahmed hießen. Ob sie Frauen missbrauchten, verstießen, Schwestern verprügeln lassen wollten oder sich kranke Gemahlinnen auf den Rücken banden, um sie nach Hause zu fahren wie ein Bündel Holz. Ich, Efe und Tanisha waren bislang davongekommen. Aber was war mit denen, deren Schicksal ich nicht kannte?

Obwohl der Tag gerade erst begonnen hatte, fühlte ich, wie mich eine bleischwere Müdigkeit übermannte. Ich hatte gehofft, Said Musa sei eine Ausnahme. Und hatte mich getäuscht. Dass er Muslim war, spielte dabei keine Rolle.

Seine Tochter erwartete mich am Abend im Kräutergarten. Sie ließ ich meine Verbitterung natürlich nicht spüren. Ich drückte ihr ein Bündel mit Orangenduftbaumwurzeln in die Hand und erklärte ihr, dass die Mama sich daraus zusammen mit Palmöl eine Soße zubereiten müsse. Das Kind gab mir ein dickes Bündel Geld. Ich war ratlos, ob ich es annehmen sollte, entschloss mich dann aber doch, es zu tun. Irgendwie musste mein Heilhaus neu erstehen. Warum nicht mit diesem Geld?

Fatima stellte die Frage, die ihr Vater nicht über die Lippen gebracht hatte: »Wie geht es Tanishas Baby?«

Die Antwort war nicht einfach, denn ich durfte nicht verraten, dass Mutter und Kind noch bei uns waren. »Möchtest du denn, dass es dem Baby gut geht?«, fragte ich.

Fatima nickte heftig. »Wie heißt sie denn?«

Ich gab mir einen Ruck. »Faraa. Ihre Mama hat gesagt, das heißt die Fröhliche.«

»Darf ich sie noch einmal auf den Arm nehmen? Bitte!« Der Blick des Kindes zerriss mir fast das Herz. Ich sah mich selbst, als ich so alt wie Fatima war. Voller Hoffnung war ich mit meiner Mutter aus Lagos heimgekehrt und hatte mich darauf gefreut, Adas Töchterchen Sue wiederzusehen. Sie war gestorben. Das war meine erste Begegnung mit dem Tod gewesen. Faraa aber lebte. Und war ebenso unerreichbar für Fatima.

»Die beiden sind fort«, sagte ich.

Welche Unmenschen hatten nur solche Gesetze aufgestellt, die mich dazu zwangen, die kleine Fatima anzulügen. Doch ich konnte das Mädchen wenigstens mit einer Hoffnung nach Hause gehen lassen. »Vielleicht bekommst du bald ein Geschwisterchen. Gib ihm all deine Liebe.«

Während ich nach Hause ging, fiel mir wieder die Lehre der weisen Ezira ein. »Es gibt nie ein Ende«, hatte sie gesagt. »Das kommt uns nur so vor.« Ich war froh, dass Frau Musa ein Kind bekam, und beschloss, noch an diesem Abend ein Ritual abzuhalten, damit das neue Mitglied Glück über Fatimas Familie brächte. Ich wusste sehr wohl, dass ihnen mein Glaube fremd war und sie die Zeremonie abgelehnt hätten, wenn sie davon gewusst hätten. Aber spielte das eine Rolle? Darf das Mitempfinden für andere Menschen enden, wo ein anderer Glaube beginnt?

Mich überkam ein befremdlicher Gedanke. Zum ersten Mal hatte ich dafür Geld bekommen, dass der Kreislauf aus Anfang und Ende eine Fortsetzung fand. Ich übergab meiner verdutzten Schwester die Scheine und reinigte mich, um die notwendige Zeremonie abhalten zu können.

Eine Liebe in Kaduna

Um Tanisha hatte ich mich in letzter Zeit viel zu wenig gekümmert. Ihr in sich gekehrter Gesichtsausdruck erinnerte mich nun daran, dass die junge Frau vor den Scherben ihres Lebens stand. Sie brauchte wirklich mehr Zuwendung, als sie zumindest von mir bislang erhalten hatte. Doch ich glaubte, nicht die Kraft zu einem Gespräch zu haben.

Mama Bisi nahm mich zur Seite. »Du musst mit Tanisha sprechen, Choga. Mach sie nicht verantwortlich für das Unheil, das ihre Leute angerichtet haben. Sie kann am wenigsten dafür.«

Die Mahnung meiner Lieblingsratgeberin machte mich so betroffen, dass ich Tanisha nach dem Ende ihrer Schicht ansprach. »Ich bin so froh, dass du dich wieder erholt hast«, sagte ich. »Deine Faraa ist auch so kräftig geworden.« Ich kam mir selbst sehr ungeschickt vor.

Tanisha verstand mich prompt falsch. »Ich habe mir ohnehin überlegt, dass ich besser gehen sollte. Du hast so viel zu tun. Und außerdem habe ich euch nur Ärger ins Haus gebracht.« Sie senkte schuldbewusst die Augen.

»Wohin willst du denn gehen?« Was für eine unsinnige Frage!, schalt ich mich im selben Moment. Das klang, als wollte ich sie ermutigen.

»Ich weiß es nicht.« Sie sah so ratlos aus, wie ihre Antwort klang.

»Dann kannst du auch nicht fortgehen«, entschied ich.

»Ich dachte, du willst, dass ich gehe?«

Mir saß schon wieder die nächste Aufgabe im Nacken, die Verteilung des Tees. Unsere neuen Kannen waren braun und gelb; ich drückte sie Tanisha in die Hände. »Gelb ist für die Kinder, braun für die Erwachsenen. Es gibt nur noch einen Becher. Fang mit den Kindern an.«

Den Ausdruck, der nun über Tanishas Gesicht huschte, werde ich nie vergessen. Es war ein scheues, aber dankbares Lächeln. »Wie voll soll ich den Becher machen?« Ich erklärte es ihr und sie machte sich an die Arbeit.

Das war der Anfang. Schon am nächsten Morgen erwartete sie mich in der kleinen Küche, das Baby auf dem Rücken. Es ging alles ohne viele Worte vonstatten: Ich zeigte ihr, wie die Zutaten gerieben, gestampft und gekocht werden mussten, und am Abend hatte sie heraus, wie es ging. Ich glaubte es selbst kaum; Tanisha schien nur darauf gewartet zu haben, genau diese Aufgaben zu verrichten. Die Arbeit der Heilerin unterliegt ein paar Regeln. Zum Beispiel wird nicht gesprochen, wenn Pflanzen gesammelt oder zu Medizin verarbeitet werden. Der Grund dafür ist die notwendige Konzentration auf das Wesentliche. Obwohl ich es ihr nie gesagt hatte, beherzigte Tanisha all das. Wollte ich einen Handgriff tun, so war sie mir bereits zuvorgekommen. Manchmal hatte ich den Eindruck, mich selbst verdoppelt zu haben.

Es war also an der Zeit, dass ich jenen Menschen, den ich stillschweigend anzulernen begonnen hatte, näher kennen lernte. Eine Person, von der ich vor allem wusste, dass ihre Mitmenschen sie unmenschlich misshandeln wollten. Wir alle hatten Tanisha jedoch inzwischen als jemanden schätzen gelernt, dem das Helfen so offensichtlich im Blut lag, dass allein der Gedanke absurd war, sie habe wirklich »gesündigt«.

»Magst du mir erzählen, was geschehen ist, bevor du zu uns gekommen bist?« Um sie nicht bloßzustellen, waren Ada, Bisi, Efe und ich damals übereingekommen, mit niemandem über Tanishas Fieberanfälle zu reden und sie selbst auch nicht direkt darauf anzusprechen. Was ich nun, am Vortag von Amaras Ankunft, zu hören bekam, bewies mir, dass wir richtig gehandelt hatten.

Tanisha stammte wie auch ihr Bruder aus Kaduna, wo der Vater ein Baugeschäft besaß. Sie liebte Ali, der bei ihrem Vater arbeitete. Ali schien dem Vater jedoch kein angemessener Ehemann zu sein. Sie war 15, als er sie mit einem seiner Freunde, der in Kano lebte, verheiratete. Sie lernte den wesentlich älteren Mann erst am Tag ihrer Hochzeit kennen, als sie die vierte Frau des strengen Muslim wurde. Mit 16 gebar sie ihr erstes Kind, einen Sohn. Sie umschrieb die Geburt und die Folgen als sehr schmerzhaft. Da ich selbst sie später entbunden hatte, wusste ich, was sie meinte. Sie war wieder zugenäht worden.

»Ich hatte Angst, erneut schwanger zu werden«, sagte Tanisha. »Darum richtete ich es so ein, dass mein Mann sich mir nicht nähern konnte. Schließlich ließ er sich scheiden.«

Die junge Mutter musste ihren Sohn bei ihrem Mann zurücklassen; als 19-Jährige kehrte sie in ihr Elternhaus nördlich von Kaduna zurück.

Bis zu diesem Punkt war Tanishas Geschichte nicht ungewöhnlich. Auch was danach geschah, verwunderte kaum. Sie traf Ali wieder. Der Vater reagierte, wie wohl so mancher handelt, dem die Tochter einen Strich durch die elterliche Planung gemacht hat – er feuerte Ali und verbot Tanisha den Umgang mit ihm. Die beiden trafen sich heimlich und irgendwann wurde sie schwanger.

»Davor hattest du doch Angst«, wendete ich ein.

Tanisha schlug die Augen nieder. »Mein Plan war sehr dumm«, gestand sie. »Ich wollte nicht mehr bei meinen Eltern leben, die mich bevormundeten. Ich wollte, dass Ali mich heiratete.« Aber es gab noch einen anderen Grund. Sie vermisste ihren kleinen Sohn. Ein zweites Kind sollte sie über den Verlust hinwegtrösten.

Nachdem die Schwangerschaft sich kaum mehr verbergen ließ, gestand Tanisha ihrem Vater alles. Von diesem Zeitpunkt an wurde ihr Leben zur Hölle. Wenige Monate zuvor war in Kaduna das islamische Recht, die Scharia, eingeführt worden. Ihr Vater zeigte seine Tochter an, weil sie außerehelichen Geschlechtsverkehr gehabt hatte. Die Strafe wurde schnell verkündet: 180 Schläge mit einem Zuckerrohrstock, die nach der Geburt des Babys auf sie niedergehen sollten.

»Was hat dein Ali denn dazu gesagt?«, fragte ich erregt.

»Er hat mich im Stich gelassen; er war einfach nicht mehr auffindbar. Ich habe nie wieder mit ihm gesprochen. Er hatte wohl Angst, selbst bestraft zu werden«, antwortete sie.

»So ein Feigling!«, ärgerte ich mich. »Er hätte dich doch mitnehmen können.«

Tanisha hob ratlos die Schultern; was sollte sie auch sagen? Sie hatte sich ganz offensichtlich in den falschen Mann verliebt.

Ich war zu höflich, um Tanishas Religion, in der sie erzogen worden war, offen zu kritisieren. Dennoch dachte ich, dass 180 Stockhiebe ein wahrhaft seltsamer Ausdruck von Rechtsprechung seien. Und das auch noch im Namen Gottes? Oder befohlen von Männern, die sich anmaßten, Gottes Willen zu kennen? Welchen Gott meinten sie? Ich kenne nur einen. Dieser Gott vergibt. Ich war und bin überzeugt, dass es ihm gleich ist, wie man ihn nennt. Solange man seinen Namen nicht für die niederen Ziele der Menschen missbraucht. Im Verhalten von Tanishas Vater konnte ich nichts anderes als genau das erkennen. Als Familienoberhaupt bekam er seine erwachsene Tochter nicht in den Griff. Folglich wollte er jene Stockschläge auf sie niedergehen lassen, die er ihr wohl am liebsten selbst verabreicht hätte.

Tanisha setzte ihre Erzählung fort. »Said, mein Bruder, war aus Kaduna weggegangen. Er ist mit seiner Familie hierher gezogen, weil in dieser Gegend die Scharia nicht gilt. Darum bin ich heimlich aus dem Haus meines Vaters geflohen. Drei Wochen lang war ich unterwegs. Ich fürchtete immerzu, dass mich jemand einfängt und zu meinem Vater zurückbringt. Ich bin nachts gelaufen und habe mich tagsüber versteckt. Ich hatte solche Angst und wusste nicht, wo ich sicher bin. Endlich kam ich bei Said an. Meine Wehen hatten schon eingesetzt. Mir graute vor der Geburt und dem anschließenden Zunähen.« Sie blickte mich an. »Danke, dass du mir geholfen hast.«

Ich sagte ihr, dass wir alle für sie da seien. Sie musste nicht wissen, welche Zerreißprobe unsere Gemeinschaft überstanden hatte, bis endlich jede eingesehen hatte, dass es nicht um den Glauben eines Menschen, sondern um sein Recht auf ein Leben in Würde ging. Stattdessen bekräftigte ich, was ich empfand. »Du kannst hier blieben, solange du magst.«

Sie nickte ernsthaft. »Ich darf nicht bei euch leben, das verbietet der Koran. Ihr seid Christen. Als unverheiratete Muslimin muss ich bei meinem Vater wohnen.«

»Und wenn du dennoch bei uns bleibst?«, fragte ich. »Ist das sehr schlimm?«

Die kleine Faraa begann zu quengeln. Tanisha legte sie an die Brust. Sie blickte den Säugling an, als sie sagte: »Dann darf mich mein Vater erschlagen.«

Magdalena lief erregt auf der Veranda auf und ab: »Wie stellst du dir das vor, Choga Regina? Du kannst Tanisha und ihr Baby doch nicht für den Rest ihres Lebens hier verstecken! Das ist unmöglich! Wer soll die Verantwortung dafür übernehmen? Wenn irgendetwas geschieht, dann machst du dir auf ewig Vorwürfe.«

»Was meinst du, was geschehen könnte?«

Sie dachte einen Moment nach. »Du bist dabei, sie anzulernen. Stell dir vor, sie geht hinaus und besorgt Zutaten. Jemand sieht sie. Wie willst du das verhindern?« Meine deutsche Schwester hatte ja Recht. Aber ich wusste keine Lösung. Magdalena lachte gequält. »Tanisha ist eine junge Frau. Was du vorhast, ist nichts anderes als das, was dein Vater mit seinen Frauen gemacht hat. Er hat euch alle eingesperrt. Das hier ist doch kein Harem.«

»Tanishas Vater oder ihr Bruder dürfen ihr nichts tun«, erklärte Mama Bisi entschieden. »In diesem Teil des Landes gilt das Gesetz des Islam doch gar nicht. Hier leben überwiegend Christen.«

Mama Ada entgegnete ganz ruhig: »Das stimmt. Doch es wird sie nicht interessieren.« Dann setzte sie hinzu: »Unsere

Mauer ist jetzt fertig und das Tor repariert. Tanisha wird zu ihrem eigenen Schutz im Haus bleiben. Außerdem muss sie sich wie wir kleiden.« Natürlich stimmte ich zu, denn es war das Gebot der Vernunft, geboren aus dem Unrecht. Ich nahm es auf mich, Tanisha davon zu unterrichten.

Sie blickte mich aus großen Augen an. »Ich bin Muslimin. Meine Tochter ist es damit auch. Ich kann meine Tücher zwar austauschen. Darunter werde jedoch immer ich sein.«

Ich wollte ihr sagen, dass ich im Christentum aufgewachsen war und es Stück für Stück abgelegt hatte. Dass ich damit aber nicht den Glauben an Gott aufgegeben hatte. Nur der Weg, ihn zu suchen, war ein anderer geworden. Ich ließ es; ich bin keine Amara und keine Ezira. Keine Weise, sondern immer noch Lernende.

Später setzte ich mich nach draußen auf die Veranda. Die letzten Nächte hatte ich bei Josh und Efe verbracht; die klare Nachtluft tat mir gut. Es war kalt, und ich holte mir eine Decke, bevor ich die Kladde aufschlug. Ich las Bisis Orakel zu Tanisha: Sie wird hier bleiben oder in unserer Gegend.

Versteckt in unserem Haus? Konnte das Orakel das meinen?

Außerdem stand dort noch, dass Tanisha eine große Aufgabe habe, die große Schmerzen, aber auch großes Glück verursachen würden.

Wie schön wäre es, dachte ich, wenn Orakelsprüche etwas genauer wären. Dann fielen mir die Augen zu.

Ich wachte davon auf, dass mir eine weitere Decke umgelegt wurde, und blickte in Mama Bisis besorgtes Gesicht. Ihre Hand fühlte meinen Puls.

»Meine Kleine«, sagte Mama Bisi, »mit dir stimmt was nicht. Ich glaube, dass du ziemlich hohes Fieber hast. Ich bleibe bei Josh und Efe. Geh nach oben und leg dich in mein Zimmer. Schaffst du das noch?«

»Mach dir keine Sorgen, morgen bin ich wieder in Ordnung«, murmelte ich verschlafen und rührte mich nicht vom Fleck. Ich spürte, dass ich nicht die Kraft hatte aufzustehen.

Die Entscheidung

Von Amaras Ankunft hatte ich nichts mitbekommen. Und das, obwohl ich in Decken gehüllt auf der Veranda geschlafen hatte und wohl sämtliche Bewohnerinnen ständig an mir vorbeigelaufen waren. Als ich endlich erwachte, bemerkte ich den alten Mercedes in unserem Hof und dahinter einen abenteuerlich voll beladenen Pritschenwagen. Meine Gefährtinnen schleppten alles Mögliche ins Haus. Ich benötigte etwas Zeit, um die Eindrücke zu sortieren, und befreite mich dann aus den Decken. Florence war gerade dabei, einen Sack aus dem Kofferraum von Amaras Wagen zu hieven.

»Warte, ich helfe dir!«, rief ich und wollte losgehen. Es war seltsam, meine Beine gehorchten mir nicht. Und plötzlich wurde mir bewusst, wie hoch die Sonne bereits stand. Ich hatte verschlafen! Nach ein paar Schritten musste ich mich an einem der Verandapfosten festhalten und umgehend den vorsichtigen Rückzug zum Stuhl antreten.

Schwer atmend wie eine alte Frau wartete ich darauf, dass sich mein Kreislauf wieder beruhigte. Was war mit mir los? Ich registrierte den verängstigten Blick von Florence, die an mir vorbei ins Haus huschte. Stand es so schlimm um mich? Ich wollte mich ausgerechnet jetzt, wo meine Mentorin den weiten Weg aus Lagos zu mir gewagt hatte, nicht wehleidig zeigen und raffte mich entschlossen auf. Amara kam mir aus der kleinen Heilküche entgegen, hinter ihr Tanisha, einen dampfenden Becher in der Hand.

Meine Mentorin schloss mich erst mal lange in die Arme. Es tat so gut, die Energie zu spüren, die von ihr ausging. Wir sprachen kein einziges Wort. Tanisha, den Blick scheu zu Boden gerichtet, wartete geduldig. Als ich so weit war, reichte sie mir den Becher. Der Tee schmeckte bitter und ungewohnt.

»Blätter des weißen Rispenbaums«, erklärte Amara, »deine Schülerin und ich, wir haben gerade daraus diesen Tee gemacht.«

»Den kenne ich nicht«, sagte ich und zwang mich dazu, die Medizin einzunehmen.

»Da wird es noch mehr geben, was dir unbekannt ist«, meinte Amara.

»Wofür ist das denn?«

Ihre Antwort klang sehr allgemein. »Zunächst mal gegen das Fieber und zur Stärkung deiner Abwehrkräfte.« Ohne mich genauer untersucht zu haben, fiel es auch einer erfahrenen Heilerin wie Amara schwer, mich wieder auf die wackligen Beine zu bringen. Das bittere Getränk wirkte trotzdem. Entschlossen, keine weitere Schwäche zu zeigen, sah ich erst mal nach meinem Sohn.

Mama Bisi war bei Josh und Efe. Meine Lieblingsmama konnte die Sorgen, die in ihrem Gesicht lagen, nicht verbergen. Aus Rücksicht auf unsere beiden Kranken sagte sie jedoch nichts. Ich sah auch so, dass Joshs Zustand sich leicht verbessert hatte. Aber die abgemagerte Efe keuchte schwer. Jeder Atemzug schien ihr wehzutun. Umständlich setzte ich mich zu ihr an das improvisierte Zelt und nahm ihre Hand. Ihr Puls war sehr schwach, auf ihrer Stirn stand kalter Schweiß.

»Ich glaube, ich schaff's nicht, Choga. Es tut mir so Leid, dass ich dir solche Sorgen mache«, sagte sie mühsam.

Was schaffst du nicht?, wollte ich fragen, doch ich konnte kein Wort hervorbringen. Vor lauter Sorge um Josh hatte ich mein Augenmerk viel zu sehr auf ihn gerichtet. Und dabei bei Efe versagt – wie schon bei ihrem Sohn Jo. In mir war völlige Leere. Mama Bisi kauerte direkt neben mir am Boden. Efe war ihr letztes Kind. Ich schämte mich, dass es mir nicht gelungen war, meiner Schwester zu helfen. Die Hand meiner Lieblingsmama tastete nach meiner und drückte sie ganz fest.

Ich ging hinaus.

Amara empfing mich bereits vor der Tür. »Du hast stets richtig gehandelt, Choga. Mach dir keine Vorwürfe. Es liegt nicht an dir oder daran, dass du nicht genug weißt«, sagte sie. »Du musst lernen, dass es Grenzen gibt, wenn Menschen Menschen heilen. Wir sind Sterbliche. Genau wie jene, die wir behandeln. Wir wissen nur etwas mehr.« Sie lächelte mich traurig an. »Trotzdem ist es niemals genug. Die Natur ist größer als wir. Wir können ihr immer nur nacheifern, sie aber nicht übertreffen. Das ist nun mal so, Choga.«

»Auch wenn du Recht hast, Amara«, entgegnete ich, »darf ich Efe nicht aufgeben.«

Wir sortierten die mitgebrachten Kräuter und entschlossen uns zu einem Inhalat aus verbrannten Blättern und Zweigen. Im Zimmer konnten wir diese Behandlung jedoch nicht durchführen. Als ich meiner geschwächten Schwester erklärte, was ich vorhatte, schüttelte sie den Kopf.

»Weißt du noch, damals, als mein Sohn gestorben war, da hast du mir gesagt, dass es kein Ende gibt.« Das Sprechen strengte Efe an. »Lass mich jetzt zu ihm, Choga. Wir kommen irgendwann wieder.« Stumm hielt ich ihre Hand. Nach einer Weile lächelte sie. »Morgen möchte ich zu den Bougainvilleabüschen. Bringt ihr mich dorthin?«

Sie bat nicht um einen letzten Ausflug. Sie wollte zu ihrem Sohn. Efes Schwester Jem, ihren Bruder Jo – die Gefährten jenes Teils meiner Jugend, den ich in diesem Haus verbracht hatte – hatte ich verloren. Nun würde auch Efe gehen. Gibt es einen Abschied, der einem solchen Moment gerecht werden kann?

In der folgenden Nacht blieb ihre Mutter wie in den letzten Wochen in der alten Bibliothek. Als ich mit meinen Gefährtinnen am nächsten Morgen kam, schlief Josh noch fest. Seine Atemwege waren frei. Mama Bisi lag neben ihm, an ihrer anderen Seite ruhte Efe. Die beiden hielten sich an den Händen.

Bisi schlief nicht. »Efes Hand wurde immer leichter«, sagte sie so leise, dass sie Josh nicht störte. »Ich wollte nicht aufstehen, um sie nicht loslassen zu müssen. Dabei hat mich dann der Schlaf übermannt. Ich habe vom Tag ihrer Geburt geträumt. Papa David kam und hieß Efe willkommen.«

Bei Sonnenaufgang erfüllten wir Efes letzten Wunsch und nahmen sie unter den Bougainvilleabüschen ein letztes Mal in unsere Mitte. Ada, Lape, Florence und Elisabeth hoben das Grab aus. Meine Schwester Efe trug ihre schönsten Tücher. Sie waren weiß, so wie die von uns allen.

Bei unserer Rückkehr bereiteten Amara und Tanisha für alle »Mama Chogas Tee« zu. Schweigend standen sie Seite an Seite. Zwei Frauen, beide gesund. Während ich spürte, dass ich das nicht war. Nach den Regeln, die Ezira mir beigebracht hatte, durfte ich nur noch beraten und nicht mehr zubereiten. Ich war eine Heilerin, die nicht heilen konnte.

Ich ließ mir den Tee geben und bekam einen stärkenden Brei, dessen Rezeptur nur Amara bekannt war. Josh durfte an diesem Tag wieder ein paar Stunden lang aufstehen. Wir kuschelten uns aneinander in den Korbsessel, die kleine Hope zu unseren Füßen. Ich erzählte ihm von Efe und den schönen Zeiten, die wir auf der Farm verbracht hatten.

Magdalena war in Jeba gewesen und kam nun mit dem Pritschenwagen zurück. Eine Schülerin von Amara hatte das kleine Lastauto zu uns gefahren und sie begleitete Magdalena auch jetzt. Während Josh und ich zusahen, entluden die beiden Baumaterial. Sie erzählten, dass Jeba immer noch wie ausgestorben wirke. Die Flüchtlinge, so erfuhr ich Monate später, waren erst im Frühling des folgenden Jahres zurückgekehrt.

Magdalena war voller Tatendrang. Ein neues Heilhaus sollte entstehen. Doch vorher mussten die Ruine in einem Ritual gereinigt und die Hilfe der Elemente gerufen werden, damit neue Kräfte dort gebündelt wurden, wo heilende Energie entstehen sollte. Als Kranke war es mir untersagt, die Zeremonie durchzuführen. Ich musste Amara bitten, es zu tun, bevor meine deutsche Schwester gemeinsam mit Ada und den anderen den Bau angehen konnte. Sie erklärte sich ohne Fragen dazu bereit und schon bald begann die Arbeit.

»Woher hast du das Material?«, fragte ich Magdalena.

»Es gibt ein anderes Bauunternehmen. Wir mussten etwas umherfahren, bis wir es gefunden hatten. Sie werden demnächst auch Arbeiter schicken, dann geht alles schneller«, erklärte Magdalena.

Ich erlebte ihre Ankunft nicht. Denn noch am Abend von Efes Beerdigung versammelten sich um mich herum Mama Bisi, Mama Ada, Mama Funke, Amara und Magdalena auf der Veranda.

Mama Bisi ergriff das Wort als Erste: »Wir haben eine Entscheidung getroffen, Choga. Bitte höre sie dir an und sprich erst, wenn du gut nachgedacht hast.« Dann forderte sie Amara auf zu reden.

»Vielleicht hast du dich gefragt, warum ich so viele Tage gebraucht habe, um hier einzutreffen. Ich habe einen Umweg gemacht. Denn mein Orakel hat mir gesagt, dass ich Ezira um Rat fragen muss. Darum bin ich zu ihr gefahren, anstatt gleich zu euch zu kommen. Und Ezira hat mich erwartet. Sie wusste, dass es dir schlecht geht. Dass du dir viel zu viel zugemutet hast«, sagte Amara.

»Du warst bei ihr? Warum hast mir das nicht früher gesagt?«

Amara wog bedächtig den Kopf. »Weil du erst jetzt bereit bist für das, was wir dir sagen wollen. Kehre zu Ezira zurück. Sie wird dir wieder die Kraft geben, die dir verloren gegangen ist.«

»Das geht nicht«, entgegnete ich. »Ich werde hier gebraucht. Wer soll denn alle versorgen?« Ich blickte zu Magdalena. »Und du bist meinetwegen gekommen. Ich kann doch nicht einfach fortgehen!«

»Ich bin nicht nur deinetwegen gekommen, sondern wegen euch allen«, widersprach Magdalena. »Ich werde hier bleiben.

Das Heilhaus aufbauen, die Schule, die Kirche. Schließlich war es das Haus unserer Mutter. Ich habe zwar früh den Kontakt zu ihr verloren, aber je länger ich hier bin, desto mehr verstehe ich sie. Umso mehr weiß ich, wie ich in ihrem Sinne alles machen muss.« Mir liefen die Tränen über das Gesicht. Magdalena schloss mich in die Arme. »Und in deinem Sinne, Schwesterchen.« Sie gebrauchte das deutsche Wort.

»Wie nennst du mich?« Ich musste lachen und heulen gleichzeitig.

»Ich bin deine große Schwester, oder nicht?«

»Ja, das bist du.« Ich wandte mich Amara und unseren drei Ältesten zu. »Was sagt Ezira, kann ich Josh wieder mitbringen?«

»Sie sieht ihn als Teil von dir und freut sich, wenn er kommt.« Sie senkte die Stimme, um eindringlich hinzuzufügen: »Und Josh wird es auch gut tun. Er ist noch lange nicht über den Berg. Das weißt du selbst. Ich mache mir große Sorgen um ihn.«

Ja, das tat ich auch. Die Lungenentzündung klang zwar ab, doch sie war ein untrügliches Zeichen, dass die Krankheit in seinem Körper zu neuem Leben erwacht war.

»Ich werde hier bleiben und mich um alle kümmern«, sagte Amara. »In Lagos betreut meine Nachfolgerin meine Patienten. Erinnerst du dich, was ich dir bei meinem letzten Besuch gesagt habe, Choga? Du musst jemanden anlernen. Dann kannst du auch gehen. Wohin, wann und warum auch immer du es musst.«

Das hatte sie schön umschrieben. Ihre Worte riefen mir schmerzhaft in Erinnerung, dass meine Zeit schneller vergehen könnte als die anderer Menschen. Obwohl Amara 40 Jahre älter ist als ich, brauchte sie erst jetzt eine Nachfolgerin, während ich mich schon in jungen Jahren darum zu kümmern hatte. Meine Schwester Efe war nur zwei Jahre älter als ich. Sie hatte das Leben so geliebt. Nach dem Tod ihres Sohnes wollte sie lernen, um zu helfen. Und wohl auch, um zu vergessen.

Das Schicksal hatte einen anderen Plan gehabt. So könnte es auch mir ergehen. In ein paar Wochen, in ein paar Monaten ... Das alles war mir bekannt. Ich hatte es mit Arbeit verdrängt und mit Plänen. Über Zeit verfügt, die mir unter Umständen nicht gegönnt war. War die Zerstörung des Heilhauses nicht ein Zeichen für die Sinnlosigkeit meines irdischen Bestrebens? Ich, nein, wir alle leben von geborgter Zeit.

Plötzlich sah ich mich in meinem alten Heilhaus stehen. Wie ich mit kräftiger Stimme Magdalena ermutigte, offen über unsere Infektion zu sprechen. Ich erinnerte mich an meine Drohung fortzugehen. Wie stark ich mich gefühlt hatte. Wie überlegen.

Wie töricht! Ich hatte vergessen, dass jeder Tag für sich ein Geschenk ist. Ich muss es nehmen und dafür danken. Und nicht fordern, mehr zu bekommen.

Mit einem Räuspern ergriff Mama Bisi nun wieder das Wort. »Wir haben noch eine Entscheidung getroffen, meine Kleine. Tanisha wird dich und Josh begleiten. Sie ist hier im Moment nicht sicher.«

Doch das war nicht der einzige Grund, wie ich von Amara erfuhr. Bei Ezira sollte ich Tanisha zur Heilerin ausbilden, zu meiner Nachfolgerin.

»Ich kann das hier nicht, mir fehlt dazu die Zeit und die Ruhe«, begründete Amara.

So wie ich vor Jahren zu Amara gekommen war, um ihre Hilfe in Anspruch zu nehmen, war Tanisha zu mir gekommen. Der Kreis würde sich schließen. In der Ruhe von Eziras Heilerinnendorf konnte ich sie lehren, was nötig war, um Aids-Kranke zu behandeln. Mehr als das: um jenen zu helfen, die mir alles bedeuteten. Vielleicht blieb mir genug Zeit.

Wir Frauen saßen schweigend da und lauschten dem Zirpen der Zikaden. Sie waren viel lauter als sonst. Ihr vielstimmiges Sirren schien vom ständigen Wandel zu erzählen, dem alles Irdische unterworfen ist.

An jenem frühen Morgen, bevor sich Amaras Fahrerin mit

Tanisha und Faraa sowie mir und Josh auf den weiten Weg zum Regenwald an der Küste machen wollte, stand ich wieder vor Sonnenaufgang auf, um mein Ritual abzuhalten. Ich kehrte zum Brunnen zurück und wusch mir das Gesicht. Mama Bisi hatte mich erwartet.

»Ich habe deiner Mutter versprochen, dich niemals allein zu lassen«, sagte sie. »Dennoch begleite ich dich jetzt nicht. Ich bin sicher, dass du zurückkehren wirst.«

»Kümmere dich um Magdalena. Ich glaube, ganz so stark, wie sie immer tut, ist sie gar nicht«, bat ich.

»Ich weiß«, entgegnete meine Lieblingsmama, »sie ist genau wie eure Mutter und wie du.«

»Dann braucht sie deinen Beistand ebenso wie ich.« Wir hielten uns schweigend in den Armen.

Mama Bisi küsste mir die Stirn. »Werde gesund, meine Tochter. Du bist mein letztes Kind.«

Wenig später fuhren wir aus dem *compound*. Alle meine Gefährtinnen winkten. Ich wusste, dass dies kein Abschied für immer war. Ezira hatte gesagt, es gebe kein Ende. Es sehe nur so aus. Ich würde zurückkehren. Irgendwann und irgendwie.

Ein Brief von Magdalena

Jeba, den 20. April 2002

Liebe Choga!

Heute ist der zweite Todestag unserer Mutter. Ich habe ihrer in deinem Sinne gedacht und ihr ein paar Früchte von unserer Farm ans Grab gelegt. Außerdem habe ich ihr gesagt, dass du und Josh in wenigen Wochen wieder hier bei uns sein werden. Du kannst dir wahrscheinlich vorstellen, wie sehr uns alle die Nachricht von eurer Rückkehr freut. Wir werden euch ein wundervolles Fest bereiten.

Ich habe so gehofft (und gebetet!), dass ihr beiden euch bei Ezira erholt. Was du schreibst, klingt sehr ermutigend. Sag auch Josh, dass ich mich über seinen Brief sehr gefreut habe. Er hat mich neugierig auf Ezira gemacht. Ich würde sie auch gerne einmal kennen lernen. Halte meine Nachfrage bitte nicht für indiskret: Josh schreibt, Ezira sei eine Frau mit einem halben Gesicht? Meint er das in übertragenem Sinne? Weil er sich irgendwie vor ihr fürchtet? Oder ist sie krank? Ich habe versucht, Amara auszufragen. Doch sie sagt nur, wenn ich die Antwort bekommen soll, dann wird es geschehen. Immer diese Orakelei!

Funke und ich haben übrigens die Aufgaben von Ngozi übernommen und schlagen uns mit der Kooperative der Händlerinnen herum. Rose hat leider dummes Zeug über uns erzählt, was die Sache für uns nicht einfacher gemacht hat. Daraufhin hat Mama Bisi sich daran erinnert, wie du mit Herrn Musa umgegangen bist. Ich nenne es so: Umarme deine

Gegner. Entsprechend habe ich Roses Verwandte gefragt, ob sie ihre Kinder von mir unterrichten lassen wollen. Sie haben mit der Antwort nur eine Woche gezögert. Nun kommen wir auch mit der Kooperative besser zurecht. Du siehst: Es gibt immer einen Weg, um nach vorn zu blicken.

Das Heilhaus war bald nach eurer Abreise fertig; es ist nicht so groß geworden, wie ich gedacht hatte. Amara sagt jedoch, dass du es so wolltest. Sie hat natürlich Recht. Es geht darum, dass unseren Gefährtinnen geholfen wird. Wir können, wie du einmal sagtest, nicht die ganze Welt retten.

Die Schule steht übrigens auch wieder. Für Josh ist vorn in der ersten Reihe ein Platz reserviert.

Mit diesem Brief werde ich auch einen anderen abschicken, an meine Schule in Deutschland. Ich werde hier bleiben. Denn ich kann es mir nicht mehr vorstellen zurückzukehren.

Ich gebe den Brief jetzt Bisi, damit sie dir auch noch ein paar Worte schreibt. Wir sitzen oft bei den Bougainvilleabüschen und blicken hinaus auf das weite Land. Dann sind wir in Gedanken bei dir.

Ich umarme dich.

Deine Schwester Magdalena

Mach es wie die Schildkröte, meine Kleine. Leg dir einen Panzer zu. Ich nehme dich und Josh in die Arme.

Deine Mama Bisi

Die wichtigsten im Buch erwähnten Personen

Choga (gesprochen: Koga) **Regina Egbeme,** geboren 1976 in Lagos/Westafrika in einem Harem. Bei ihrer Geburt kam es zu Komplikationen, weshalb sie gehbehindert ist. Gegen ihren Willen wurde sie als 16-Jährige mit dem fast 30 Jahre älteren **Felix Egbeme** verheiratet. Er vergewaltigte und infizierte sie mit dem HI-Virus. Schwanger floh sie mit Hilfe ihrer Mutter und Patentanten aus der Ehe. Nach der Geburt ihres Sohnes Joshua absolvierte Choga eine dreijährige Ausbildung zur traditionellen Heilerin. Das bei ihrer Lehrerin **Ezira** im Regenwald erworbene Wissen half und hilft ihr, den Feind im eigenen Körper in Schach zu halten. Choga lebt heute wieder auf der von ihrer Mutter gegründeten Farm in der Nähe von Jeba auf dem Jos-Plateau in Zentralnigeria.

Chogas Sohn heißt **Joshua;** er kam 1995 in Lagos zur Welt. Seine katholische deutsche Großmutter Lisa gab ihm diesen Namen, der »Gott hilft« bedeutet, als sie erfuhr, dass das Baby HIV-positiv zur Welt gekommen war. Als Choga ihre Ausbildung zur Naturheilerin absolvierte, durfte Josh sie zu den Frauen um Ezira in den Regenwald begleiten. Deshalb ist ihm der Umgang mit seiner mittlerweile ausgebrochenen Aids-Erkrankung sowie Naturphänomenen und -heilmitteln seit dem Kleinkindalter vertraut. Josh lebt mit Choga und deren zahlreichen Gefährtinnen auf der Farm in der Nähe von Jeba.

Chogas Halbschwester heißt **Magdalena Hierl;** sie wurde 1958 in Rosenheim (Oberbayern) geboren. Sie arbeitete bis

220

Juli 2001 als Gymnasiallehrerin in Bayern. Nachdem sie ihre Halbschwester Choga zu Ostern 2000 erstmals getroffen hatte, beschloss sie, erst einmal für ein Jahr nach Nigeria zu gehen. Magdalena ist geschieden. Ihre Tochter **Katharina** wurde 1981 geboren; sie lebt gegenwärtig im Nordwesten der USA.

Chogas und Magdalenas Mutter hieß **Lisa Hofmayer**. Sie wurde 1933 in der Nähe von Rosenheim geboren, als zweites Kind der Landwirte Maria und Sepp Brunner. Im Alter von 41 Jahren wanderte sie gemeinsam mit ihrem ersten Mann, dem Braumeister Bruno, nach Nigeria aus. Das neue Lebensumfeld stürzte Lisa in schwere Depressionen. Erst als sie den charismatischen Nigerianer »Papa« **David Umukoro** kennen lernte, verlieh das ihrem Leben wieder einen Sinn und sie wurde 1975 seine 33. Ehefrau. Im Kreis von dessen Gemahlinnen fand sie Freundinnen und Geborgenheit. Mit 43 Jahren brachte sie Choga zur Welt. Dank ihrer landwirtschaftlichen Kenntnisse übernahm sie die Leitung einer Farm in Zentralnigeria. Lisa starb Ostern 2000 in Lagos vermutlich an den Folgen von Aids.

Chogas Vater hieß **David Umukoro**. Papa David wurde etwa um 1933 im Südosten Nigerias, nahe der Stadt Calabar, geboren. Seine Familie schickte ihn als Zehnjährigen zu einem Onkel nach Lagos. Mit etwa 20 gründete Papa David die »Kirche des Schwarzen Jesus«. Er heiratete 48 Frauen, mit denen er nach seinen eigenen Regeln in einem Harem lebte, den er »Familie« nannte. Papa David starb 1994 höchstwahrscheinlich an den Folgen von Aids.

Amara ist eine Freundin von Chogas Mutter Lisa und war lange Zeit deren und Chogas wichtigster spiritueller Beistand; Amaras Geburtsdatum ist unbekannt. Choga fand nach ihrer Flucht aus dem Harem ihres Ehemanns Felix bei Amara Unterschlupf und durch sie eine neue Aufgabe als Heilerin. Amara lebt in Lagos als so genannte *herbalist,* als Naturheilerin, in einem Frauenkonvent, den sie leitet.

Mama Bisi ist Chogas »Lieblingsmama«; sie ist Mitte 60. Sie war die vierte Ehefrau von »Papa David« und wurde zu Lisas engster Vertrauten. Die kleine, rundliche Frau aus dem Volk der Yoruba zog Choga groß. Mama Bisi hat mehrere Kinder, von denen Jem und Jo – beides Freunde von Choga aus der Kindheit – bereits tot sind. Nach dem Tod ihrer Freundin Lisa begleitete sie Choga und Josh auf die Farm in der Nähe des Ortes Jeba.

Mama Ada ist Chogas zweite Ziehmutter und war die 28. Frau ihres Vaters David; sie ist Anfang 50. Gemeinsam mit Mama Bisi betreute sie Choga intensiv während deren Kindheit. Die groß gewachsene, hagere Ada stammt aus dem Norden Nigerias. Sie ist eine schweigsame Frau, die hart arbeitet. Ihre beiden Töchter, die sie ebenfalls von »Papa David« bekam, starben im Kleinkindalter. Ada lebt mit Choga und deren Freundinnen auf der Farm in der Nähe von Jeba.

Efe ist Chogas zwei Jahre ältere Halbschwester und jüngste Tochter von Mama Bisi. Als 15-Jährige wurde sie mit dem 40 Jahre älteren Papa Sunday verheiratet. Sie hat drei Kinder zwischen 11 und fünf Jahren.

Mama Ngozi wurde im Südosten Nigerias geboren und wuchs im Norden auf. Sie kümmerte sich gelegentlich um die Farm, während Choga in Lagos sowie bei Ezira lebte. Ebenso wie ihre Mitfrau **Mama Funke** blieb sie nach der Trennung von ihrem gemeinsamen Mann Papa Mdoka in Jeba, da dort ihre Töchter leben. Ngozis gute Beziehungen zum Dorf verschafften der 60-Jährigen den nötigen Kredit zum Wiederaufbau der Farm, was ihr im Gegenzug die Position der Geldverwalterin der Gemeinschaft einbrachte.

Ein Dank und eine Bitte

Ich möchte mich nicht von Ihnen verabschieden, ohne Ihnen für die Ermutigung zu danken, die Sie mir nach dem Erscheinen meines ersten Buchs *Hinter goldenen Gittern* zukommen ließen. Unsere Namen wurden verändert – inklusive meines eigenen. Denn ich erzähle meine Geschichte nicht, um Mitleid zu erregen oder Hilfe zu erheischen. Stattdessen habe ich eine große Bitte an Sie:

Niemand kann die Welt allein retten. Es reicht, wenn wir nach der Hand unseres Nächsten greifen. Was für eine wunderbare Welt wäre das!

Ich wünsche Ihnen, dass Sie bei allen Widerständen, auf die Sie stoßen, die Kraft der Sonne in Ihrem Herzen spüren.

Gott schütze und segne Sie.

Die erschütternde Lebensgeschichte einer Haremstochter

Mit 42 Jahren lässt sich die Deutsche Lisa Hofmayer auf das Abenteuer ihres Lebens ein: Sie wird die 33. Frau eines reichen Afrikaners. In ihrer neuen Großfamilie findet Lisa ungeahnten Lebensmut. Glücklich wächst ihre kleine Tochter Choga in der Obhut ihrer zahlreichen Mütter auf. Doch mit 16 Jahren wird ihr Leben zum Alptraum: Ihr Vater zwingt sie, einen 30 Jahre älteren Mann zu heiraten. Um Chogas Widerstand zu brechen, vergewaltigt er seine junge Frau brutal. Nur mit Hilfe ihrer Mutter gelingt Choga die Flucht ...

Choga Regina Egbeme

Hinter goldenen Gittern

Ich wurde im Harem geboren

Originalausgabe

ULLSTEIN TASCHENBUCH